JN065210

子どもとかかわる人のための心理学

保育の心理学，子ども家庭支援の心理学，
子どもの理解と援助への扉

沼山　博
三浦主博

編著

HOUBUNSHORIN
萌文書林

はじめに

　本書は 2013 年に刊行された『新訂　子どもとかかわる人のための心理学』の改訂版です。

　本書の企画当初は，まだ東日本大震災の傷跡が痛ましく，子どもたちへの長期的な影響も心配されていました。そうしたなか本書は誕生しました。

　その後 6 年経過し，その間 2017 年に保育所保育指針が改定され，保育士養成課程の見直しも行われました。それを受けて，このたび本書も改訂する運びとなりました。

　旧版では保育士養成課程指定科目「保育の心理学Ⅰ・Ⅱ」に準拠しておりましたが，今回は「保育の心理学」と「子ども家庭支援の心理学」，「子どもの理解と援助」の 3 科目に準拠するようにいたしました。発達心理学と保育との橋渡しをねらっている点は旧版と同じです。

　近年保育や幼児教育で高い関心をもたれているトピックについても，内容を充実させるようにいたしました。非認知能力（スキル），発達障がい，親発達，家族・家庭，そして児童虐待などの問題についてです。

　こうして本書が無事刊行にこぎつけることができましたのは，まずは大規模な改訂作業に応じてくださった執筆者の皆さまのおかげにほかなりません。特に，今回新しく加わっていただいた，岩手県の 3 名の先生に感謝申し上げます。

　また，保育士養成課程の教科書すべてが同時改訂を迎えるなか，本書の刊行に携わってくださった，萌文書林の服部直人氏，佐藤雅隆氏，そして同社編集部の皆さまにも心より感謝申し上げます。同社のいつもながらの，きめ細かく，丁寧な編集のおかげで，本書は日の目をみることができました。

　震災から 9 年，被災地の街並みは復興をとげつつありますが，住民のこころは十分に癒えているとはいえません。本書が，東北地方をはじめとする，わが国の子どもたちの成長・発達，そしてそれを支える子どもとかかわる人々の一助になれば幸いです。

　　2020 年 8 月　　　　　　　　　　　　　　沼 山　博・三浦主博

──── 子どもとかかわる人のための心理学 ────

保育の心理学，子ども家庭支援の心理学，
子どもの理解と援助への扉

目　次

第2章
●●○●●● 幼児とかかわる ●●●●●○●

第 4 章

●●●●●○ 子どものこころの健康と生活環境 ●●●○○●●●

第5章

●●●●●○　子どもにかかわる大人のこころ　○●●●●●

序章 子どもを理解するって？

(1) 子どもについて知ることの意義

「うちの赤ちゃんは体温がいつも 37 度台。脈拍も自分に比べたらかなり速い。この子はどこか病気なのではないでしょうか」冗談めいた話であるが，このような心配をして病院を訪れる親がいる。いま冗談と書いたが，冗談になるかどうかは，聞いた人がもっている知識による。赤ちゃんに関する医学的な知識のある人なら，赤ちゃんに限らず，乳幼児の平熱は一般に大人よりは高めで 37 度を超えていることも少なくなく，脈拍も大人に比べれば乳幼児の脈拍数が多いのは当然のことと思うだろう。しかし，このような知識のない人にとっては，同じ人間である自分の体験しか判断材料がないのである。

子どもとかかわろうとすると，同じようなことは至るところで起きる。たとえば，2 歳近くになると，急に反抗的な行動をし始めるが，この発達的な意味を知らないと，子どもが急に言うことを聞かなくなった，わがままになったというとらえ方になってしまうだろう（第 2 章 - 1 参照）。

大人と子どもは同じ人間ではあるものの，身体的，精神的にはずいぶんと異なる。しかし，単に異なるというだけにとどまらず，どのように違っているのかを知らなければ，上であげたように，そのときどきの子どもの行動や状態の意味を理解することはできず，結果として不適切なかかわりをしてしまうことにもなりかねない。

(2) 発達的な見方を理解する

（1）で大人と子どもは異なると述べたが，もちろん子どもは一足飛びに大人になるわけではなく，時間の経過とともに変化をしながら，大人へ近づいていく存在である。そのため，そのときどきの子どもの行動や状態がもつ意味を理解するためには，それまでの育ちとその後の展開をみていかなければならない。

（1）で 2 歳近くの子どもの反抗的行動の例をあげたが，その子どもがそれまでに周囲の環境と十分にかかわっていたとすれば，それはかかわりによって形成された自己効力感（コンピテンス）の発現とみなせるだろう（第 2 章 - 9 参照）。そして，その後の言語獲得に伴い，自分をことばで表現できるようになることで反抗的行動が徐々に収まっていったとすれば，それは反抗というよりは，むしろ自らの気持ちや意見など内面の身体的表現であったと考えることができるだろう（第 2 章 - 1 参照）。子どもは，

1

こうした過去・現在・未来という時間的経過のなかでみられる，行動や状態の発達的連鎖の積み重ねで，大人になっていくのである。

　子どもとかかわっていると，子どもの状態や行動で困ることや悩むことがしばしばある。このようなときにかかわる側としては，それらが未来永劫続くような気がするものだが，こうした発達的連鎖があらかじめわかっていれば，必要以上に心配することもなくなるだろう。また，その発達的な意味がわかっていれば，その子どもの状態や行動を，困ったこと，なくなってほしいこととしてではなく，次なる連鎖へと向けて子どもがみずから発達を切り開こうとしている姿としてとらえることも可能となり，それは子どもの内面の理解につながっていくのである。

（3）　周囲の人間とのかかわりが子どもの発達を支えていることを理解する

　（2）で述べた発達的連鎖は，もちろん発達しようとする子ども自身が主体となって生じるものであるが，それだけではなく周囲の人間の適切なかかわりがあってのものでもある。（2）で2歳近くの子どもの反抗的行動は，環境とのかかわりによる自己効力感（コンピテンス）の発現とみることができると述べたが，そういった環境とのかかわりを媒介し，促進する役割を果たしたのはほかならぬ周囲の人々である。また，この時期の反抗的行動は，子ども自身の内面の表現が身体レベルから言語レベルへ移行する経過のなかで生じるものと考えられるが，周囲の人間が子どものそうした表現を受け止め，支えてやらないかぎり，そうした移行はスムーズにはいかないだろう。このように，子どもの発達の連鎖は，常に周囲の人間とのかかわりによって支えられている。こういった周囲の人間とのかかわりが，発達しようとする子どもを支え，その結果として発達的な連鎖が生じると考えられるのである。本書の随所でこうした発達的連鎖を支える周囲の人間とのかかわりが述べられているが，それらを理解し，実践していくことは，子どもの発達を保障していくことにもつながっていくのである。

（4）　発達の連関性について理解する

　発達的連鎖に関して，（2）では子どもの行動や状態の時間的な連関についてだけ述べたが，そればかりではない。領域的な連関という側面もある。先の子どもの反抗的行動の例でいえば，自分の内面の表現という社会性にかかわる領域が，言語獲得という認知的な領域の発達によって変容していく，というように，ある領域が発達することで別の領域の発達が触発されることが，子どもの発達では少なくないのである。このほかにも，はいはいなどの自力移動の開始という運動的な領域の発達が，世の中に対する認

識という認知的な領域の発達を変容させるきっかけとなっているといった例もある（第1章−3参照）。こういった現象を発達の連関性という。

　子どもとかかわっていくうえで，**個人差**を理解することは重要である。しかし，個人差というと，特定の能力や領域での個人による差が問題にされることが多いが，発達の連関性を考慮すれば，それらの差だけではなく，連関するほかの能力や領域についても把握していく必要が出てくるであろう。発達の連関性を意識することは，子どもの発達を多面的に理解することにつながっていくのである。

（5）　子どもにかかわる大人自身も変化していることを踏まえて理解する

　よく今の子どもは昔の子どもとは違うといわれるが，それは子どもだけのせいなのだろうか。子どもとかかわる大人の見方が変わったから，子どもが変わったようにみえるということはないのだろうか。子育てが大変なことは以前から変わらない。にもかかわらず，昔よりも大変になっているように感じるのは，今の子育て世代が便利さや快適さに慣れたためだと考えることもできる。またよく保護者より，第2子を育てたときのほうが第1子を育てたときよりも余裕をもって取り組むことができたという話を聞くが，これはそのきょうだいの性格の違いもさることながら，子どもとかかわる大人自身の心理的変化によるところが大きいのではないだろうか。子どもは大人によって育てられるが，子どもとかかわる大人もまた子どもによって育てられるということがあると考えられる。

　子どもを理解するときに注意しなければならないのは，上であげたような，子どもを理解しようとする大人の側の心理状態である。理解の基本はありのままにみることだといわれるが，最初の例でいえば，人間のみえ方には社会・文化的な影響がありうるし，2つ目の例でいえば，かかわることで見方が変わりうることがわかる。

　子どもとかかわっていくうえで，かかわる人同士の連携が不可欠といわれるが，子ども理解という点でいえば，その子どもの見方をお互いに提示しあい，共有することで，みる大人の側の要因による**偏り（バイアス）**に気づくことができ，またみずからの見方が必ずしも絶対であるとは限らないことを認識できるという利点がある。人間の認識には限界があるが，子どもとかかわる人同士の連携によって，**間主観性**を確保することが可能になるであろう。また，そういったプロセスのなかで，子どもとかかわる人間としての保育者みずからの発達を実感することもありうるだろう（子どもとかかわる大人の心理や発達については第5章参照）。

（沼山　博）

間主観性
2人以上の人間の間で
共通の認識をもつこと。

第 *1* 章

赤ちゃんとかかわる

この章では，乳児期（出生～おおよそ1歳半）における子どもの心身の発達について取りあげます。一見何もできないようにみえる赤ちゃんですが，実はさまざまな能力をもっており，人とかかわりあいを通して，それらを発達させていく存在であることを学んでいきます。

1 人生の始まり──胎児期の発達

（1）　受精が始まり

　ハッピー・バースデーということばのとおり，世界的に誕生日を祝う習慣がある。しかし，誕生日は母体から生まれ出た日のことであり，正確にいえば人生のスタートではない。卵子が精子を受精することで生命が誕生し，そこから人間の一生が始まるのである。

　妊娠は通常の場合子宮内で進んでいくので，生命の始まりである受精も子宮で行われると考えている方も多いと思われるが，そうではない。卵巣と卵管のつなぎ目である卵管膨大部というところで**受精**は行われる。卵巣から卵管膨大部に放出された卵子にただ1つの精子が入り込んで受精が成立する。

（2）　受精卵から胎児へ

　その後，**受精卵**は，卵割という細胞分裂を繰り返しながら，卵管を子宮へ向かって進んでいく。約3日後には子宮にたどり着き，約7日後には子宮内膜に着床して妊娠が成立する。このころには受精卵は細胞分裂が進んで，**胎芽**となる。

　受精約8週目になると，骨の形成が始まり，ヒトとしての成長・発達に必要な器官が成熟し始める。これ以降は**胎児**とよばれる。この時期においてとくに重要なのは，生物学的な性別が分化しはじめることである。

　生物学的な性別は受精卵の**性染色体**で決定される。XX をもっていれば女性，XY をもっていれば男性となる。この分化で鍵の役割を果たすのは，Y 染色体上にある SRY（sexual determination region Y）という遺伝子である。受精卵・胎芽はそれまでは男女とも同じように成長していくが，受精7週目くらいになると，この遺伝子にスイッチが入る。そして男性は，男性としての身体になるように分化していき，この遺伝子をもたない女性は，そのまま女性としての身体になっていく。約16週くらいになると生殖器の違いとして男女の性別の違いが確認できるようになる。また，男性と女性とでは脳性に違いがあることが知られているが，その分化は，生殖器が形成されはじめると同時に分泌される**性ホルモン**に依存することがわかっている。すなわち，胎児の脳は**男性ホルモン**が分泌されないと女性化する一方，脳の男性化には，ホルモンシャワーといわれるほどたくさんの男性ホルモンが必要だといわれている。そのため，何らかの原因で男性ホルモンの分泌が不十分になると，脳の男性化が中途になってしまい，

男性ホルモン
男女それぞれの特徴を形成する働きをもつ内分泌物を性ホルモンという。男性ホルモンはアンドロゲン，女性ホルモンはエストロゲンが主である。アンドロゲンの分泌量は思春期だけではなく，乳児期初期においても多い。

日齢	体	長さ(mm)	脳	事　項
4				特別な方法で性別わかる
18		1		
22		2	25日	神経系の基礎 心臓　動き始める 消化器のもと,腎臓のもと
26		4		目・耳・鼻・肝臓などが形成される
32		7	35日	体の運動を始める 心臓4室に
38		11	中脳 後脳 前脳 40日	心電図,脳波計　使える
43		17		
47		23		
51		28	50日	刺激への反応あらわれる

週齢	体	身長(mm)	体重(g)	脳	事　項
8		40	5		
10		70~90	30		
12		140~170	120	100日	胎児の個人差があらわれる 指しゃぶりあり
16		250	280		指紋できる 自発的運動・眼球運動がみられる
20		300	600	5か月	睡眠と覚醒のパターン 音に反応
24		320	800		光に反応
28		385	1100	7か月	未熟児として生まれても生存可
32		435	1600		
36		475	2600		
38		500	3200	9か月	

図1-1-1　胎児の発達（Bremner, 1988；Smolak, 1986；Restak, 1986に基づき作成）

出典　川上清文「第1章　胎児」川上清文・内藤俊史ほか『図説 乳幼児発達心理学』同文書院, pp.4-5, 1990年

これはこころと身体が不一致となる性同一性障がいの原因の一つと考えられている（梅宮，2004）。

（3）　胎児の姿を直接見ることも

　図1-1-1に，受精から胎芽期，胎児期，そして出生に至るまでの成長・発達の過程を示してある。20世紀の後半に超音波エコー（超音波断層撮影装置）が開発されるまでは，**胎動**や心拍数以外に子宮内にいる胎児を直接観察できる手だてはなかったが，超音波エコーが実用化されてからは胎児期の成長・発達に関する研究が格段に進んだ。現在ではそれに加えて，カメラやマイクの超小型化が進み，子宮内に入れて胎児の画像を得ることも可能になっている。

　それらを用いた研究によると，胎児は羊水にただ浮かんで静かに成長しているのではなく，盛んに活動して，行動を形成していく有能な存在であることが示唆されている。たとえば，胎児の行動を観察すると，彼らは早くから活動的で，妊娠7週で全身をさざ波のように震わせ，10週では急に全身を動かしてジャンプする，そして12週では偶然に指が口に触れると，それを吸う反射（**吸てつ反射**）（反射については第1章-2を参照）

が出現する。また，この指しゃぶりは反復され，徐々に洗練され，妊娠8か月を過ぎるころには，自分で積極的に手や腕を口に持っていって，頻繁に指しゃぶりをし，手の甲や前腕に吸いついたりするようになる。出生直後の赤ちゃんに手や腕などに吸いダコがみられることがあるが，これは，この胎児期における指しゃぶりのためである（青柳ら，1989）。

　また，外界での生活に備えて，受精後約15週ころから呼吸の練習（呼吸様運動）もしている。実は赤ちゃんは胎内にいるとき肺呼吸をしていない。臍帯（へその緒）で母体とつながっており，これを通して酸素が取り込まれ，二酸化炭素が排出されるために肺呼吸は必要ないのである。ではなぜ練習をするのかというと，胎内にいる間，肺のなかはずっと羊水で満たされており，胎児はこれを吸ったり吐いたりし，水圧を利用して，肺が外界の空気圧に耐えられるように鍛えているようである。さらに，この胎児の呼吸様運動に，眼球運動や胎動を合わせてみた結果から，受精後約32週から，**レム睡眠**と**ノンレム睡眠**という睡眠の2相も現れてくることがわかっている。

　このほか，視覚や聴覚などの感覚器官は生まれた直後は働かないと考える人が多いが，妊娠6〜7か月の母親の子宮にかなり強い光を当てたり，スピーカーをお腹に当てて500ヘルツの音を流したりすると，胎児の心拍数が増加することが実験で示されている（渡部，1992）。光に反応する，音に反応するという点に限っていえば，胎内にいるときからそれらは機能しているといえる。もっとも母親の胎内は，通常薄暗く，赤みがかり，しかも母親の心拍音や呼吸音，消化音，音声，そして胎児みずからの心拍音とかなり騒々しい世界で，普通の生活をしていたのでは，外部の光や音声が届かなさそうなところである。胎児はこのような環境のなかで成長・発達をとげ，通常，受精後約280日ころに外界へと誕生していく。生まれたての赤ちゃんはすぐには眠らないが，環境の激変に驚いているからかもしれない。

（沼山　博）

レム睡眠とノンレム睡眠
レムは Rapid Eye Movement（急速眼球運動）の略。睡眠中は急速眼球運動が生じる時期（レム睡眠）と生じない時期（ノンレム睡眠）の2相があり，交替して現れる。

コラム　生まれたての赤ちゃんにも違いがある

　赤ちゃんは，生まれたばかりであっても皆同じというわけではない。たとえば，いつも手足を動かしている子もいれば，あまり動かさない子もいる。また，

ちょっとした物音に敏感な子もいれば，動じない子もいる。こうした出生直後の赤ちゃんのもつ行動特徴を**気質**という。トーマス（Thomas,A.）とチェス（Chess,S.）らは，ニューヨーク在住の生後2，3か月になる乳児の行動特徴を調べ，9つの気質があるとした。そして，これに基づき，下表のように，手のかからないタイプ，取り扱いの難しいタイプ，何をするにも時間のかかるタイプの3タイプがあることを見いだした。このタイプ分けは必ずしも将来にわたって継続するとは限らず，環境の諸条件（期待や要求など）と調和すること（**適合のよさ**；goodness of fit）で健全な発達がもたらされると考えられている（武井・寺崎，2003）。その点でいえば，親や保育者には，その子どもにあった子育てが求められていることを示しているともいえるのである（第5章-4も参照）。

表1-1-1　気質による乳児の分類（Thomas・Chess ら，1970）

気質の種類	子どものタイプ		手のかからない	何をするにも時間がかかる	取り扱いの難しい
	活動水準	活動している時間とじっとしている時間の割合	不定	低ないし中度	不定
	周期性	空腹，排泄，睡眠，目覚めの規則性	非常に規則的	不定	不規則
	被誘引性[1]	刺激がどの程度行動を変化させるか	不定	不定	不定
	接近・退避	未知の人や新しい事物への反応	積極的に接近	初期の退避	退避
	順応性	環境の変化に順応する難易度	非常に順応的	時間をかけて順応	時間をかけて順応
	注意力の範囲と持続性	ある活動にかける時間の量と，その活動における気の散りやすさ	高または低	高または低	高または低
	反応の強さ	反応の激しさ。その質や方向とは無関係に	弱または中	中	強
	感受性の閾値	見分けのつくだけの反応を引き起こす刺激の強さ（これを閾値という）	高または低	高または低	高または低
	気分の質	友好的，快活で嬉々とした行動と，不機嫌で非友好的な行動との対照	陽性	やや陰性	陰性
	人数の%[2]		40	15	10

注1）distractibility の訳。
　2）残り35%の子どもは，特性が入りまじっている。

出典　大山正博 編『改訂版 人間への心理学的アプローチ』学術図書出版社，p.8，1992年一部改変

（沼山　博）

2 赤ちゃんは宇宙人？

（1） 生まれたての赤ちゃんの不思議な行動

　新生児室にいる，生まれてまもない赤ちゃんをみたことがあるだろうか。赤ちゃんというと，可愛い，小さい，あどけない，健気（けなげ）な，などのイメージをもつ人が多いが，サルとカエルを足して2で割った感じであるとか，宇宙人のようだというような，ある種奇妙なイメージをもつ人もいるようである。確かに，生まれてまもない赤ちゃんは，個人差はあるものの，新生児以外のヒトではあまりみられないような仕草をすることがある。とくに**原始反射**とよばれる行動がそれで，すぐにわかるものとしては，たとえば仰向（あおむ）けに寝ている新生児は，急に身体を動かされたり，大きな音を聞いたりすると，両手を広げ，何かに抱きつくかのような動作をする（**モロー反射**）。また，手のひらに指か何かで刺激（しげき）を加えると，驚（おどろ）くべき力強さで握り返してくる（**把握反射**）。足の裏を指でなぞると，ゆっくりと足の指を広げたりもする（**バビンスキー反射**）。

　このほかにも，表1-2-1にあげたような原始反射があるが，これを分類すると，まずIのように新生児の生命維持装置としての働きをもっているものがある。たとえば，**口唇探索反射**（こうしんたんさくはんしゃ）や**吸てつ反射**は乳を飲むために，逃避反射（とうひはんしゃ）や瞬目反射（しゅんもくはんしゃ）は危険なものから身を守るために，それぞれ役に立つ。また，IIのように，進化のなごりともよべるものがある。上でもあげた把握反射やモロー反射は，物を握ったり抱きついたりといった霊長類の行動特徴と関連のあるものである。その一方で，IIIのバビンスキー反射のように，必ずしも機能や意味がはっきりしないものもある。

（2） 原始反射の多くは数か月で消える

　原始反射の多くは，出生後約2か月になると消え始めてしまうが，その後まもなくして，似たような動作が今度は意志的なものとして復活してくる。たとえば，吸てつ反射が消えてくると，その代わりに赤ちゃんはおっぱいを自分の目で探し，自分で顔を向け，自分で唇（くちびる）を乳首に寄せて，自分で吸うようになる。もちろん，吸てつ反射が消え始めてすぐにこうなるわけではなく，**大脳皮質**を中心とした，意志の形成にかかわる脳神経系が成熟してくることが前提となろう（赤ちゃんの脳の発達については第1章-9参照）。また，何より養育者との間で日々行われる，おっぱいを飲む行為の繰り返しが，こういった意志的な行動の形成に何らかの役割を果たしているとも考えられる。このほかの，抱きついたり，物を掴（つか）んだり，歩

原始反射
新生児反射とも呼ばれる。

大脳皮質
脳は，大脳半球（大脳），間脳，小脳，中脳，橋（きょう），延髄からなっている。大脳皮質は，このうち大脳半球の表層にみられる灰白質の部分。

表 1-2-1　新生児の反射の機能的分類（Kessen ら，1970 に一部改変・付加）

	反射	喚起刺激	反応型
Ⅰ 順応と生存を促進する反射	瞳孔反射	光	瞳孔の散大・収縮
	瞬目反射	ものが急に迫る，まぶしい光を急にあてる	まぶたを閉じる
	四方反射（口唇探索反射）	頬に軽く触れる	触れられた方向への頭の運動
	驚愕反射	大きな音	ひじを曲げ手指を握る
	泳ぎ反射	うつ向けて水につける	腕と脚の運動
	吸てつ反射	くちびるへの刺激	乳を吸うような動き
Ⅱ 関連する動物種の能力と結びついている反射	匍匐反射	脚を床につける	腕と脚は床につけ，頭を上げる
	屈曲反射（引っ込み反射）	足の裏への圧	不随意的な脚の屈曲
	把握反射	指または掌への圧	指を握りしめる
	モロー反射	頭を上げて仰向けに寝かせ，急に頭の支えをはずす	両腕を広げ，頭をそらし，指を広げ，腕を身体の前で交差させる
	跳躍反射	身体を垂直にし，やや前傾させる	両腕を前方に伸ばし，脚を直立させる
	歩行反射	腋下で身体を支え，床に立たせる	律動的なステップ運動
Ⅲ 機能不明の反射	腹部反射	触刺激	腹部の不随意的収縮
	アキレス腱反射	アキレス腱の打叩	脛筋の収縮と脚の下方への屈曲
	バビンスキー反射	足の裏を軽くさする	つまさきを伸ばし，指を広げる
	頸緊張反射	仰向けに寝かせ，頭を横に向ける	頭の回転方向にある腕と脚を伸ばし，他側の脚と腕は屈曲

注）　瞳孔反射，四方反射などを含め，刺激に反応を同調させる反射グループを「定位反射」とよぶ。

出典　村田孝次『児童心理学入門』培風館，p.19，1986 年に一部改変・付加

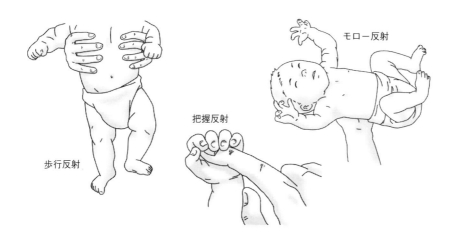

モロー反射

把握反射

歩行反射

いたりなどといった身体的な動作のほとんどが，このようにして意志的な行動となって現れてくる（第1章-6参照）。

（3）　首尾よく人生をスタートできるように

　ところで，反射とは，「ある身体の決まった箇所に，ある決まった刺激を加えるというような，特定の条件下で必ず生じる特定の反応」のことで，遺伝的にくくりつけられている行動パターンであると考えられる。また，本人の意志にはよらないとされており，新生児に限らず，大人でも生じる。膝頭をたたくと足があがるという**膝蓋腱反射**は，誰もが一度は経験したことがあるだろう。どうして意志がかかわらないかというと，反射は，意志や判断をつかさどるといわれる大脳皮質ではなく，**脳幹**や**脊髄**からの指令で生じるためである。新生児では，この大脳皮質が十分に成熟していないため，まだ意志的な行動や判断をすることは難しい。つまり，大脳皮質が成熟して，意志的な行動や判断ができるようになるまでの，つなぎの役割を原始反射が担っていると考えられるのである。そのような意味で，新生児の原始反射は，首尾よく人生をスタートできるように，ヒトという種に遺伝的にくくりつけられた行動パターンとみることもできよう。一見，宇宙人のように思える赤ちゃんの仕草も，こうした秘密が隠されているのである。

（沼山　博）

脳幹と脊髄
脳のうち，中脳，橋，延髄を脳幹という。脳幹は，延髄の下に続いている脊髄とともに，睡眠・覚醒をはじめ，姿勢や本能行動，情動など，生存に欠かすことのできない自律機能をコントロールしている。

3 赤ちゃんの知覚する世界

（1）赤ちゃんは眼が見えるの？

　赤ちゃんというとよく眠るイメージがあるが，生まれたての赤ちゃんは，すぐには眠らない（**生理的覚醒**）。彼らは目を見開き，明るいほうをじっと見ている。一般に，生まれたての赤ちゃんは眼が見えないと思っている人が多いようである。しかし実際はそうではない。大人とまったく同じではないものの，彼らには「モノ」が見えていることがわかっている。では，どのように見えているのだろうか。最近の研究で明らかになってきた赤ちゃんの視覚の世界を紹介しよう。

　新生児の視力を**縞視力**（しましりょく）（本項のコラムを参照）で測定し，一般的な視力検査で知られるランドルト環の小数視力に計算しなおすと，生後1か月で0.01〜0.02程度になると考えられている（山口，2006）。また，とくに出生直後は光がまぶしく感じられ，焦点を上手にあわせることができず，視界はかなりぼやけているようである。生後半年で急速に視力は発達するが，それでも0.2程度で，その後ゆるやかに発達し，生後1年で0.4程度，4歳から5歳でほぼ大人なみになると考えられている（下條，1983：山口・金沢，2016）。

　さて，このように，物がはっきりとは見えず，ぼやけた世界に住む赤ちゃんだが，実は見るものの好みがはっきりしている（これは**偏好視**とよばれる）。ファンツ（Fantz，1963）は**選好注視法**という実験方法を使い（本項のコラムを参照），乳児がどの図形パターンを好んでよく見るのか実

> **小数視力**
> ランドルト環を用いて測った視力のこと。ランドルト環とは円環の一部が欠落したC字型の図形で，この欠落が識別できる最小の幅（視角・分で表す）の逆数が視力と定義される（本項のコラムも参照）。

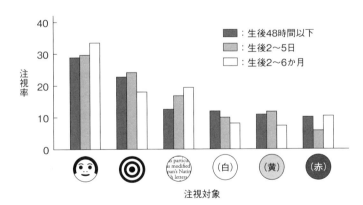

生後6か月までの赤ちゃんは，均一な性質のものよりも人の顔や的，新聞文字のようなより複雑なものを好む。なかでも，人の顔はとくに好むようである。

図1-3-1　図形パターンに対する乳児の好み（Fantz，1963）

出典　大山正博 編『改訂版 人間への心理学的アプローチ』学術図書出版社，p.22，1992年に加筆

験を行った。その結果が図1-3-1である。これによると生後6か月まで
の赤ちゃんは「人の顔」や「縞模様」などの図形を好んで見ていた。その
後の研究で，このほかにも，動く物，単純な模様より複雑な模様などを好
むことが明らかになっている。

（2）　赤ちゃんは空間がいつからわかるの？

　われわれが生きている世界は3次元であるが，赤ちゃんにはどのように
見えているのだろうか。この空間認知の問題について，ギブソンとウォー
ク（Gibson & Walk, 1960）は**視覚的断崖**という装置を考案し実験を行っ
ている（図1-3-2）。この装置は中央から一方の市松模様の床が，ガラ
ス板より深く下のほうになっており，中央の境目からは断崖に見える。ギ
ブソンらは生後6〜14か月のはいはいを始めた乳児をこの装置の中央に
乗せて，断崖に見えるほうに進むかどうかで乳児の奥行き知覚を調べた。
その結果は，断崖のほうに進もうとしない乳児が9割というものであり，
はいはいを始めた乳児は，断崖（深さ）がわかるだけでなく，深いところ
から落ちたら危険，という視覚的な情報を察知する能力も備えていること
が示唆された（第3章-6のアフォーダンスも参照）。なお，別の実験方
法を用いた最近の研究によると，奥行きの知覚（両眼視）については，生
後4か月ころから獲得されるという結果が出されている（Yonas et al.,
1987などを参照）。このように，赤ちゃんの視覚能力についてはこの20
〜30年でさまざまな事柄が明らかとなってきたが，ほかの知覚について
はどうなのだろうか。視覚ほどではないが，それらの研究が蓄積されつつ

断崖の手前
模様の上に
張られたガラス

断崖側
床の模様が
ガラスを通して
透けて見える

図1-3-2　視覚的断崖実験の装置

出典　Walk,R.D., & Gibson,E.J.. A comparative and analytical studies of visual depth
　　　perception. Psychological Monographs, 75(15), p.15. 1961. をもとに作図

14

ある。いくつかみてみよう。

（3）　赤ちゃんは匂いや味がわかるの？

　まず，**新生児**は自分の母親の母乳とほかの母親の母乳を嗅ぎ分けることができる（Marlier et al., 1998）。また，好ましい匂いについてもほぼ大人と変わらず，甘い匂いのものと腐ったような匂いでは，圧倒的に甘い匂いのほうに顔を向ける。味覚についても，新生児に「甘い」「苦い」「すっぱい」ものを口に少したらすと，私たち大人と同様の表情を示す（たとえば，「すっぱい」味に対しては，口や顔をすぼめる）（片岡・二瓶，1990など）。新生児の段階で，すでに基本的な嗅覚・味覚は感じることができているといえるだろう。

（4）　驚くべき赤ちゃんの聴覚能力

　聴覚もすでに妊娠6～7か月ころから機能していることが知られている。胎児のとき，お腹のなかでとくによく聞いていた母親の声の調子を出生後も覚えているという驚くべき研究が報告されている。この研究を行ったのはデキャスパー＆ファイファー（DeCasper & Fifer, 1980）で，赤ちゃんのおしゃぶりを吸う能力を利用した**吸てつ法**を用いた実験を行った。具体的なやり方は次のとおりである。生後2日目の乳児に，まず聴覚刺激のない状態のおしゃぶりを吸う速度を測定し（ベースライン），次に2つの録音テープ（母親が物語を読む声となじみのない女性が同じ物語を読む声）を聞かせる。おしゃぶりを吸う速度がベースラインより上がると，報酬として母親音声テープを，ベースラインより下がるとなじみのない女性音声テープを聞かせる。すると，乳児は慣れた母親の音声を聞くことができるよう，速いペースでおしゃぶりを吸うようになったのである。

　新生児の聴覚能力についても，赤ちゃんは音源を聞き分け好ましいほうに顔を向けること（Clarkson et al., 1985）や，あらゆる音素を聞き分けられる（Werker & Tees, 1984）ことがわかっている。また，声や音は発信源から直接耳に入るものばかりではなく，いろいろなものに反射した後に入るものもあるため，本来は反響しているが，出生直後はこの反響音が聞こえているという（Maurer et al., 1988）。さらに，さまざまな音域のなかでも高周波の音をよく聞き分けるという（Schneider et al., 1980）。

　このように，赤ちゃんの驚くべき知覚能力がぞくぞくと報告されている。しかもなかには大人より優れた能力をもつ可能性さえ示唆されている。赤ちゃんを無力で何もできない存在とみてはいけないようである。

（福島朋子）

> **新生児**
> 国際産科婦人科連合では，狭義では生後10日までの間，広義では生後28日までの間を新生児とよぶ。心理学では，広義を用いることが多い。

コラム　赤ちゃんの視力はどうやって測るの？

　大人の視力検査は，Cの字（ランドルト環）を用いて左右上下いずれの方向が開いているかをことばや指で示すことで測られる。しかし，ことばをもたず，まだ上手に指を動かすことも一人でお座りさえもできない赤ちゃんには，この方法では測ることができない。では，赤ちゃんの視力はどのように測定しているのだろうか。

　赤ちゃんの視力測定の1つの方法としては，前述のファンツ（1961）が考案した**選好注視法**を応用した方法が用いられている。選好注視法とは，乳児の目の前に刺激として一対の図形パターンを提示し，図形の注視時間を計測する方法である（図1-3-3）。この方法を利用してどのように乳児の視力を測るのだろうか。

　やり方はこうである。白黒の縞模様とグレーの無地の絵を並べる（図1-3-4）。乳児は縞模様が好きなのでそちらをよく見る。そこで，少しずつ縞模様を細かくしていくのである。だんだん細くしていくと縞模様が見えず白と黒が混ざってグレーに見える。そうすると，もう一対のものと同じ図形パターンに見え，注視時間に違いがなくなってくる。この乳児の縞模様の見えの限界を調べることで視力を推定するのである。この縞パターンで調べる視力を**縞視力**とよんでいる。

図1-3-3　赤ちゃんの選好注視法の実験の様子

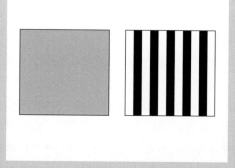
図1-3-4　赤ちゃんの視力測定で使用する刺激の例

（福島朋子）

16

4　面倒をみさせられている？

（1）　赤ちゃんはよくほほえむ

　エンジェル・スマイルということばに象徴されるように，赤ちゃんの**ほほえみ**ほど，人のこころを和ませるものはない。赤ちゃんが笑うのを見て思わず抱きしめたり，頬をなでてみたりと，何かと構いたくなってしまう。しかし，赤ちゃんのほほえみを，自分に構うよう周囲の人々を仕向けるための知恵とみることはできないだろうか。

　ヒトの赤ちゃんは，出生直後からほほえむが，この時期はまだ大脳皮質が十分機能していないため，これを意志的な行動と考えることは難しい。この現象は，赤ちゃんがうとうととまどろんでいるときに発現する傾向があり，脳神経の活動に伴って現れる生理的なものでないかといわれており，これを**生理的微笑**という（第1章 − 9 コラムも参照）。

大脳皮質
第1章 − 2参照。

（2）　赤ちゃんのほほえみの働き

　また，出生後2，3か月の赤ちゃんは，人の顔を見て，よくほほえむ。ほほえまれたほうは思わず引き込まれてしまうが，実は人間であれば誰にでもほほえむようである。このため，この時期のほほえみは**社会的微笑**ともよばれる（図1 − 4 − 1）。

　では，こうした**乳児期**初期にみられるほほえみには，いったいどんな働きが隠されているのだろうか。今でも出産は女性にとって一大事であるが，20世紀前半くらいまでは，医療技術がそれほど進歩しておらず，出産後，子どもは生まれたものの，生みの母親が亡くなってしまうことも少なくなかった。そうなると，その子どもは，生みの母親以外の人に育ててもらわざるをえなくなる。つまり，これから生まれ出ようとする子どもは，こうした事態に備え，生みの母親かどうかにかかわらず，誰にでも育ててもらえる用意をしておく必要が出てくる（第1章 − 10 コラムも参照）。

乳児期
出生後1年間のことをいうが，歩行が完成し，ことばが出始める出生後1年半までの期間を乳児期と呼ぶこともある。

　こうした周囲の大人の注意や関心を自分に引きつけておく工夫は，ほかにもある。体型もその一つで，赤ちゃんの身体は非常に丸みを帯びている。これは人間に限ったことではなく，一般に哺乳類の赤ちゃんは丸みを帯びているが，そうすることでまずほかの動物から攻撃されることが少なくなる。とくに人間の場合は，それに加えて，丸みを帯びた対象を見ると，親和性が向上し，接近したくなるようである[注]。

　また，第1章 − 3 でも取り上げたように，ヒトの赤ちゃんは，生まれた直後から他者の顔を好んで見ることが知られている。実際，赤ちゃんに

注)
これを幼児図式という。赤ちゃんの体形のほか，顔にも同様の働きがある。

図1-4-1　恐ろしげな仮面にもほほえむ3か月の赤ちゃん

出典　Spitz,R.A., & Wolf,K.M.. The smiling response: A contribution to the ontogenesis of social relations. Genetic Psychology Monographs, 34, pp.57-125. 1946. を参照して作図

じっと見つめられて，思わず照れてしまったことのある人もいるだろう。これも，そうすることで，周囲の大人から注意を向けてもらったり，構ってもらったりするという利点を生むのである。

（3）　赤ちゃんの泣きにも似たような働きが

　このほか，赤ちゃんの泣きにもこうした働きがあると考えられる。人を見つめたり，ほほえんだりといった行為は，誰かがそばにいないと効力を発揮しないが，泣きは，そばにいない人に対しても，自分の身に何かが起こっているということを知らせることができる。赤ちゃんの泣きを聞いて，かわいい，構ってあげたい，何とかしてあげなくては，と思ったことのある人も少なくないであろう。しかし，そこまでいかなくても，赤ちゃんの泣き声は甲高く，人によっては不安や不快に思ったりするほどに，聞く人の注意を引きつけずにはおかない。そして，聞き手は，それを止めようと，あやしたり，あるいは赤ちゃんの不快感の原因を取り除くための行動を展開するのである（第1章-12参照）。

　本項コラムにもあるようにヒトの赤ちゃんは，感覚機能は成熟しているものの運動機能は未熟なまま生まれてくる。したがって，しばらくは自分の力で移動することができず，そのため栄養摂取や身体の安全というような生命維持に関しては，周囲の大人の力に大きく依存しなくてはならない。このようにみていくと，一見愛らしくみえる赤ちゃんのほほえみや泣

き声も，周囲の大人を生命維持装置として活用しようという，生まれなが
らの知恵とみることができよう。　　　　　　　　　　　　　　（沼山　博）

コラム　子どもは皆未熟児？

　ポルトマン（Portmann, 1951）は，鳥類の孵化後の状態の分類が哺乳類にも
あてはまるのではないかと考え，哺乳類を，出生後すぐには自力で移動できず巣
などにとどまらざるをえない**就巣性**（留巣性ともよばれる）と出生後活発に動き
回り，自力で乳を吸いに行くこともできる**離巣性**に分けた。「就巣性」の哺乳類
はモグラ，イタチ，ネズミなどの脳髄（大脳の総称）があまり発達していない動
物で，特徴としては妊娠期間が短く，一度に生まれる子どもの数が多く，生まれ
たときの赤ちゃんは毛がはえておらず，運動機能が未成熟なうえに，目や耳が開
いておらず感覚機能も未成熟で，無力である。これに対して「離巣性」はウマ，
ウシ，ヤギ，ヒツジなどの高等哺乳類で，妊娠期間は長く，一度に生まれる子ど
もの数は１〜２匹と少なく，出生時から運動機能や感覚機能が成熟しており，
その姿や運動形態は親に似ている。
　では，ヒトの赤ちゃんはどうだろうか？　妊娠期間は長く，生まれてくる子ど
もの数も１〜２人であり，感覚機能も成熟している。これは「離巣性」の特徴
を満たしている。しかし，出生時は自力移動できず，歩くまでに約１年かかり，
運動機能は未成熟で，「就巣性」の特徴もあわせもつ。ポルトマンはこういった
特徴からヒトの赤ちゃんを**２次的就巣性**と呼んだ。ヒトも高等哺乳類であるが，
なぜほかの高等哺乳類と違うのだろうか？　ポルトマンによると，ヒトの赤ちゃ
んは大脳が発達し，そのまま子宮内にとどめておくと脳とそれを支える身体の大
きさに母体が耐えられなくなるため，人間は**生理的早産**で慢性的に１年早く出
産しているといわれている。ヒトは頭でっかちで，たよりない存在で生まれてく
るのには，このような理由があると考えられている。

（津田千鶴）

5 身体はどのように大きくなるの？
——赤ちゃんの身体発達

（1） 未熟な赤ちゃん

赤ちゃんは母体内での約38週を経て，体重約3000g，身長約50cmで生まれてくる。身体バランスは成人とは違い，成人と比べると頭でっかちで，手足や胴体が短い。第1章－4のコラムでも取り上げたように，感覚機能は成熟しているが，運動機能は未成熟でたよりない。

ではこのような未熟な状態で生まれてくる赤ちゃんの身体はどのように成長・発達していくのだろうか。図1-5-1は子どもが6歳になるまでの身体発達に関するパーセンタイル曲線（**幼児身体発育曲線**）であるが，これをみると平均的な成長・発達の姿と個人差がわかる。

しかし，この表だけでは読みとることのできないヒトの身体発達の特徴がある。説明していこう。

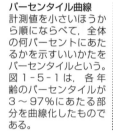

パーセンタイル曲線
計測値を小さいほうから順にならべて，全体の何パーセントにあたるかを示すいいかたをパーセンタイルという。図1-5-1は，各年齢のパーセンタイルが3～97％にあたる部分を曲線化したものである。

（2） ヒトの身体発達の特徴

ヒトの身体発達の特徴は2つある。まず**身体発育速度**である。生後3～4日後には，胎便（たいべん）の排泄（はいせつ）などに対して哺乳量（ほにゅう）が少ないため，一時的に出生

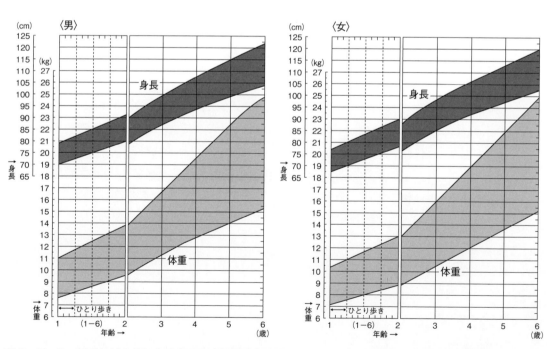

図1-5-1　子どもが6歳になるまでの身体発達に関するパーセンタイル曲線（幼児身体発育曲線）

出典　厚生労働省『平成22年乳幼児身体発育調査報告書』2011年

時の体重より5〜10%減少する（**生理的体重減少**）が，哺乳量が安定してくるともとの体重に回復し，めざましく発育していく。体重は生後3〜4か月で2倍，1年で3倍の約9kgになり，身長は生後1年で1.5倍の約75cmになる。**乳児期**の発育速度は，一生のなかでもっとも大きい。

　その後，6歳から12〜13歳ころまではゆるやかに発育し，思春期を迎えると再び発育速度が大きくなる。これは，スキャモン（Scammon,R.E.）の**発育曲線**で説明される。スキャモンは臓器別に発育パターンが異なるとした。そして，各臓器をリンパ系型，神経系型，一般型，生殖器型の4つのタイプに分け，成人（20歳）になったときの発育を100として，出生から成人までの各臓器の発育を示した（図1-5-2）。それによると，まずリンパ系は，リンパ節や胸腺など**ホルモン**を分泌する内分泌組織で，11〜12歳ころで成人以上の増加があり発育のピークとなっている。大脳や小脳などの神経系は，3〜4歳までに急速に発育し，6歳には成人の90%に達する。骨格や筋肉などの一般型は，乳幼児と思春期に発育急速期を迎える。睾丸や卵巣などの生殖系は，13〜14歳ころまではほとんど発育がみられないが，それ以降急速に発育する[注]。ほかの多くの動物は，生後急速に発育し，その後ゆるやかに発育して大人になるが，ヒトの発育には急伸期が2度あるのが特徴である。

ホルモン
内分泌腺でつくられ，主として血液中に分泌される物質。特定の器官や細胞に作用して，微量で身体のさまざまな機能を化学的に調整する働きがある。性ホルモンをはじめ，成長ホルモンや甲状腺ホルモンなどがある。

注)
現代では**発達加速化現象**が知られており，スキャモンの指摘よりも発育年齢が早まっている。

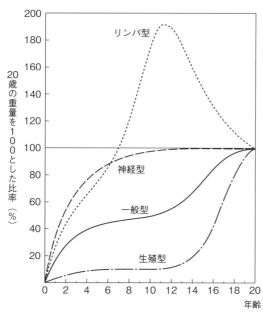

図1-5-2　スキャモンの発育曲線

出典　Scammon, R.E.. The measurement of man, Harris, J.A., Jackson, C.M. Paterson, D.G. & Scammon, R.E. (ed) The measurement of the body in childhood, Univ. Minesota Press, 1930.

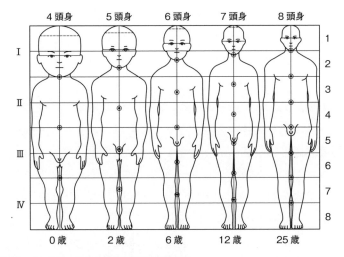

図 1 - 5 - 3　身体各部の比率の発達

出典　スュトラッツ,C.H.,　森徳治 訳『子供のからだ』創元社，p.60，1952 年

　　ヒトの身体発達の特徴として次にあげられるのは，身体バランスである。前述したが，赤ちゃんは頭でっかちである。身体に占める頭の割合（頭身比）は，成人で8頭身，生まれたばかりの**新生児**で4頭身である（図1-5-3）。また，手足・胴体も短く，身体に占める割合は新生児で成人の2.5～4倍である。このように，赤ちゃんの体形は成人の体形とは異なり，上述のスキャモンの発育曲線からもわかるように，身体各部の発達の速度が異なり，同じ割合で発達しないため，年齢によって身体バランスが変化する。また運動発達は，**頭部から尾部へ，中心部から周辺部へ進む**（第1章-6参照）。したがって，乳幼児は頭部が大きく，お腹は突き出して，手足は胴体に比べて短い幼児体型を示すが，徐々に胴体も引き締まって細くなり，手足も胴体よりも長くなり，頭部の割合が小さくなり学童体型に進み，成人の体形へと移行していく。

（津田千鶴）

コラム　予定よりも早く生まれてくる赤ちゃん

　通常子どもはおよそ38週の妊娠期間を経て生まれてくるが，さまざまな事情でこれよりも出生が早くなる場合もある。妊娠22週から36週までに生まれてくる赤ちゃんのことを**早産児**，また出生体重が2500g未満の赤ちゃんを**低出生体重児**といっている（日本産科婦人科学会）。図1−5−4を見てほしい。厚生労働省の調査によると，低出生体重児の出生数割合はこの30年間で倍増し，2018年の時点で約1割程度となっている。近年の医療技術の進歩で出生時体重1000g未満の子ども（**超低出生体重児**）も生き延びる確率が上がり，800〜900gの子どもで9割，500g未満であっても5割の生存退院が可能となっている（楠田，2017）。低出生体重児だからといって，すぐに赤ちゃんに何か問題があるわけではないが，特に1000g未満の超低出生体重児の場合は，**新生児集中治療室（NICU）**に入るなど，長期にわたる特別なケアが必要となる。その親も，超低出生体重児として産んでしまったことに責任を感じ，またそのためにその後の成長・発達に何か問題が生じるのではないかと心配する場合も少なくない。注意する必要があるのは，低出生体重児にはさまざまな要因が考えられ，親の側の問題だけとは限らないという点である。それだけに，低出生体重児で生まれた子どもとその親にかかわる際には，きちんとした知識と現状を理解した上で，親の気持ちに寄り添って親子を共に支えていく姿勢が求められる。

低出生体重児
出生体重が2500g未満で出生した赤ちゃんを低出生体重児という。その中でも，1500g未満を極低出生体重児，1000g未満を超低出生体重児と分類する。

新生児集中治療室（NICU）
早産児・低出生体重児や重篤な疾患のある新生児について，専門医療を24時間体制で提供する。NICU（Neonatal Intensive Care Unit）の略語で呼ばれることが多い。

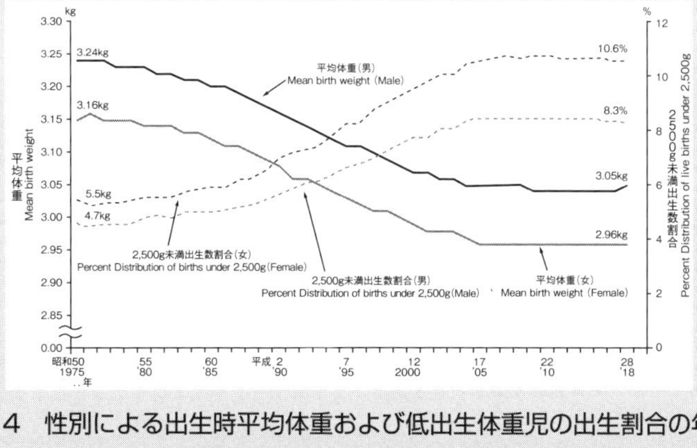

図1−5−4　性別による出生時平均体重および低出生体重児の出生割合の年次推移

出典　厚生労働省『平成30年我が国の人口動態：平成28年までの動向』p.13，2018年
http://www.mhlw.go.jp/toukei/list/dl/81-1a2.pdf（2019.2.21）

（福島朋子）

6 自分の意志で身体を動かせるように なるまで——赤ちゃんの運動発達

（1）生まれたての赤ちゃんの運動

　ヒトの赤ちゃんが生まれたばかりのときの運動機能の状態は第1章-4コラムで述べたように未成熟でたよりない。生まれたばかりの赤ちゃんの行動としてあげられるのは，まず反射である。反射とは，何らかの刺激に対して，自分の意志に関係なく機械的に反応することで，新生児期のみにみられる反射を**原始反射**という（第1章-2参照）。また，生まれたての赤ちゃんを仰向けにすると，何かに触発されることなく自発的に手足をばたばたさせるが，この動きは**ジェネラルムーブメント**と呼ばれる。原始反射は外部の刺激によって引き起こされる特定の運動であるが，ジェネラルムーブメントは，主として神経系の自発運動によって引きおこされると考えられている（多賀，2008）。

大脳皮質
第1章-2参照。

　（3）でも述べるように，生後4か月くらいになると，大脳皮質が発達し，自分の意思で自分の身体をコントロールしていく**随意運動**が出現してくるが，それと入れ替わるかのように，原始反射もジェネラルムーブメントもほぼ消失する。その点で，原始反射やジェネラルムーブメントの消失は，脳神経系の正常な発達を示す指標ともいえる（高橋，2006）。

（2）赤ちゃんが歩くという不思議

　第1章-5で述べたように，ヒトの赤ちゃんは母親のお腹のなかで脳を発達させて生まれてくるため，身体に比べ頭部が異様に大きい。頭の重さも成人が体重の10%程度なのに対して，赤ちゃんは30%程度だといわれている。

　ヒトの赤ちゃんが一人で歩き始めるのは，概ね生後12～15か月であるが，この頭でっかちの傾向はそのときも変わらない。頭部が重たいと直立したときに重心が上にあがり，バランスを取るのが難しくなるが，そういうなか，赤ちゃんは一人で立ち，歩くようになっていく。これは実に不思議なことなのである。

　図1-6-1は月齢による乳幼児の**運動機能通過率**をみたものである。これによると，個人差はあるものの，赤ちゃんが一人で歩くようになるまでには，首のすわり→寝返り→一人座り→はいはい→つかまり立ち→一人歩き，という順序性があることが見て取れる。

　このように，歩くようになるまでにさまざまな運動が行われ，身体各部の筋力やバランス能力の発達が促進される。頭から首，腰，足がしっかり

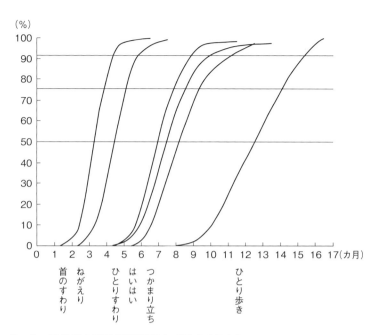

（%）

首のすわり
ねがえり
ひとりすわり
はいはい
つかまり立ち
ひとり歩き

図 1 - 6 - 1　乳幼児の運動機能通過率（平成 22 年）

出典　厚生労働省『平成 22 年乳幼児身体発育調査報告書』2011 年，図 10 - 1 より一部修正

していくことで二足歩行が可能になっていくのである。つまり，ヒトは，突然歩けるようになるのではなく，さまざまな過程の積み重ねの結果として歩けるようになるのである。

（3）　随意運動の発達と方向性

　2000 年前後ＮＨＫの幼児番組に「あ・い・うー」という体操曲があったが，この歌詞に「こんなに大きくなっちゃった　こんなに自由になっちゃった」という部分がある。この歌詞が示すように，人間の身体は生まれたときから自由に動かせるわけではなく，成長とともに動かせるようになっていくのである。（1）でも述べたように，自分の意志で身体をコントロールして行う運動のことを**随意運動**という。

　子どもの随意運動は，**粗大運動**と**微細運動**の 2 つに大きく分けられる。粗大運動とは，全身を使った運動や平衡（へいこう）を保持するための運動で，（2）でみた姿勢の制御や移動に関わる運動や，手を伸ばす，足をけるといった肩や腕，股や脚などの運動に代表される。一方，微細運動は，物をつかんだり，いじったりというような，手足の指先による微妙な運動調整（**協調運動**とも呼ばれる）に関わるものである。

　表 1 - 6 - 1 は，粗大運動・微細運動の発達をまとめたものである。これをみると，随意運動の発達には 2 つの方向性があることがわかる。1 つは

表 1-6-1 随意運動の発達

行動分野	粗大運動行動	微細運動行動	適応行動	言語行動	個　人・社会的行動
出　生					
4　週	頭がたれる、強直性頸反射。	手を握りしめている。	ぼんやりと周囲をながめる。眼で追うが限られている。	少し喉音をだす。ベルの音に注意する。	顔をじっと見る。
16　週	首がすわる。対称位をとる。	手が開く。ひっかく、つかむ。	巧みに眼を追う。手のガラガラをじっと見る。	クークーいう。笑う。人を見て声をだす。	手や衣服で遊ぶ。哺乳びんがわかる。
23　週	手で前に支えてちょっとの間すわれる。足でよく体重を支える。	積木をつかむ。小球をかき集める。	積木を持ちかえる。	玩具に声をだす。単子音節をいう。	足で遊ぶ。鏡像をたたく。
40　週	ひとりすわり。ほふく、つかまり立ちする。	つかんだものを粗く放す。手の先でつつく。	びんを持って、小球をつまみ上げようとするか、つまみあげる。	一語をいう。音をまねる。	簡単な遊びをする。自分でクラッカーを食べる。
52　週（12カ月）	支え歩き、四つ足ではう。	じょうずに小球をつまむ。	コップの中に積木を入れる。積木をふたつ積もうとする。	二語またはそれ以上をいう。物が名称でわかる。	着衣に協力する。ボール遊びする。
18カ月	ころばないで歩く、ひとりで椅子に腰掛ける。	3個の塔を作る。2〜3頁いっしょにめくる。	びんを傾けて、中の小球を出す。なぐりがきする。	片言をいう。絵がわかる。	さじを使うがかなりこぼす。歩きながら玩具を曳く。
2　年	よく走る。ボールをける。	6個の塔を作る。頁を1枚ずつめくる。	6個の塔を作る。円がきをまねる。	ことばを組み合わせる。簡単な命令がわかる。	簡単な衣服を着る。人形で遊ぶ。
3　年	片足で立つ。その場とびをする。	10個の塔を作る。おとなのようにクレヨンを持つ。	3個で橋を作る。○をまねてかく。	文章がいえる。簡単な質問に答える。	じょうずにさじを使う。くつがはける。順番を待てる。
4　年	片足で跳ぶ。幅とびをする。	線の間をたどって描く。	5個で門を作る。十字型をまねてかく。	接続詞を使う。前置詞がわかる。	顔を洗ったり、拭いたりできる。お使いができる。共同遊びをする。
5　年	両足で交互に跳ぶ。		10個の物を数える。△をまねてかく。	赤ちゃんことばを使わないで話す。「なぜ」とたずねる。	ひとりで着物を着る。ことばの意味をたずねる。

出典　西野泰広「身体・運動」東 洋・繁多進・田島信元（編）『発達心理学ハンドブック』福村出版、p.651、1992年

頭部から尾部へという方向性で，これは一人歩きまでのプロセスに関わっている。もう1つは**中心部から周辺部へ**という方向性で，これは肩や腕，股や脚などの粗大運動から手足の指先の微細運動への発達に関わっている。

　西野 (1992) は，随意運動の発達は，①思ったとおりにいかない段階，②思ったとおりに行える段階，③意識しなくても可能な自動化した段階，を経て進むことを指摘している。これは，随意運動を行うには，まずその状況でどうしたらよいかイメージすること（思うこと）が必要であるということであり，特に年少の子どもの運動をみる際は，目にみえる遂行の部分だけではなく，どんなイメージを持っているのかに目を向けていくことが大切となる。

（4）　随意運動の発達を支える社会的環境

　これまで述べてきた随意運動の発達は，ヒトに本来備わっている能力がかかわっていることは確実であるが，この先天的能力だけで十分なのだろうか。これはヒトに生まれれば，自分の意志で身体を動かせるのが当然かという問いでもある。答えはNO である。例えば，歩けるようになるには社会的環境も必要な要因である。**社会的隔離児**の事例がこの環境の重要性を物語っている。**アヴェロンの野生児**は幼いころ森に捨てられたと考えられ，森で生活しており，推定11 ～ 12歳で発見されたとき，きちんとした二足歩行はできなかった。また，現在でいうネグレクトを受け，それぞれ6歳と5歳のときに救出された日本の姉弟の事例では，救出時はつかまり立ちといざり歩きで歩行は困難だったが，救出後姉は3日目，弟は1週間以内におぼつかないながら歩くようになった（藤永ら，1997）（第1章 - 10及び第4章 - 5参照）。これは，社会的環境が整っていないと歩けるようにはならないことを示している。では，ヒトはなぜ歩くのだろうか。転倒の際のケガの危険性を考えれば，歩くという高い姿勢のほうがはうよりリスクは高い。それでも，ヒトは歩く。それは，歩いているモデルがそばにいて，手を差し伸べたり，手を引いたりして補助を与え，歩けば喜び，応援してくれる周囲の人という社会的環境があるからだろう（本項コラムも参照）。

（津田千鶴・沼山　博）

社会的隔離児
乳幼児期にほとんど人と接触をもたずに育った子ども。

ネグレクト
原語は neglect。育児放棄のこと。児童虐待の一種。第4章 - 5参照。

いざり歩き
居座り歩き。一人座りをしたまま，地についた手を交互に動かすことで身体を移動させること。

✳事例✳ 歩き始めるのだって仲良し

　M子ちゃんの歩き始めのエピソードである。M子ちゃんには，生後4か月から同じ月齢の親友O男くんがいた。2人はとても仲良しで，毎日一緒に遊んでいた。2人は通りすがりの人から双子とまちがわれるほど，顔や身体発達，興味も似ていた。2人は8か月ころからはいはいをし，1歳をすぎてもはいはいをしていた。周囲では同じくらいの月齢のお友だちが歩き始め，親たちはまだかまだかと歩き始める日をこころ待ちにしていた。2人ともつかまり立ちもつたい歩きも上手にし，手を引けば長い時間歩ける。身体機能は歩ける程度に発達していた。しかし，なかなか一歩がでなかった。2人の慎重な性格が影響しているのか。はいはいは熟達し，目的に向かっての移動は速かった。「こんなにはいはいが速いから歩く必要がないのね」とママたちは話していた。

　1歳2か月をすぎたそんなある日，2人はM子ちゃんの自宅でいつものように遊んでいたが，O男くんが「あー」と声を上げ，両手を上げながら突然歩き出した。O男くんのママに向かって，1歩，2歩…トットットと5歩くらい一気に歩く。O男くんのママは喜び手をたたいてO男くんをよんだ。O男くんは高揚し，うれしそうな表情で何度か同じように歩いた。それを見ていたM子ちゃんも1歩踏み出した。M子ちゃんは慎重で歩いても1歩か2歩。仲良しの2人は同じ日に仲良く歩き始めたのである。

　このように，歩くのには，個人がもっている能力だけではなく，周囲の人間の賞賛や喜びなどの社会的環境が関係していることは本文でもふれたが，子ども同士の人間関係がそれをあと押しすることもあるのではないだろうか。

（津田千鶴）

7　遊びがしごと

（1）　ただ仰向けになっているわけではない

　ヒトの赤ちゃんは，運動機能が未熟なため，生まれてすぐには動けない（第1章-4コラム参照）。しかし，仰向けになってただ眠ったり起きたりを繰り返しているわけでもなく，その間にさまざまな行為をしながら，自分の世界を広げようとしているようである。生後2〜3か月になると，しっかりと握ったこぶしを目の前にかかげ，それをじっとみつめるようなことをする。そのうちこぶしを開いたり閉じたり，あるいは両手をからませたりしたりし，それを見つめるようになる。手だけではなく，足でやる子も出てくる。赤ちゃんのこうした仕草は，**ハンド・リガード**（hand regard）とよばれている（図1-7-1）。この行為は一時的なものであるが，いったんやり始めると，少なくとも数日はこうした行為に没頭する。赤ちゃんがこうした行為をするのはなぜだろうか。

図1-7-1　ハンド・リガードをする赤ちゃん

（2）　感覚の変化を楽しんでいる？

　ピアジェ（Piaget,J.）は，これらの行為がもたらす感覚の変化に注目した。すなわち，感覚的な変化を引き起こすために，赤ちゃんは自分の身体，出生直後はとくに顔や粘膜などの敏感な箇所を，そしてその後は視覚を，みずから刺激していると考えたのである。そして，こうした行為を**第1次循環反応**とよび，これによって，目と手といった感覚器官と運動器官の**協応**や，手と唇といった運動器官相互の協応がもたらされる，とした。これは，自分の身体と遊ぶことで，赤ちゃんは自分の身体と出会い，その働きや使い方を理解し，マスターしていくと言い換えてよいだろう。

> 協応
> 2つ以上の行為や操作がうまく調整がとれて結びついていること。

　その後4〜5か月になると，赤ちゃんは，対象物を目でとらえ，手を伸ばしてそれを掴みとろうとする。これは**プリヘンジョン**（prehension）とよばれる。これも最初はたどたどしく，ついには対象物へと手をよどみ

なく伸ばし，しっかり掴んで手もとに引き寄せることができるようになる。そして，これ以降子どもは，物を掴んではなめたり触ったりし，周囲にある物に直接働きかけることで，感覚的な変化を得ようとするようになる。ピアジェは，こうした行為の繰り返しを**第2次循環反応**とよんだ。そして，これによって，自分の身体の理解をよりいっそう深め，同時に自分の周囲の世界に関する認識も深めていくと考えた。

（3） 循環反応で得られるもの

　第1章‐2で，**原始反射**の多くは，生後2か月くらいで消え始め，その後似たような動作が意志的な運動（**随意運動**）として復活してくると述べたが，いまあげた2つの循環反応は，その復活のメカニズムに一役買っているかもしれない。というのも，直接的な動作で対象に働きかけ，その結果を得ていくことの繰り返しで，意志的な行動の特徴である**目的と手段の明確化**が行われていくと考えられるからである。たとえば，何度もハンド・リガードを繰り返すことによって，赤ちゃんは手を目の前に掲げることが視覚的な変化を引き起こすという目的の手段であることに知るようになり，また，何度もガラガラを振ることで，ガラガラを振るという自分の行動が，音を出すという目的の手段であることに，赤ちゃん自身が気づいていくのではないかと考えられる。

　この目的と手段の明確化は，赤ちゃんが1歳を迎えるあたりから，周囲の人々にもわかるようなものになってくる。たとえば，手もとにあった棒状の物で，手の届かないところにあるおもちゃをたぐり寄せるといった行為がそれである。手段として用いられるのは物だけではない。同じころ，声を出して，お母さんをよび，お母さんに頼んでおもちゃを取ってもらうこともするようになるが，この場合のようにほかの人間が手段となることもある。こういった目的と手段を明確にした行為は，最初は何度も何度も試行錯誤を繰り返しながら行われる。ピアジェはこれを**第3次循環反応**とよんでいる。しかし，子どもが2歳になるころには，こういった行為も，あたかも事前に洞察したかのように瞬時にやってのけるようになる。**表象**とよばれる心的な**イメージ**を明確につくれるようになり，こころのなかでシミュレーションができるようになることで，実際にやってみなくても見通しを立てることができるようになる（本項コラム参照）。

　赤ちゃんの仕事は遊びであるとよくいわれるが，このようにしてみていくと，ほかならぬ「遊び」こそが，彼らの知性を育んでいるといっても過言ではないのである。

　　　　　　　　　　　　　　　　　　　　　　　　　　　（沼山　博）

表象
外界のものや出来事，対象に働きかける活動などを，さまざまな形の心理的イメージにおきかえられたもの。

30

コラム　思考の始まり

　人間は考える葦であるとは**パスカル**のことばであるが，このことばに象徴されるように，思考は人間の大きな特徴の一つである。それでは，この思考の起源はいったいどこにあるのであろうか。ピアジェによれば，人間の認識は外界の単なる模写ではなく，みずからが主体的，積極的に外界に働きかけながら心理的に構成していくものである。そして，この構成を方向づける働きをするのが**シェマ**（schema）である。思考は，このシェマそのものを用いた，もしくは複数のシェマ相互の組みあわせによってもたらされる。ピアジェが人間の外界に対する活動そのものに思考の起源があると考えていたことがうかがわれる。

　シェマは，『発達心理学用語辞典』（1991）によれば「外部の情報を認識主体がみずからの認識システムに取り込む際に用いる情報処理の図式あるいは枠組み」と定義される。ピアジェによれば，人生の最初に現れるシェマは，本項でもみたように，感覚－運動的なものである。たとえば，生まれてまもない乳児はよく指しゃぶりをするが，これは，腕を口に持っていき，指を吸うという運動と，それによってもたらされる感覚的変化とが相互に結びついて，習慣化されたものである。

　この感覚－運動的シェマは，身体機能の発達に伴う，子どもの活動の拡大とともに変容していく。上の例でいえば，口に持っていこうとした手が，たまたま途中で何か物体に触れると，その後はそのときの感覚を再現しようと，乳児はその物体に手を伸ばして，触れたり，掴もうとしたりするようになる。こうして感覚－運動的シェマは数多く形成されていく。そして，それだけにとどまらず，今度はそれぞれが組みあわされ，新たなシェマが形成される。目の前にある物体に手を伸ばして，掴み，それを口に持っていって，口に入れるようになるというようにである。ピアジェは，1歳代まではこうした感覚－運動的シェマを用いて外界を認知し，働きかけをするとして，この時期を**感覚運動的知能**（sensory-motor intelligence）の段階とよんだ。

　ピアジェによると，こうした外界に対する働きかけが心理的に内在化したものが思考である。すなわち，生後10か月くらいになって，**表象**（representation）とよばれる心的なイメージが形成されるようになると，シェマも感覚－運動的なものに表象的なものが加わっていく。そして，この表象的なシェマを単独で，もしくは組みあわせて用いるようになっていく。ピアジェはこれが思考の始まりだと考えたのである。こうして，実際にやってみなくても，事前に頭のなかでシミュレーションできるようになっていく。

（沼山　博）

8 赤ちゃんはなんでも知っている？

（1）先天的か後天的かという問題

タブラ・ラーサ（tabula rasa）ということばを一度は耳にしたことがあるだろう。経験主義の代表格である**ロック**（Locke,J.）は，この語を引き合いにして「人間は白紙から始まる。経験によって白紙に書き込まれるのだ」と主張した（第3章-2コラム参照）。

さて，目の前にある物が，ハンカチのようなもので隠されていったん視界から消え，そして再び目の前に現れるというようなとき，その物が前とは別の物だと考える大人はいないだろう。では，それが同じ物だという認識（これは**同一性の認識**とよばれる）はどうやって生じたのであろうか。生まれつきか，それとも経験によるのか，こうした先天性と後天性の問題は，発達研究の主要なテーマの一つであるが，ひと昔前までは，どちらの立場でも，生まれたての赤ちゃんはほとんど何もできないことを前提としていたように思われる。後天性に立つ場合は当然のことであるが，先天性に立つ場合でも，同一性の認識のようなことは，生まれてすぐできるのではなく，時間の経過とともに現れてくるものと考えられてきたのである。しかし，これまでの項でも述べてきたように，生まれる以前の状態がわかるようになり，また新たな実験方法の開発により，赤ちゃんの有能性がつぎつぎと明らかにされるようになっている。

（2）ピアジェによる研究とその後の進展

ピアジェは，実験的な手法を用いて，子どもの認識発達の問題に取り組んだ先駆者であるが，彼は上であげた同一性認識の始まりについては，**物の永続性**（object permanence）課題を用いて調べている。この課題では，乳児がおもちゃで夢中になって遊んでいるような場面で，おもちゃを取り上げて目の前に置き，その上にハンカチをかぶせたときに，そのハンカチを取り除いて再びおもちゃを手にするかどうかが問題となっている。その結果は，生後約9～10か月になるとハンカチを除去するというものであった。

しかし，これに対し，ピアジェの手続きは行動レベルでのものであり，認知レベルではもっと早期に理解されているのではないかとの観点から，ベイラージョンら（Baillargeon et al., 1985）は，**馴化法**を用いた実験を行った。図1-8-1のように，前後に動くスクリーンを用意しておき，馴化場面では前に倒れていたスクリーンが起き上がり，後ろへ倒れていく場

馴化法
赤ちゃんは新奇なものにすぐ注意を向けるが，ずっと見ていると飽きて注意を向けなくなる。この傾向を用い，ある場面に馴（な）れさせておいて，別の場面を見せたときの注意の向け方で，赤ちゃんが両者を区別しているかどうかを判断しようとする方法。

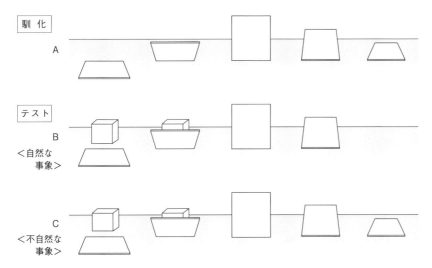

図1-8-1　ベイラージョンの同一性認識に関する実験（Baillargeon et al., 1985）

出典　Spelke, E.S., Breinlinger, K., Macomber, J., & Jacobson, K.. Origins of Knowledge. Psychological Review, 99, pp.605-632. 1992.
Figure1. Schematic depiction of the events in experiments by Baillargeon (after Baillargeon, Spelke, & Wasserman, 1985). より作図

面を見せておく（馴化A）。テスト場面は2条件あり，いずれもスクリーンが後ろへ倒れていく経路上に箱を置いておく。テストBでは，スクリーンが後ろへ倒れていく途中で箱を取り除くが，箱があればスクリーンの動きが本来止まるべき位置でスクリーンが止まるようにしておく。テストCでも，同様にスクリーンが倒れていく途中で箱を取り除くが，ここでは本来止まるべき位置でスクリーンは止まらず，向こう側に完全に通り抜けてしまう。もし乳児が物の永続性を理解していれば，テストBは自然な事象であり，テストCは不自然な事象である。このような実験状況において，テストB，Cの注視時間を測定し，馴化Aの注視時間を対照条件として比較した。その結果，月齢が約5か月の乳児において，テストCのほうがテストBよりも注視時間が長くなり，この時期の乳児が物の永続性を理解している可能性が示唆された（Spelke et al., 1992；無藤，1994を参照）。

　ベイラージョンらは，上で紹介した以外にもさまざまな実験を実施し，ピアジェがいっているよりもずっと早期から，同一性認識のみならず，空間関係や物理的な因果関係の理解，そして表象の形成などが行われている可能性を示している。これらは，第1章-7で述べた第1次から第3次までの循環反応のプロセスを経て，おおむね1歳半以降になってそれらが獲得されるとした，ピアジェの見解にも疑問を投げかけるものである。

　以上のようにみていくと，私たちが考えているよりも赤ちゃんはずっと有能である可能性がある。もちろんこれらは特定の実験状況で明らかにさ

れたものであり，日常的な文脈で養育者が気づくのは難しいだろうが，大人にとって当然の認識が，生まれてまもない時期から芽生えていることを示唆するものである。次項第1章-9でも取り上げるように，近年の脳科学の進展もあいまって，これらの知見は先天性と後天性をめぐる問題に新たな視座をもたらしている。今後は，こうした芽生えがどのような経過をとって生じ，そして大人と同等の認識に達するのかが発達研究の問題となっていくであろう。

（沼山　博）

コラム　　赤ちゃんには足し算引き算がわかる？

　本項で赤ちゃんはピアジェがいっているよりも早く物理的な世界を認識している可能性を紹介した。同じような成果を示唆する研究はほかにもあるが，なかでも，赤ちゃんに足し算引き算が理解できるとするウィン（Wynn, 1992）が注目される。図1-8-2を参照してほしい。彼女は，5か月児に小さな数の足し算と引き算をする能力があるかを，馴化法を使って調べた。最初に，赤ちゃんにからっぽの実験装置を見せる。乳児がそれに注目すると，手が現れて人形を実験装置に置く。次に小さなつい立てが，装置の床の手前から起き上がってきて，人形を隠す。そして手が再び現れて，第2の人形をつい立ての後ろに置く。最後につい立てがはずされるのだが，人形が2つ現れる場合（自然な事象）と人形が1つしかない場合（不自然な事象）があった（この実験については，Goswami, 1998も参照）。

　この実験でウィンは，人形が1つのとき（不自然な事象）に，赤ちゃんは長く見ることを発見した。引き算の実験手続きは図1-8-2を参照してほしいが，ここでも不自然な事象のときに赤ちゃんの注視時間が長くなることが発見された。これらの結果からウィンは，乳児が単純な数を操作して計算できることを主張し，その後この主張はサイモンらの追試実験（Simon et al., 1995）によって確認されたのである。

「1+1＝1あるいは2」の条件の流れ

1.ケースの中にモノが置かれる　2.ついたてが上がる　3.第2のモノが加えられる　4.手には何もない

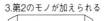

次に起こりうる結果（自然な事象）　　　もしくは起こりえない結果（不自然な事象）

5.ついたてがとられる　モノが2つ現れる　5.ついたてがとられる　モノが1つ現れる

「2−1＝1あるいは2」の条件の流れ

1.ケースの中にモノが置かれる　2.ついたてが上がる　3.何も持ってない手が入る　4.モノが1つとられる

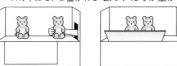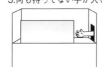

次に起こりうる結果（自然な事象）　　　もしくは起こりえない結果（不自然な事象）

5.ついたてがとられる　モノが1つ現れる　5.ついたてがとられる　モノが2つ現れる

図1-8-2　ウィン（1992）が用いた足し算場面と引き算場面

出典　ゴスワミ,U., 岩男卓実・上淵寿ほか 訳『子どもの認知発達』新曜社, p.60, 2003年より作図

（沼山　博）

9 脳の不思議な話──赤ちゃんの脳の発達

（1） ニューロンとシナプスからなる大脳

　年齢による脳の重さの話を聞いたことはないだろうか。4，5歳になると大脳の重さは成人の約90％になるという話である。これは，幼児期の重要性や早期教育の必要性の根拠の一つとして長い間語られてきた。

　しかし，解剖学が進んでくると，話はそう単純ではないことがわかってきた。大脳は脳神経細胞**ニューロン**（以下，ニューロン）から成り立っていて，ニューロンからは樹状突起とよばれる突起が出ており，そこでほかのニューロンと結びついている。その結びつきは**シナプス結合**とよばれ，突起同士は物理的に接触してはいないものの，**神経伝達物質**が突起間を流れていくことで，電気信号が通じていく（図1-9-1）。ニューロンは脳全体で1000億個以上あるといわれ，またその1つ1つのニューロンは1万近くのニューロンと結びついている。こうして膨大なニューロンのネットワークが脳内に形成され，さまざまな情報がこれらネットワークによって処理されている。

（2） ニューロン数とシナプス密度の変化

　ハッテンロッカーは年齢によるニューロン数の変化を脳の**右半球**にある視覚野で調べている。それによると，出生直後が一番多く，1歳くらいまでに出生直後の約8割が消失し，その後は高齢までおおむね横ばいに推移する。また，年齢によるシナプス密度の変化を同じ視覚野でみてみると，出生後から急激に増加して8〜10か月で最大となり，その後5歳までに減少して，その後は高齢までおおむね横ばいに推移する（Huttenlocher et al., 1982；Huttenlocher, 2003）。出生時にニューロン数が最大なのは，たとえ何らかの事情で出生時に酸素欠乏になってニューロンが相当数死滅することがあっても，できるかぎり生存できるよう生まれつき組み込まれたものと考えられる。無事出生するとニューロン数は激減するが，今度はニューロン同士の結びつきであるシナプスが増加してくる。しかし，このシナプスの急増も生後8〜10か月でピークを迎え（シナプスの過形成），そこからは減少に転ずる。この減少は**シナプスの刈り込み**とよばれる。

　このシナプスの刈り込みは，脳の神経回路をより機能的で秩序あるものにするために寄与しているようである。すなわち，生後8〜10か月のシナプスの増加ピークにおいては，大人と比べてやや無秩序に，かつ過剰に神経回路が形成されていて，機能的にも未熟である。しかし，その後周囲

神経伝達物質
シナプス間は接触しておらず，間隙（かんげき）がある。神経を伝わってきた信号によって，一方のシナプスから化学物質が放出され，もう一方のシナプスがこれを受容して興奮が引き起こされることで，信号が伝わる。この化学物質を神経伝達物質という。

右半球
大脳半球（大脳）は縦に割れており，右半球，左半球の2つの半球に分かれている。右半球と左半球は脳梁（のうりょう）で結びついている（第2章-9参照）。

視覚野
脳内における視覚情報の処理は後頭葉にある視覚野で行われる。視神経を通ってきた刺激は，まずは一次視覚野で，その後に視覚連合野で処理される。

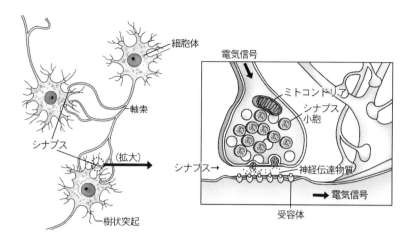

図1-9-1　ニューロンとシナプス結合

出典　東京都神経科学総合研究所

の環境などからの刺激を受けて，これらの過剰な結合のなかから，必要な
ものが強化され，不必要なものが消去されていくことによって，次第に機
能的で秩序のある神経回路が形成されていくと考えられている[注]。

　その一方で，この乳児期におけるシナプスの急増，そして刈り込みとい
うプロセスは一様ではなく，脳の部位によって大きく異なる可能性がある
ことが指摘されている。エルストン（Elston,G.N.）・小賀・藤田（2009）
は，サルの大脳皮質の３つの領野（前頭連合野，視覚連合野，一次視覚野）
におけるシナプスの生成と刈り込みの出生後過程を詳細に観察し，視覚情
報処理の最初のほうにかかわる一次視覚野よりもあとのほうにかかわる視
覚連合野のほうが，また，視覚連合野よりも多く感覚を扱う連合野である
前頭連合野のほうが，出生直後から数多くのシナプスをもっており，その
後も多くのシナプスを新しく生成し，そして多くのシナプスを刈り込むこ
とを見出している（図1-9-2）。上でシナプスのうち，必要なものが強化
され，不必要なものが消去されていくと述べたが，もしその原理だけで進
むのであるなら，部位によらず皆一様に同じプロセスをたどるはずである。
この研究で示された，脳の部位による経過の違いがなぜ生じるのか，そし
てそれがどのような発達的な意味をもつのか，今後の研究の進展が期待さ
れる。

（3）　前頭葉はいつから働くのか

　上の事項に関連して，**前頭葉**がいったいいつから働き始めるのか，とい
う問題にもふれておきたい。前頭葉は脳の働きを全体的に統合し，人間の
理性的判断をつかさどっている領域であるが，それが働き始めるのはおお

注）
http://home.
hiroshima-u.ac.jp/
physiol2/research.
html（2013年3月
11日）

前頭連合野
前頭葉（第2章 -9図
2-9-1参照）に存在
し，五感からの情報を
集約して，次なる行動
を計画・判断し，運動
をつかさどる部位へ命
令を出す働きがある。

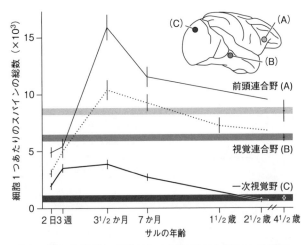

図 1 - 9 - 2 　サルの脳の各部位におけるシナプス数の年齢による推移

出典　エルストン，G.N.・小賀智文・藤田一郎「大脳の発達の仕方が部位により異なることを発見」
　　　大阪大学大学院生命機能研究科 HP，図4，2009 年
　　　http://www.fbs.osaka-u.ac.jp/jpn/events/achievement/post-17/（2019年2月27日）

馴化・脱馴化
赤ちゃんは同じものを
ずっと見たり聞いたり
していると飽きて注意
を向けなくなる。これ
を馴化という。しかし，
そうした状況のなかで
新奇なものを見たり聞
いたりするとすかさず
注意を向ける。これを
脱馴化という。第 1 章
－8の馴化法も参照。

側頭葉
大脳の 4 つの葉の 1 つ
で，耳の上付近にある（第
2 章 － 9 図 2 - 9 - 1 参
照）。音の認識や言語の
理解にかかわる。

前頭葉
大脳の 4 つの葉の 1 つ
で，おでこ付近にある（第
2 章 － 9 図 2 - 9 - 1 参
照）。運動制御や感情制
御，理性や判断にかかわ
る。

むね1歳とするのが定説である（第 2 章 - 9 参照）。しかし，最近の研究
では，もっと早くから機能している可能性を示唆するものもある。たとえ
ば，中野や多賀ら（2009）は，乳児期初期の**馴化・脱馴化**にかかわる脳
活動を調べているが，そこで彼らは，生後 3 か月の赤ちゃんに ba や pa
のような単一音節を繰り返し聞かせた（馴化）うえで，まずそれらとは異
なる新奇な音節を（脱馴化），次に最初のものと同じ音節を聞かせ，その
間の脳活動を近赤外光トポグラフィによってとらえた。その結果，最初の
音節を聞かされた当初は両側の**側頭葉・前頭葉**の広い領域で強い活動を示
したが，同じ音節が繰り返し提示されると両側の側頭葉の局在した領域だ
けが活動を続けた。そして新奇な音節を聞かされると，両側の前頭葉背側
部の活動が増大した。すなわち，側頭葉は繰り返される聴覚刺激に対して
常に活動するのに対し，前頭葉は情報の新奇性に対して特異的に活動す
る，という皮質領域間によって異なる活動パターンがみられたのである。
この結果は，生後 3 か月でも前頭葉が働いており，定説の 1 歳になるまで
機能していないということではない可能性を示唆している。
　赤ちゃんの研究は，本書の随所で取り上げられているように，行動レベ
ルの研究から始まり，近年はそれに加えて認知レベルでの研究が盛んに行
われている。上で紹介した多賀らの研究は，赤ちゃんの行動や認知の発達
と脳各部位の活動の変化との関連をとらえようとするものであり，今後こ
の方面の研究の蓄積が待たれるところである。

（沼山　博）

コラム　赤ちゃんの自発的微笑の発達

　生まれたての赤ちゃんは，時折唇の端を斜め上に引き上げるような口の動きをする。あたかも笑っているかのように見えるので，自発的微笑もしくは生理的微笑とよばれる（第1章 - 4参照）。生後2か月をすぎると，人の顔を見てほほえむという社会的微笑が生じるようになり，この時期に自発的微笑は社会的微笑と入れ替わると長い間考えられてきた（Wolff, 1987；Kagan & Fox, 2006）。しかし，最近の研究ではそうでないことが示唆されている。

　川上ら（Kawakami et al., 2007）は，ある男児の微笑を生後まもなくから6か月の終わりまでの171日間観察し，自発的微笑は社会的微笑が出現する2か月をすぎても消失することなく，両者が共存することを見いだしている。また，同時に微笑時の唇の引き上げ方を調べたところ，片方の端だけを引き上げる場合と両端を引き上げる場合とがあって，子どもの月齢によって引き上げ方に違いがみられること，すなわち，生後まもなくは唇の片方だけであるが，生後2か月目になると両端を引き上げるようになることを示している（図1 - 9 - 3参照）。

　生後2か月目といえば，原始反射の多くが消失し始める時期でもあり，また最近の脳科学による研究によると，赤ちゃんの脳に大きな変化が生じる時期であるといわれている（多賀，2007など）。上であげた，唇の片方の端だけから両端へという自発的微笑のしかたの変化も，この時期の脳の変化を反映しているのかもしれない。

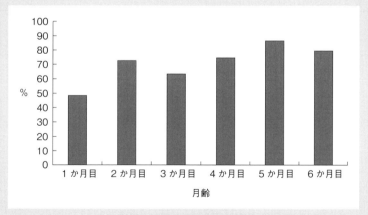

図1 - 9 - 3　唇の両端を引きあげる自発的微笑（bilateral spontaneous smiles）の割合と子どもの月齢

出典　Kawakami,K., Takai-Kawakami,K., Tomonaga,M., Suzuki,J., Kusaka,F., & Okai,T.. Spontaneous smile and spontaneous laugh: An intensive longitudinal case study. Infant Behavior and Development, 30, pp.146-152, 2007.

（沼山　博）

10 誰が信頼できるの？（1）
——アタッチメントとその働き

（1）　アタッチメントとは

　乳児は，不安な状況におかれると，特定の人にくっつこうとし，そしてそれを維持しようとする傾向がある。これは**アタッチメント**（attachment）とよばれる（Bowlby，1969など）。

　第1章–4で述べたように，乳児は，生まれた直後から，周囲の人間の関心を引きつけるような行動をしている。例えば，人の顔をじっと見たり，人の声のする方向へ顔を向けたり，手を伸ばしたりするが，このとき見つめられ，顔を向けられた人は，思わずその子どもに声をかけたり，頬をなでたりするであろう。また，彼らはお腹が空いたり，おむつが気持ち悪くなったりすると泣き始めるが，この泣きも周囲の人間の関心を引かずにはおかないだろう。

　こうした行動は，生まれた当初はあまり人を選ばずに生じるが，徐々に対象が限られるようになり，生後6か月くらいになると，もっぱら養育者に対して行われるようになる。養育者の顔が見えたり，声を聞くと，乳児は微笑んだり，声を出したり，手を伸ばしたりする。そして，生後7，8か月以降，はいはいして自力での移動が可能になると，養育者に自分から近づいたり，後を追ったりするようになる。

　このようなアタッチメントの対象が絞られていくプロセスには，養育者の日常的な養育行動がかかわっている。乳児は周囲の人に日常的に養育してもらい，欲求を満たしてもらわないと生きていくことができないが，周囲の関心を引きつけるような行動を取ることで，適切に面倒をみてもらうことができれば，結果的に不快さや不安が低減され，快や安心感が増大することとなる。そして，この繰り返しが相対的に多くなる人間がアタッチメントの対象となっていくのである。

　ここでいう乳児の快—不快は，食欲や排せつなどのような生理的な欲求によるものだけではない。例えば，先に生まれたばかりの乳児でも，人の顔をじっと見たり，声のする方向に顔を向けたりすると述べたが，「人は本質的に対象希求的で，誰かとの相互作用を求め，楽しむという，生まれながらの性質をもっている」（数井，2005）というように，周囲の人間とのコミュニケーションも求める存在である。

（2）　アタッチメントの働き

　アタッチメントは，子どもが自分の世界を広げていく際に重要である。

とくにはいはい以降，自力で移動できるようになると，どの子も周囲をよく探索するようになり，何か新しい物を見つけると，それに近づいてかかわろうとする。しかし，かかわった結果，怖い目にあったり，不安になったりすると，すぐに養育者のところへくっつきに行こうとしたり，顔を向けて問いあわせようとする。つまり，子どもの新しもの好きは，「いざとなれば，あの人のところへ戻ればよいのだ」という心理的な支えがあってこそのものなのである。これを**安心の基地**としての働きといい，信頼できる人への**問いあわせ行動**を**社会的参照**という。

安心の基地
安全基地ともいう。

　また，子どもは他者の動作や行動をまねて，ものを覚えていくが，この**模倣**も，アタッチメントの対象となっている人と一緒だと生じやすいことが示唆されている。図1-10-1は赤ちゃんの模倣について取り上げた実験の結果である（池上，1988）。人間のお面を用意し，口や舌が動くようにしておく。これを赤ちゃんに見せたときに，どのくらい舌出し模倣や微笑が起こるかを，母親と一緒のとき，母親が不在のとき，そして未知の人と一緒のとき，の3条件で調べた。その結果，生後3か月以降の乳児は，母親と一緒のときに舌出し模倣をよくし，月齢が進むとそれはより顕著になる。微笑は，生後1か月では誰と一緒でもあまり出現しないが，3か月になると誰に対しても同じようによく笑うようになり，7か月では母親と一緒のときに比較的よく笑うようになる。「学ぶ」の語源は「まねぶ（真似ぶ）」であるといわれるが，子どものもつ「まねぶ」力も，安心の基地という心理的な支えがあってのものであることがわかる。

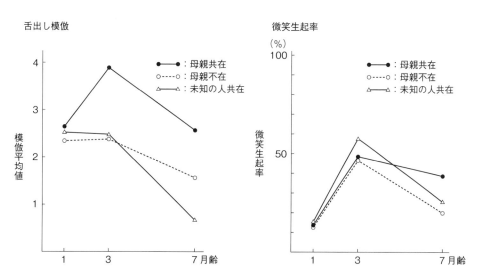

図1-10-1　赤ちゃんの舌出し模倣と微笑の発達的変化

出典　池上貴美子「乳児期の口の開閉と舌出し模倣に関する対人的条件の検討：母親のひざに抱かれる意味」『教育心理学研究』36(3), pp.195-196, 1988年に加筆

（3） 対人関係の基礎にも

　アタッチメントの働きは上にあげたことだけにとどまらない。安心の基地に支えられながら，子どもは養育者を中心とした周囲の人々へ働きかけ，それに周囲の人々は応答していくが，こういったことの繰り返しは子どもの心のなかに更なる財産を形成する。

自己効力感（コンピテンス）
第2章 - 9 参照。

　一つ目は，他者へ効果的に働きかける主体としての自信である**自己効力感（コンピテンス）**である。乳児は，日常的に養育してもらわないと生きていくことができないが，養育者から適切な応答を引き出すには，自らの状況を知ってもらうよう，養育者に働きかけなくてはならない。この際，養育者に働きかければ，基本的に望んでいる方向へ事態が向かうという感覚がなければ，そういった働きかけは生じないであろう。二つ目は，他者に対する**基本的信頼**である。これは，自己効力感（コンピテンス）が，働きかける主体としての自信であるのに対して，自分が働きかけさえすれば，その対象となっている人は基本的に自らが望んでいる方向へ事態を動かしてくれるはず，という意味での信頼である（第3章 - 1 も参照）。

　こうした養育者との関係のなかで形成された自己効力感（コンピテンス）や他者に対する基本的信頼が基盤となって，養育者以外の人間関係へと，子どもの働きかけの対象は広がっていくと考えられる。例えば，5，6歳になるまで，社会的に隔離された状態で育った姉弟の事例（藤永ら，1997）では，1972年に発見された当時，彼らは心身ともに1歳児程度に過ぎなかったが，保護され，施設へ引き取られ，施設職員や研究者たちの献身的な努力によって，急速に成長・発達をとげている。特に弟においては，担当保育士に対するアタッチメントの形成が，その後の仲間関係や他の保育士との関係を形成する礎となっており，またそれと同時に，社会性やことばの発達も急速に進んだことが報告されている（第1章 - 6 ，第4章 - 5 参照）。

　育児にかかわろうと日々心がけていても，実際にはわが子が寝ている姿しか見ることのできないお父さんもまだまだ少なくないであろう。なかには，ほかでもないわが子に人見知りをされてしまった人もいるかもしれない。しかし，これまでにみてきたように，信頼のできる他者ができることで，子どもが得るものの大きさは，子どもがこれから過ごしていくであろう人生の基礎になるという点からみれば，計り知れないものである。そのような意味では，お父さんも大いに子どもにかかわってもらいたいものである。何か特別なことをする必要はない。少なくとも赤ちゃんのうちは，子どもの世話をしたり，遊んだりという日常のなかで，子どもの欲求や要求に応えていくだけで十分なのである。　　　　　　　（福島朋子・沼山　博）

コラム　子育ちを支える社会的なセーフティネット

　実の親が実の子どもを養育するのが当然と考えられているが，それは人類の歴史からみれば，本当にごく最近になってのことに過ぎないと言わざるをえない。その点からすれば，第1章-4でも述べたように人間の赤ちゃんに，実の親以外の大人に面倒をみてもらえるようなしかけが備わったのも当然のことといえる。その一方で，実の親が亡くなる可能性が高かった時代には，生まれてくる子どもを迎える社会の側にも，子育ちを支えるセーフティネットとよべる制度が形成されていた。江戸時代における「仮親」がその例で，血縁関係によらない"機能別の親子関係"（香山，2009）である。具体的なものを表1-10-1にあげておいた。**名付け親**のように今でもその名残をみることができるものもあるが，反対に，「拾い親」「行き会い親」のようにおよそ現代では考えられないものもある。さまざまな行きがかりで仮親を任命された大人たちは，通常はその子の育ちを見守り，支え，そして実の親が亡くなった場合には本当にその子の面倒をみるという役割を担わされたものと考えられる。これは平均寿命が短く，成人の死亡率も高かった時代の話ではあるが，子育てを社会的に支えていく必要性は今に始まったことではないことがみてとれる。

表1-10-1　江戸時代における仮親制度

取上親 とりあげおや	産婆とはべつに，出産時にへその緒を切る人
抱き親	出産直後に赤ちゃんを抱く人
行き会い親	赤ちゃんを抱いて家の外に出て最初に会う人
乳親 ちおや	生後数日間，乳を与えた女性
拾い親	丈夫な子どものいる家の前に形式的に捨てた赤ちゃんを，一時的に拾って預かった人
名付け親	名前をつけた人。たいていは自分の名前から一字あるいは複数の字を与えた
守親 もりおや	幼児になるまで子守りをした人

出典　香山リカ「ニッポン 母の肖像」日本放送協会・日本放送出版協会編『NHK知る楽　歴史は眠らない　2009年12・1月』NHK出版，pp.103-104，2009年より作成

（沼山　博）

11 誰が信頼できるの？（2）
——アタッチメントの個人差

（1）ストレンジ・シチュエーション法

前項で乳児は，自らの欲求を満たしてもらうために，養育者の関心を引きつける行動を取る傾向があると述べたが，最終的に欲求を満たせるかどうかは，養育者がどんな養育行動を取るかにかかっている。そのため，養育者が，泣き声や表情など，乳児の発する信号をどのように捉え，どのような養育行動を取るかに応じて，乳児自身も行動パターンを調整していかなくてはならないことになる。そして，そこにアタッチメントの個人差が生まれてくる。

こうした個人差を把握しようと，**エインスワース**（Ainsworth, M.D.S.）ら（1972）は，**ストレンジ・シチュエーション法**（Strange Situation Procedure; 以下 SSP）という手続きを考案した。子どもが養育者へ接近するのは，不安や恐怖，緊張というストレスのある状況に置かれたときである。そこで，SSP では，子どもにとって見慣れない（ストレンジな）場面を，親と子を分離したり，見知らぬ人に対面させることによってつくり出し，そこでの子どもの行動が全体としてどう組織化されているか評定することで，アタッチメントのタイプが把握される。この手続きは8つの場面からなる。図1-11-1に一連の流れを示してある。

（2）アタッチメントの4タイプ

エインスワースによると，アタッチメントの個人差は，養育者との分離場面と再会場面において顕著にみられるという。そして，この2つの場面における行動の組み合わせから，Aタイプ（回避型），Bタイプ（安定型），Cタイプ（アンビヴァレント型）の3タイプがあるとした。このうち，Aタイプ（回避型）は，分離場面において，泣いたり混乱を示すようなことがほとんどなく，再会場面でも，うれしそうな態度を示さず，親から目をそらしたり，明らかに親を避けようとする。Bタイプ（安定型）は，分離場面において，ぐずったり，泣いたりと多少の混乱を示すが，再会場面には積極的に身体接触を求め，うれしそうに親を迎え入れる。Cタイプ（アンビヴァレント型）は，分離場面で適度の不安や抵抗を示すが，再会場面では，親に強く身体接触を求める一方で，親に対して強い怒りを示すなど，両価的な行動がみられる。近年では，これら3タイプのほか，Dタイプ（無秩序・無方向型）の存在も指摘されており，臨床的に注目されている。Dタイプでは，接近と回避という矛盾した行動が同時的，継時的に生

実験者が母子を室内に案内，母親は子どもを抱いて入室。実験者は母親に子どもを降ろす位置を指示して退出。(30秒)

母親は椅子に座り，子どもはおもちゃで遊んでいる。(3分)

ストレンジャーが入室。母親とストレンジャーはそれぞれの椅子に座る。(3分)

1回目の母子分離。母親は退出。ストレンジャーは遊んでいる子どもにやや近づき，働きかける。(3分以下)

1回目の母子再会。母親が入室。ストレンジャーは退出。(3分以上)

2回目の母子分離。母親も退出。子どもは1人残される。(3分以下)

ストレンジャーが入室。子どもを慰める。(3分以下)

2回目の母子再会。母親が入室しストレンジャーは退室。(3分)

注）この実験では，子どもが強い泣きを示した場合はエピソードを短縮し，そして泣きやんだ後，十分に落ち着くまでエピソードを延長する。

図1-11-1　ストレンジ・シチュエーションの8場面

出典　繁多進『愛着の発達：母と子の心の結びつき』大日本図書，p.79，1987年より作成

じる。例えば，顔をそむけながら接近したり（同時的），養育者にしがみついたかと思うとすぐに床に倒れ込んだりする（継時的）というように，矛盾した行動がさまざまに出て，養育者に対して一貫した行動が取れないため，「総じてどこへ行きたいのか，何をしたいのかが読みとりづらい」（Main & Solomon，1990）状況となる（近藤，2006）。

　以上の4つの型それぞれにおけるSSPでの行動特徴と，各家庭における日常の親子相互作用の観察から得られた養育者の特徴との関連を表1-11-1に示してある。特に関連のある養育者の特徴としては，乳児の欲求そのものや，乳児が発する声や泣き声，表情などに対する感受性があげられている。

表 1‐11‐1　子どものアタッチメントの個人差を生む養育特徴

		子どもの特徴	養育における親の特徴
組織化されたアタッチメント	安定型 (Secure：B型)	SSPでは，分離時には多少の泣きや混乱を示す。再会時には積極的に養育者に近接，接触し，沈静化する。 　不安なときに養育者などに近接し，不安感をやわらげる。養育者を安心の基地として使っている。	子どもの欲求や状態の変化に敏感であり，子どもの行動を過剰に，あるいは無理に統制しようとすることが少ない。また，子どもとの相互作用は調和的であり，親もやりとりを楽しんでいることがうかがえる。遊びや身体的接触も，子どもに適した快適さでしている。
	回避型 (Avoidant：A型)	SSPの分離時には，泣いたり混乱を見せることはほとんどない。おもちゃで黙々と遊んでいる。ストレンジャーとも遊んだりする。再会時に養育者を避けるか，ちらっと見る程度である。 　ある程度までの不安感では養育者には近接しない。養育者を安心の基地として使わない。	全般的に，子どもの働きかけに対して拒否的に振る舞うことが多いが，特にアタッチメント欲求を出したときにその傾向がある。子どもに微笑んだり，身体的に接触したりすることが少ない。また，子どもの行動を強く統制しようとする関わりが，相対的に多く見られる。
	アンビヴァレント型 (Ambivalent：C型)	SSPでは，分離時に強い不安や泣き，混乱を示す。再会時には積極的に身体接触を求める。一部は求めながら，養育者をたたくなどの怒りを表す。抱き上げるとのけぞり，おろせと言う。全般的に不安定で用心深く，養育者に執拗に接触していることが多く，安心の基地として離れて探索行動を行うことができない。	子どもの信号に対する応答性，感受性が相対的に低く，子どもの状態を適切に調整することが不得意である。応答するときもあるし，応答しないときもある。子どもとの間で肯定的なやりとりができるときもあるが，それは子どもの欲求に応じたというよりも，親の気分や都合に合わせたものであることが多い。結果として，応答がずれたり，一貫性を欠いたりすることが多くなる。
未組織状態のアタッチメント	無秩序・無方向型 (Disorganized/Disoriented：D型)	SSPでは，近接と回避という本来成り立たない矛盾した行動が同時に起こる。不自然でぎこちない行動，タイミングがずれたり，突然すくんでしまったりと，行動方略に一貫性がない。養育者に怯えているような素振りを見せることもある。初めて出会う実験者やストレンジャーに対して，親しげで自然な態度をとることがむしろ少なくない。	養育者が，子どもにとって理解不能な行動を突然とることがある。たとえば，結果として子どもを直接虐待するような行為であるとか，あるいは，訳のわからない何かに怯えているような行動であるとかする。そのような子どもにとって訳のわからない親の行動や様子は，子どもに恐怖感をもたらす。そのため，子どもはなすすべがなく，どのように自分が行動をとっていいかわからなくなり，混乱する。

注：SSPとは，ストレンジ・シチュエーション法の略である。

出典　数井みゆき 編著『アタッチメントの実践と応用』誠信書房，p.8，2012年より抜粋

（3）　内面化するアタッチメント

　養育者へのアタッチメントが行動として現れやすいのは子どもが年少のときである。怖いとき，不安なときはアタッチメントの対象と一緒にいれば安心という図式は，最初は**身体的接触**を伴って，その後は身体的な接触がなくても，空間をともにし，安全を確認することで成立する。そして子どもが大きくなるにつれ内面化され，心のなかの作業となっていく。すな

身体的接触
スキンシップ＝英語では physical contact という。

わち，怖いとき，不安なときにその人のことを思い起こすことで安心できるようになるのである。こうしてできた心理的図式を**インターナル・ワーキング・モデル**（internal working model：IWM）という。このようにアタッチメントは行動的，心理的に発達していくものであり，（2）であげたアタッチメントのタイプも，子どものときのものが必ずしも生涯にわたって続くというわけではなく，養育者との関係性の変化や，新たに出会った人々との関係性の構築などによっても変わっていくと考えられている（第2章-4も参照）。　　　　　　　　　　　　　　　（福島朋子・沼山　博）

コラム　子どもの育ちと保育

　保育所に子どもを預ける親のなかには，子どもによくない影響があるのではないかと心配している人が少なくない。とくに本項で扱ったアタッチメントのような話を聞くと，子どもとかかわる時間が減ることでアタッチメントの形成のしかたが変わるのではないかと思う人もいるのではないだろうか。保育と子どもの発達に関して，大規模，組織的に，なおかつ縦断的に行った研究は，まだ残念ながらわが国にはない。この点で参考になるのは，アメリカ国立小児保健・人間発達研究所（NICHD）による研究である。この研究によると，安定したアタッチメントを形成するという点でみると，保育を受けている，いないで，統計的に差はみられないが，保育を受けている場合で，母親が子どもに対してあまり敏感でないような場合は，アタッチメントの不安定さが高まる傾向が強くなることが示されている。子どもを預けていても，家で子どもにいつも注意を向けて反応していれば，子どものアタッチメント形成によくない影響を与えることはないようである。この調査では子どものアタッチメント形成以外にも，さまざまな側面から保育と子どもの発達との関係が検討されているので，興味ある方は日本語訳もあるので一読してほしい（第5章-5も参照）。

（沼山　博）

12 ことばの前のことば
——赤ちゃんのコミュニケーション

（1）　コミュニケーションは生まれてすぐ始まる

　一般に赤ちゃんは「おぎゃあ」といって生まれてくる。また，「泣く子もだまる」「泣く子は育つ」といわれるように，**泣き**は赤ちゃんの代名詞といってよい。では，この赤ちゃんの泣きには，いったいどのような意味があるのだろうか。

　生まれたての赤ちゃんは身体に不快が生じると泣くが，それがお腹がすいたためなのか，オムツが濡れたためなのか，それとも眠たいためなのかは，この時点ではわからない。その点では，未分化な泣きといえる。しかし，生後7〜8か月ともなれば，用途に応じた（分化した）泣きがみられるようになる。もっとも，泣き方とその意味は，子どもによってパターンが異なるし，それがわかるのも主たる養育者に限られるだろう。これは，泣きそのものに本来意味があるのではなく，子どもと養育者との関係のなかで，ある泣き方にある意味が付与された結果と考えることもできる（第1章 - 4参照）。

　子どもがことばを口にしだすのは，生後約12か月といわれる。しかし，ことばの最大の機能が意思疎通（コミュニケーション）にあるとするならば，上であげたような子どもの泣きとそれに応える養育者の姿は，十分意思疎通ができている状態である。その意味では，初語以前にことばが始まっているといってよい。

　よくコミュニケーションはキャッチボールにたとえられるが，そこには必ず発し手（**発信者**）と受け手（**受信者**）という役割が存在する。しかも，たとえば，AさんがBさんの名前をよんだとする（発信）。Bさんはそれを聞いて（受信），「はい」と返事をする（発信）というように，これらの役割は**交互性**をもつ。この場合のBさんのように，人とやりとりする場合は，相手から情報が発信されているときにはそれを受け取り，信号が途切れたところでタイミングよく相手へと情報を送っていかなければならない。このように，互いに順序よく信号を出しあうことを，**ターンテイキング**（turn-taking；**やりとり**）とよぶ（第2章 - 6も参照）。

　このターンテイキングの原型は，すでに出生直後からみられる。たとえば，おっぱいを飲むとき，赤ちゃんは一気飲みをするのではなく，吸てつと吸てつの間に休みをとる。母親はこれを見て，乳児の頬を軽くつついたり，哺乳瓶を揺らす。するとまもなく，それが合図であるかのように次の吸てつが再開される。また，赤ちゃんは，周囲の人々からの声かけに対

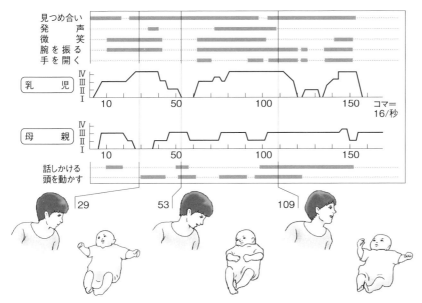

図1-12-1　2か月児と母親とのターンテイキング（やりとり）の例（Trevarthen, 1977）

出典　田島信元 編『心理学キーワード』有斐閣, p.109, 1989年より作図

し，あたかも同調するかのように身体を動かしたり（**同調行動**, 図1-12-1），まばたきや口の開閉といった視覚的な働きかけに対しても，それをまねするような動作（**共鳴動作**）をするといわれる（第3章-7も参照）。こうした周囲の人々からの働きかけに対する赤ちゃんの応答は，周囲からの新たなる働きかけをよび起こす[注1]。

注1）
こうして生じる働きかけ―反応の連鎖をエントレインメントという。

（2）　やりとりゲームで培われる話しことばの基礎

　ターンテイキングが顕在化するのは生後10か月ころである。このころになると，赤ちゃんは，それまでは相手から差し出された物をただ受け取るだけだったのが，人に物を渡せるようになり，受け取る役と渡す役を交互に演じることが可能になる。この受け渡し遊びは**やりとりゲーム**ともよばれるが，これには，話しことばを獲得するうえで以下の働きがある（岡本, 1982）。

①意図的に物や動作を交換しながら役割の交替を楽しむ。＜自分の番＞＜人の番＞を知り，それを対人行為のなかで使いながら，聞く‐話す‐聞く‐話す…というコミュニケーションの基本的態度のもとをつくり上げていく。

②この交換ゲームのなかでは，ゲームの開始や終了，継続，感情の確認など，洗練されたさまざまな**協約的シグナル**（2人の間で決められた約束ごと）が用い

られる。子どもがボールを取り上げて相手を見る。相手はにこっとしてボールを転がす振りをする。子どももにこっとしてボールを転がす。相手が取ると「どうぞ」といわんばかりにうなずく。

③このようなゲームにおいては，要所要所でのシグナル交換からもわかるように，メリハリのついた一連のプロット「Aガ Bヲ Cニ Dスル」が，文章の構文に相当するように1つの行動文脈として成立している。AとCには，自分と相手が交互に入っていき，Bには物が入る。**ブルーナー**はこのような行動の構造が，あとのことばの構文（文法）規則を用意するのだという。

④子どもと相手の交渉のなかに「物」が取り入れられ，また物との交換のなかに「人」が取り入れられ，「自分」と「人（相手）」と「物」という3つの極が1つの関係のなかに組み入れられる。この構造を「三項関係」とよぶ。

　これらのなかでも，④の2者間で具体的な「物」を共有し，やりとりをする，という**三項関係**の成立は，とくに重要である。というのも，話しことばによるコミュニケーションでは，2人の対話者が1つの「テーマを共有」しあうという三項関係が前提となるからである。また，やりとりゲームとほぼ同時期に始まる**指さし**も，自分と相手との間で，「**テーマの共有**」ができることを意味する。これは**共同注意**もしくは**注意の共有**とよばれる（第2章-5，第3章-7も参照）。

　こうしたやりとりゲームや指さしは，もちろん無言で行われるわけではない。周囲の人々は，やりとりのなかにできるだけ話しことばを織り交ぜようとするだろう。そして，子どもにそれを要求するだろう。こうして，受け渡しされる物の代わりに，指さしという行為の代わりに，意味を共有する音声がやりとりに組み込まれていく[注2]。これが，子どもの話しことばの獲得に大いに寄与すると考えられるのである（高橋ら，1993）。

（沼山　博）

注2)
赤いボールをりんごの代わりにして遊ぶことがあるが，何かを別のものに見立てる働きを象徴機能という（第2章-6参照）。

コラム　子どもの言いまちがい

　子どもたちが時々する言いまちがいは，とてもほほえましく可愛(かわい)らしいものである。このような言いまちがいは，発音が難しいことによるもの，音位転倒といって音がひっくりかえってしまうもの（たとえば「とうもろこし」が「とうもころし」），子どもの思い込みによるもの，などがある。筆者の周囲でも，仙台銘菓「はぎのつき（萩の月）」を「はげのつき」と言っていたり，「ブロッコリー」を「ブッコロリー」と覚えていたり。大人が聞くと楽しく笑ってしまう言いまちがいも多い。

　このような言いまちがい，大人としては「まちがい」なので直したくなるかもしれない。しかし，当の子どもは自分の言いまちがいに気づいていることも多い。また，恥ずかしがるばかりではなく，言いまちがいで周囲の大人が反応することを楽しんでいることさえある。さまざまな発声にかかわる器官の成熟や**モニタリング**（第2章-1参照）ができてくると，このような言いまちがいは自然に修正されていく。一時期だけのものでもあるので，あまり深刻にならず親子のコミュニケーションのきっかけとしてほしい。

（福島朋子）

13 ことばを獲得する道筋

（1）　赤ちゃん期にみられる特徴

　前項では，**ことば**が発せられるまでの道筋を，子どもと養育者とのコミュニケーションの側面からみてきた。ここでは，言語獲得の重要な要素である「音声」の発達をみてみよう。

　正高（1993）によると，子どもは出生後3か月ほどまで言語的な音声を発することが物理的に不可能な状態にあるようである。大人の口腔はより大きく広がって空間をもっているが，新生児の口腔は咽頭の位置が高く狭く，舌が口腔内を占めている。そのため言語的なさまざまな音が出せない。

　だからといって赤ちゃんは音声をまったく発しないわけではない。非言語的ではあるが，周囲の大人の応答を引きだすために「ウー」のような発声を繰り返したり，大人のことばがけに合わせてさまざまな声で反応するなど，発声を用いたコミュニケーションを行おうとする。生後2か月ころには**クーイング**（cooing）といわれる音をよく発するようになる。これは「アー」「クー」といった音声である。そして，その後6〜7か月ころには，「dadada」「bababa」のような子音と母音の組み合わせによる重複性の**喃語**（babbling）を発声し，その後「babubabu」というような非重複性の喃語に変化していく。これはことばに似た一続きの音であるが，当初はとくに意味を含んでいるわけではない。面白いことに，喃語に含まれる音素は，言語にかかわらず，世界的に似ているという。

　また，喃語期では，前項でも取り上げた**指さし**も行われるようになり，周囲の人の発した語彙の意味もある程度はわかるようになってくる（これを**理解語彙**という）。喃語期が進み，こうした子どもの**象徴機能**が高まってくると，特定の事物や状況と喃語とが結びつくことがある。これは**vocable**とよばれるものであり，音に意味が結びついていることに子どもが気づき，自分でもそれを再現しようとしている証拠である。

（2）　初語期にみられる特徴

　このようなプロセスを経て，生後12か月ころ，多くの子どもは初語を発する。このころの発話は，「マンマ」「ブーブー」など1つの語を発するだけであるため，**一語文**発話ともよばれている。言語としての発話であるので，そこには当然意味を含んでいるが，初語を言い始めた当初は事物そのものを指していることが多い。また，大人と同じ意味で言語を使用して

いるとは限らない。たとえば，「ブーブー」ということばを，車だけでなく電車や動く物全般にあてはめたり，逆にある特定の（たとえば家にある）車のみを指すことばとして使用していることもある。しかし，こうした一語文期が進んでくると，1つの語でもその意味は状況に大きく依存するようになってくる。たとえば，「マンマ」といった場合，母親を指していることも，食べ物を指していることもあるし，「食べ物がある」という意味であることも，また「食べ物が欲しい」という意味であることもある。状況や文脈をよく把んだうえでないとこの時期の子どものことばの本当の意味は分からないのである。

（3）　1歳半以降におけることばの発達

　1歳半以降になると，語彙が爆発的に増えていき，そのため**語彙爆発**もしくは**語彙スパート**の時期とよばれる。物を指さしては「なに？」と周囲の大人に物の**命名**を求めたり，自分でも物に命名したりすることが，語彙の増加に寄与していると考えられている。こうして小学校入学までに，およそ3000語を獲得していく。

> 命名
> この時期の子どもはよく命名を求めるので命名期とも呼ばれる。

　2つの単語を並べて発話する**二語文**は1歳半ころから始まる。「ママ，ミルク」「ワンワン，いない」など2つの単語を並べて伝えようとする表現であり，**電文体発話**（telegraphic speech）とよばれる形態をとることが多い。電文体発話とは，かつて電報が遠距離コミュニケーションの主役であった時代，料金を節約するために必要最小限の語彙を用いて伝えようとしたが，同じような傾向を示す二語文をこれになぞらえたものである。2歳ころから始まる**三語文**では文法の獲得が問題となるが，とくに英語のように，格変化が少ない言語では，語順が重要であるため，周囲の大人からのチェックを受けながら，主語＋動詞＋目的語といった語順を明確にする訓練がなされる。その一方で，助詞の働きもあって格がはっきりしやすい日本語では，語彙の並べ方はそれほど大きな問題にはならず，そのため

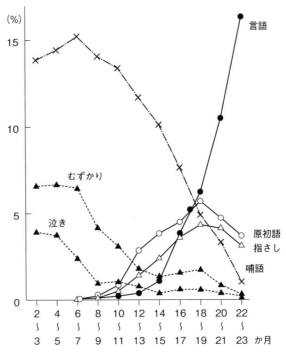

（%）

上図は母子8組の相互作用を分析した結果である。不快の表出である＜泣き＞＜むずかり＞は8・9か月以降減少する。意味不明瞭な非叫喚音である＜喃語＞も2・3か月ころからかなりみられるが、6・7か月をピークに以後減少する。これに対し、伝達意図の明瞭な発声である＜原初語＞は6・7か月に、また＜言語＞は8・9か月に初出し、＜原初語＞は18・19か月をピークに以後減少するが、＜言語＞は18・19か月以降＜喃語＞にかわって、発声行動のなかでもっとも大きな割合を占めるようになる。8・9か月ころから発声が伝達機能を担い始め、18・19か月以降、言語という形式を整えていく。また、＜指さし＞は6・7か月で初出し、10・11か月以降急増し、18・19か月でピークとなり、以後減少する。それに対して、言語は22・23か月でも激増の傾向を示しており、身体を使った伝達行動が言語による伝達行動の発達に先立つと考えられる。

図1-13-1　子どもの言語行動の発達（斉藤ほか、1981を一部修正）

出典　寺田晃・佐々木保行・菊池武剋『テキスト発達心理学概説』八千代出版、p.97、1988年

周囲の大人も並べ方には比較的寛容なのではないかと考えられる。

　以上、話しことばの獲得の道筋をみてきた。図1-13-1に斉藤ら（1981）による子どもの言語行動の発達についての研究結果を載せておいたので参考にしてほしい。なお発話時期や語彙獲得には個人差が大きい点に十分注意を払う必要がある。発話が遅れると、養育者の語りかけの不足が原因とされがちであるが、発話は、発声器官や発声にかかわる神経系だけではなく、**象徴機能**や**模倣**機能（第2章-6参照）、コミュニケーション機能など、さまざまな機能が統合されてもたらされるものである。1歳前後になっても喃語期が続く場合は聴覚障がいに注意しなくてはならないが、喃語が多く、指さしや模倣がある場合、もしくはことばがなくてもコミュニケーションがとれているような感じがあるにもかかわらず、初語がないような場合は、まずは子どもの発達を見守ることが大切である。ことばだけではなく、子どもの発達全般をみて判断する必要がある。

（沼山　博）

事例 子は親の鏡!?

　ある年の３月，いつも観察に行っていた幼稚園の卒園式に招待された。普段は動きやすい服装で幼稚園に行っていたが，卒園式ということで珍しくスーツを着ていったときのことである。幼稚園のなかに入っていくと，年中のＭちゃんという女の子とばったり会った。Ｍちゃんは私の姿を見ていつもと違うおしゃれをしていることに気がつき，私のところにニコニコと寄ってきてこう言った。

　「まあ，奥様，素敵なお召し物」

　あまり子どもから聞くことばではなかったので，一瞬何を言われたのか理解できなかった。しかし，私の服をほめてくれたのだとすぐに気づき「ありがとう」と言うと，Ｍちゃんは満足したように部屋へかけていった。

まぁ奥様
素敵なお召し物

　おそらく，Ｍちゃんのお母さんがこのことばを使ってほかのお母さんの洋服をほめたことがあるのだろう。それをＭちゃんはじっとそばで見ていて，綺麗な洋服を着た人はこういう風にほめるのだと学び，実際に使ったのだろうと思う。まさに子どもは親の鏡であることを感じた出来事であった。

（福島朋子）

第 2 章

幼児とかかわる

この章では,幼児期（おおよそ1歳半～6歳）における子どもの心身の発達について取りあげます。遊びや生活を通して，子どもがさまざまな人間関係を経験し，そのなかで何を学習していくのか,その過程を学んでいきます。

1 自分のはじまり
——自己とセルフコントロールの発達

（1）自分に気づく

　生まれたばかりの赤ちゃんは，自分と周囲の環境，そして自分と他者との区別が私たち大人ほどには明瞭ではないといわれている。しかし，生後2か月くらいで生じるハンド・リガード（第1章図1-1-7を参照）に代表されるように，自分の身体を見つめたり触ったり動かしたりしていくなかで，徐々に自分の身体は自分のものと気づきはじめる。そして，寝返りやひとり座りなど身体全体の動きができるようになると，それに伴う周囲の見え方の変化などから，自分自身の身体の感覚である**身体的自己**をもつようになる。

　また，養育者を中心とした他者との関係も，最初は未分化であったものが，養育者から世話をしてもらっていくなかで，いつも自らの欲求を満たしてくれるような対応をしてくれるわけではないことから，他者とは異なる「自分」という存在に気づくようになる（**自他の分化**）。

　自分と他者の存在に気づくと，次は，自分とはどのようなものなのか，自分で自分を対象化してみるようになる。このプロセスを知るのには，**マークテスト**による研究が参考になるだろう。マークテストとは，子どもに気づかれないように鼻の頭に口紅などのマークをつけておき，その子を鏡の前に連れて行くという実験方法である（Gallup, 1970）。鏡の中には鼻のてっぺんに口紅がついた子どもが映っている（図2-1-1）。この鏡の中の像に対してどのような行動をとるか観察を行うというものである。

自他の分化
自分と周囲（外界）との境界を認識すること，他者とは異なる独立した自己を認識すること。

マークテスト
口紅を用いることが多いことから，ルージュテストとも呼ばれる。

図2-1-1　マークテストの様子

　その結果，生後1歳頃までの乳幼児は鏡の中にいる子どもを自分だとは思わない行動，例えば鏡の中の子どもを指す，鏡をたたく，鏡に映る子どもの鼻の口紅を取ろうとする，などが見られる。しかし，2歳頃になると6割以上の子どもが鏡を見て自分の鼻を触るなど，鏡に映った子どもが自分であると分かる行動を取るようになる。このように，鏡に映った自分を自分と認識することを**自己鏡像認知**という。この自己鏡像認知の成立には，自分は人からどのように見えるのか，自分はどのような特徴（顔つき，髪型など）かという認識をもつ必要がある（これを**客体的自己**という）。つまり，2歳前後でこのような**自己**の認識が形成されはじめていることを，この実験は示している。この頃になると，恥ずかしがったりするなど自己に関連するような感情も示すようになる（森口・板倉，2013）。

　また，1歳半をすぎるころから自分の名前と他者の名前の区別がつき，自分には固有の「名前」があることを理解するような行動を取り（庄司，1989），「自分のもの」という所有の主張もはじめるようになる（Fasig，2000）。子どもはこうして他者とは異なる「自分」の存在に気づくだけでなく，他者とは違う「自分」の特徴も知っていくのである。

> **自己**
> 意識の対象となっている自分（me）を自己といい，意識の主体である自分（I）を自我という。

（2）自己を主張すること，自己を抑制すること

　子どもは，自分という固有の存在に気づき始める（**自我の芽生え**）と，次は「自分（私）」をアピールするようになる。自分で自分を主張することを**自己主張**といい，特に自己の主張が強まる2歳から4歳までの時期を**第1反抗期**といっている。柏木（1988）によると，自己を主張する行動

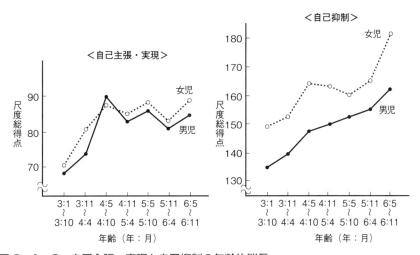

図2-1-2　自己主張・実現と自己抑制の年齢的消長

出典　柏木惠子『幼児期における「自己」の発達：行動の自己制御機能を中心に』東京大学出版会，p.23，1988年

は3歳から4歳にかけて急激に増えていく（図2-1-2）。なお，「反抗期」といっているが，子どもは親に反抗しているつもりはない。ただ，他者とは違う自分の存在をアピールしたい，自分の行動は自分でコントロールしたいという主体性が高まっているのである。特に多いのが「いや！」「自分でやる！」という主張。親から見ると，できないのがわかっているにもかかわらず「自分で！」となるので，周囲は対応に苦慮することも少なくない。

自己を主張することは社会生活を営む上で大切な行動である。相手が何を考えているのか，どのような人なのかを知るには，まず本人が自分のことを周囲に発信する必要があるからである。しかし，自己を主張するだけでは社会生活上で支障がでてくる。そこで次に他者との兼ね合いで自分を抑制することが必要となってくる。これを**自己抑制**という。先に紹介した柏木の研究（図2-1-2）によると，自己抑制は自己主張に少し遅れて3歳から6歳にかけて徐々にのびていくという。3歳以降になると，状況によって新しいやり方を自分で考えられるようになり，自分が何をしているか，そしてそれがどのような結果をもたらしているかを**モニタリング**できるようになる。こうして状況に応じた柔軟な自己抑制が可能となる（Kopp, 1982）。また，相手の気持を推測・理解して，自分の気持ちを調節できるようになる（情動調整）。

自己主張と自己抑制をうまくコントロールすることができるようになると，周囲の大人や友だちとの人間関係を調整していくことが可能となる。例えば，同じものをお友だちと自分とで使いたい，となったとき，お互いの主張と抑制をうまくコントロールして譲り合う，じゃんけんなどで使用する順番を決めるなどの行動を取ることができるようになる。

このような**セルフコントロール**は年齢とともに自然とできるようになるわけではない。親や保育者などの周囲の大人たちの助けをかりて，少しずつ考えたり対応したりしながら身につけていくのである。そのために，周囲の大人たちは適度に子どもの欲求をかなえつつ，適度に欲求不満も経験させ，耐える力（欲求不満耐性）を身につけるよう対応することが重要となる（第2章10も参照）。そして，このような経験をすることを通して，自分と他者に対する意識を高め，それはやがて自己の評価を高め，さらに他者をいたわる気持ちや，自分自身をいたわる気持ち（**セルフコンパッション**）をも育んでいくのである。

（福島朋子）

セルフコンパッション
近年，心理学で注目されている概念で，ネフ（2009）によると「自分自身に対する優しさ，人間はみな同じという感覚，マインドフルネス，の3要素から構成されるもの」と定義される。「自己への慈しみ」とも訳される。

事例　自己主張と自己抑制

　年中児のグループで，ごっこ遊びをしているところに，A男くんがやってきて，「このお鍋貸して」と言い，返事も聞かずに持って行ってしまった。B子ちゃんが追いかけて「返して」と訴えるが，A男くんは返そうとしない。怒ったB子ちゃんは手をあげて，たたこうとするが，すんでのところで踏みとどまり，怒った顔でにらんでいる。ごっこ遊びを一緒にしていたC子ちゃんもやってきて，怒った様子だが，保育者のように仲裁を始めた。最初は，「返して」と主張しているが，A男くんが「やだ」を繰り返しているので，「それはB子ちゃんが

シチューを作るのに使うんだよ」と説明したり，「こっちのフライパンならいいよ」と妥協案を出したりと説得にあたる。A男くんも悪かったなという表情で，「じゃあ，使い終わったらお鍋貸してね」とフライパンとお鍋を交換した。

（鈴木智子）

2 「いうことをきかない」にも発達がある？

　前項で取りあげたように，子どもは2歳近くになると，**自己主張**し始める。言うことを聞かなくなるので養育者には反抗にみえるが，実は子どもの「言うことを聞かない」にも発達があることがわかっている。クチンスキーとコチャンスカらの研究がそれである（Kuczynski & Kochanska, 1990 など）。彼らは，母親によって行動を促されたり，禁じられたりする場面における子どもの行動分析を行っている（図2-2-1）。

　この研究においては，子どもの行動は「言うことを聞く（compliance）」，「言うことを聞かない（non-compliance）」に大別され，「言うことを聞かない」はさらに「抵抗しないが従わない（passive non-compliance）」，「直接的な反抗（direct defiance）」，「単純な拒否（simple refusal）」，「交渉（negotiation）」に分類されている。

　このうち，「抵抗しないが従わない」は，母親の言うことは聞かないが，かといって明確な拒否や反抗もせず，否定的な感情も見せない場合である。「直接的な反抗」は，明確に拒否して，言うことを聞かない場合で，怒りや反抗的な態度，否定的な感情を伴っている。「単純な拒否」は，否定的な感情は見せないけれども，言葉で拒否をするというような場合である。「交渉」は，駆け引きと言い訳からなる。駆け引きは，駆け引きを申し出たり，譲歩したり，別な選択肢を差し出す，説明を求めたりするというような場合である。言い訳は，自分が言うことを聞かないことについての説明を申し出るというような場合である。

　彼らはこのような行動カテゴリーを用いて，まず生後15から44か月の子ども（平均約30か月）の行動分析を行った。その結果，年齢が上がるにつれて「抵抗しないが従わない」と「直接的な反抗」は減少し，「単純な拒否」，「交渉」は増加する傾向を示した。また，同じ子どもに時期をかえて，行動分析を2回行い，縦断的な変化もみている。1回目の子どもの年齢は平均約30か月（2歳6か月）であり，2回目は子どもが5歳になったときに実施された。図2-2-1は，その結果である。

　これによると，「抵抗はしないものの従わない」や「直接的な反抗」は5歳になると減少し，反対に「単純な拒否」や「交渉」は増加する傾向を示している。

　対人関係的にみれば，「直接的な反抗」は親の側に抵抗感や強制的な反応を引き起こすので効果的でない。これに対して，「単純な拒否」は，感情的にならないので，親の側にそれほど反感を引き起こさない。また，

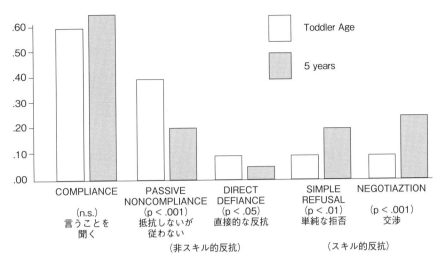

※ p は統計的な有意水準を示す。

図 2-2-1　子どもの「いうことをきかない」の発達的変化
（縦断データ；平均約 30 か月（2 歳 6 か月）と 5 歳との比較）

出典　Kuczynski, L., & Kochanska, G. Development of children's noncompliance strategies
　　　from toddlerhood to age 5. Developmental Psychology, 26(3). pp.398 - 408. 1990.
　　　より作成

　「交渉」は親に要求の変更を求めるもので，情動をコントロールしながら
積極的に自己を主張する行為であり，子どもの反抗的な行動を容認しない
親でも，子どもの自律性が成長していることの証としてこれを受け入れる
可能性もあるだろう。

　「単純な拒否」や「交渉」は，言うことを聞かない行動という点では同
じであるものの，感情的にならないことで相手の気分を害しないようにす
る，また相手の要求を一方的に聞くのではなく，自分が受け入れられるよ
う，相手に要求を変更してもらうというように，対人関係を損なわないよ
うにしつつ，自分の要望も聞いてもらうという**社会情動的スキル**を含んだ
ものである。子どもが言うことを聞かないというと，言うことを聞かせる
ことにばかりに関心が向くが，社会情動的スキルを育てるという点では，
反抗のしかたにも目を配る必要があろう（第 2 章 -10 参照）。

（沼山　博・鈴木智子）

3 情動や感情はどのように発達していくの

　人は**感情**や**情動**をもつ動物である。このうち感情とは，うれしい，悲しいなどの主観的な感じの変化のことで，比較的長く感じる気持ちである。また，一過性の強い気持ちを情動といい，顔が赤くなるなどの生理的な反応や怒るなどの行動的な反応が含まれる。感情や情動の起源については生得的に備わっていて適応上必要となる時期に現れてくるという考え方と，生後時間の経過と共に発達していくという考え方がある。ここでは後者の立場から説明していく。

　情動の発達については，**ブリッジスの理論**が有名である。生後間もない赤ちゃんが経験する情動は「快」—「不快」の2つであり，経験を通して複雑な情動へと分岐していく考え方である。「快」から「喜び」や「愛」，「得意」が，「不快」から「怒り」や「嫌悪」，「恐れ」が分岐し，2歳ころには基本的な情動が出そろうとされる（Bridges, 1932）。

　これに対し，**ルイス**（Lewis, 1979, 1993）は，情動は運動，認知，自己の発達と密接に関連しながら発達していくとしている。このルイスのモデ

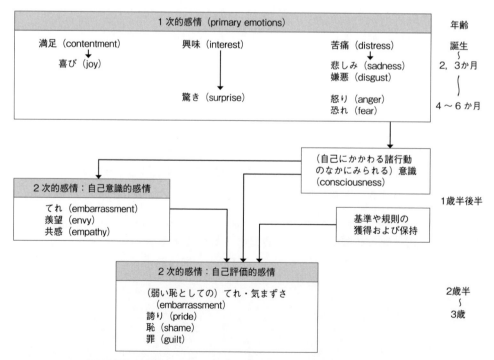

図2-3-1　ルイスの感情発達モデル（Lewis, 1993, 遠藤, 1995をもとに作成）

出典　佐久間路子「わたしはわたし：自己と感情」遠藤利彦・佐久間路子・徳田治子・野田淳子『乳幼児のこころ：子育ち・子育ての発達心理学』有斐閣，p.171，2011年を一部改変

64

ル（図 2 - 3 - 1 参照）によると，子どもは誕生時に，「快」と「不快」，すなわち「満足」と「苦痛」を感じている状態と，何かに夢中になっている状態の「興味」の 3 つの感情がある。生後 2，3 か月ころには，快感情（満足）から「喜び」の感情が出現し，不快感情（苦痛）から「悲しみ」と「嫌悪」が分岐する。生後 4 〜 6 か月ころになると，「怒り」の感情がみられるようになる。たとえば，腕や足を動かそうとしたときに無理に押さえつけるなど，フラストレーションが生じた際に観察される。「怒り」より少し遅れて「恐れ」が生じる。「恐れ」は安定した状態が脅かされたときに生じる感情で，現在の状態と安定しているときの状態とを比較できるようにならないと生じてこない。また，この時期に「驚き」の感情もみられる。「驚き」は，子どもが持っている期待や予想が裏切られたときに生じる。ここまであげた感情は 1 次的感情，もしくは基本的情動と呼ばれるものであり，これは生後 6 か月くらいまでに出そろう。

　第 2 章 - 1 で取りあげたように，1 歳代になると，**自我**が芽生え，自分という存在に気づいていく。こうして自己を認識することから**自己意識**が生まれ，自分は人からどのように見えるのかという認識ができるようになってくると，2 次的感情が生まれる。まず，「てれ」「羨望」「共感」という**自己意識的感情**で，「てれ」は，ほかの人から見られている，注目されているという認識から生じ，「羨望」や「共感」は自分と他者の状況の違いを区別できるようになることで生じる。

　次に生じるのが**自己評価的感情**である。2 歳代になると，生活習慣や人とのかかわり方をはじめ，養育者や保育者からしつけを受ける機会が増え，子どもの心の中にある種の基準や社会的ルールが形成されるため，他者からの賞賛や叱責など評価に敏感になる。そして，自分のした行為について，「これはやってはいけなかった」「こんなことができてすごい」など，基準やルールに従って評価することで，新しい感情が生まれる。これが自己評価的感情であり，「恥」や「罪悪感」，「誇り」の 3 つがある。「恥」や「罪悪感」はある基準やルールから自分の行動が失敗したという評価から生まれ，「誇り」は成功としたという評価から生まれる。

　このように，ルイスは，自己意識や自己評価といった自己の発達と感情の発達には密接な関係があるとし，生後 3 年間で子どもの感情は分化し，大人とほぼ同じ感情を経験するようになると考えたのである。

（津田千鶴）

事例 ✳ ぼく，虫さわり（…）名人だよ！ ●●●●●●●●●●●●●●

　3歳のK男くん。4つ年上の姉のA子ちゃん。2人はきょうだい。仲良しであり，ときにはけんかもする。K男くんが3歳になったばかりのある日，「ぼく，虫さわるの得意なんだー」とA子ちゃんにたどたどしい日本語でゆっくりと話す。A子ちゃんは，「本当？」と驚いたように返す。するとK男くんは，「本当だよ。この間，バッタ，さわったんだ。あちた（明日），さわろうか？」と答えた。

　どうやらK男くんは虫をとるのではなく，さわることができるようになったようである。実は，K男くんは怖がりで，虫や動物を見ると怖がって逃げるような子なのである。いつも一緒にいるA子ちゃんはそのことをよく知っている。しかし，このエピソードの少し前に，K男くんはお母さんの実家に遊びに行き，おばあちゃんが捕まえたバッタをおそるおそるさわることができたのである。そこには，「怖くないよ。大丈夫だよ」というおばちゃんの励ましがあったからこそ，K男くんの虫さわりが成功したということがあろう。

　このバッタをさわった経験から，自分は虫がさわれてすごいという自信と誇りが芽生え，「虫さわるの得意なんだー」という発言につながったと思われる。自分は虫が怖いという自己認識があったからこそ，バッタがさわれてすごいという感情（誇り）が芽生えたのである。そして，A子ちゃんに信じてもらえないと，明日，見つけられるかわからないバッタをさわってみせると，自信に満ち溢れたように言うのである。

（津田千鶴）

4 人間関係の発達
——対大人の関係から子ども同士の関係へ

（1）子どもの人間関係の変化

　養育者は，赤ちゃんが泣けばミルクかオムツかと対応し，笑えば一緒に喜んだりあやしたり，手足を動かせばやさしく声をかけたり抱きあげたりして，赤ちゃんのサインに敏感に**応答**する。赤ちゃんは，自分の欲求に応じて応答的なかかわりが返ってくることによって，養育者との間に信頼関係を築き，**アタッチメント**を発達させていく（第1章 - 10 参照）。このように，子どもの初期の人間関係は，養育者との個別で密接なかかわりが中心になっている。

　子どもはかなり早い時期から他児に興味を示す。生後2か月くらいで他児をみるという行為が始まり，3・4か月ころになると他児へ向かって手を伸ばすという行為があらわれる。また，子どもの身体的・認知的な発達に伴い，自由に物が使えるようになり，相手と楽しさやイメージを共有できるようになると，大人とのかかわりよりも子ども同士のかかわりが増える（図2 - 4 - 1）。そして，この図からわかるように，1～3歳にかけて，子どもは大人よりも子どもを遊び相手にする時間が増え，2～3歳にかけて遊び相手の中心が大人から子どもへと移行していくのである。

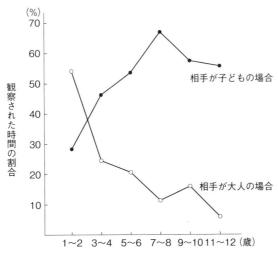

図 2 - 4 - 1　**遊び相手の発達的変化**（Ellis,S.,Rogoff,B. & Cromer,C.C.1981，p.403 より作成）

出典　高橋千枝「仲間関係・きょうだい関係」本郷一夫 編『発達心理学：保育・教育に活かす子どもの理解』建帛社，p.116，2007 年

（2）　仲間関係の発達

　こうして子どもは人間関係を広げ，社会参加の第1歩といえる**仲間関係**を発展させるようになる。子どもの立場に立って応対してくれる大人との関係とは違い，子ども同士の関係は対等・同等な関係である。子どもは仲間との関係のなかで，大人との関係ではみられないさまざまな喜びや**葛藤**を経験し，社会性を発達させる。

　子どもの仲間関係は，他児への興味，接触から始まり，8か月ころには物を介した持続的なやりとりができるようになる。1歳くらいになると，他児の言動を**模倣**することができるようになることから，必ずしも物がなくても**テーマを共有**して遊ぶことができる。

　他児と持続的なやりとりができるようになると，避けて通れないのが**いざこざ**である。まだことばが十分に発達していない3歳未満の子どもは，いざこざが生じると，相手をたたいたり，噛んだりなどの身体的な攻撃を行うことが少なくない。しかし，ことばが使えるようになってくると，身体的な攻撃よりもことばで攻撃するようになる。

　1〜2歳にかけてのいざこざの変化をみてみると，相手の物を取ろうとする行動が多いが，次第に減少していき，攻撃や要請などの相手に直接向けた行動が増加する（本郷・杉山・玉井，1991）。物の取りあいは，乳児期から多くみられるが，1〜2歳では，物そのものよりも，誰がそれを使っているかが子どもの興味をひきつけるようである。その後は，物の取りあいでは，先に使っている者が所有の優先権をもつという「先取り方略」が効果的をもつようになってくる。

　木下ら（1986）の研究から，3歳児の1年間のいざこざの変化をみると，原因では（図2-4-2（A）），「物・場所の取りあい」や「不快な働きかけ」は年間を通して多いが，後期になると，「規則違反」や「イメージのずれ」が多くなる。いざこざの終結に関しては（図2-4-2（B）），前期では「無視・無抵抗」や泣くなどの「単純な抵抗」が多いが，後期には減少し，「相互理解」が多くなる。ことばの発達とともに，ことばでの説明が上手にできるようになり**イメージの共有**やじゃんけんなど社会的ルールを使用した解決策の提示，相手の気持ちの理解などを通して，子ども同士でいざこざを解消していけるようになる。いざこざは，子どもにとって葛藤的な経験であるが，いざこざを通して自分や相手を理解し，かかわり方を学んでいくという子どもの発達にとって大きな意味をもつのである。

　仲間関係は，3歳以降急激に変化し，集団で遊び，活動するようになる。そのなかで集団への**帰属意識**や仲間意識をもつようになり，さらにルールや決まりといった**規範意識**を獲得していく（第2章-5，6も参照）。

葛藤
2つ以上の互いに対立する欲求が同時に生じ，どれを選べばよいか決定できずに緊張している状態。

模倣
他者の動きや表情，音声などを自分の身の上で再現すること。まねをすること。

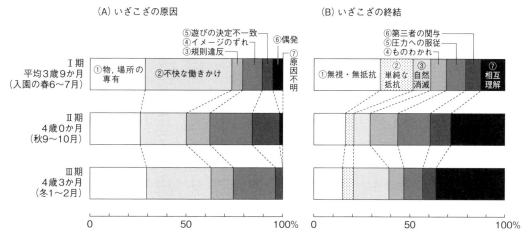

図2-4-2　3歳児におけるいざこざ

出典　木下芳子・斉藤こずゑ・朝生あけみ「幼児期の仲間同士の相互交渉と社会的能力の発達：3歳児におけるいざこざの発
生と解決」『埼玉大学紀要教育科学』35(1), pp.1-15, 1986年より作成

（3）　アタッチメントが対人関係に及ぼす影響

　さらに，乳幼児期に養育者とのかかわりを通して発達するアタッチメ
ント（第1章-10参照）が，その後の仲間関係と関連しているといわれ
ている。**ボウルビィ**（Bowlby,J.）によると，乳幼児期に形成されたア
タッチメントが，徐々に**インターナル・ワーキング・モデル**（internal
working model：以下IWMと略）という形で個人のなかに取り込まれ，
生涯にわたって対人関係のスタイルやパーソナリティを支えていくとい
う。IWMは，養育者との関係に対する見通しや主観的確信によってつく
り上げられ，他者や対人関係一般に関するシミュレーションのための認知
的モデルである（第1章-11参照）。仲間関係については，乳幼児期にB
タイプ（安定型）だった子どもは，就学前期から児童期にかけて，仲間に
対して積極的で肯定的な感情をもって働きかけることが多く，共感的行動
を多く示すため，仲間からの人気が高くなる傾向がある。Aタイプ（回
避型）の子どもは，仲間に対して否定的な感情で攻撃的行動をすることが
多いので，仲間から孤立する場合が多い。Cタイプ（アンビヴァレント
型）の子どもは，他児の注意を過度に引こうとしたり衝動的だったりする
一方で，従属的な態度を取ることもあり，仲間から無視されたり攻撃され
たりすることが多いといわれている（遠藤，2011）。このように乳幼児期
のアタッチメントがその後の発達と関連しているのは確かなようである
が，対人関係スタイルが乳幼児期に固定化されるというわけではなく，
IWMその後の養育環境の変化や他者とのかかわりで変化しうると考えら
れている（本項コラム参照）。　　　　　　　　　　（津田千鶴・沼山　博）

コラム　アタッチメントの連続性と変化

　乳児期のアタッチメント（愛着と訳されることも多い。ここでは以下愛着と記す。第1章-10参照）の個人差によって，幼児期，児童期，成人前期などのその後の発達期における情緒的行動の質やパーソナリティ特性を予測できると考えられているが，安定性に関しては必ずしも一貫した結果がでていない。

　多くのケースで，幼少時の愛着がその後の種々の発達に対して一貫した関連性をもち，その後の愛着とも長く持続性をみせるのは，個人が同じ養育者の下であまり変わらない養育環境のなかで育ち続けるからだという。逆に，不遇な環境の下で育ち，幼少期の愛着が不安定だったとしても，その後の条件次第で不安定な愛着は変わりうる（遠藤，2010）。たとえば，結婚してそれまでの自身の対人関係とは違った人間関係を一貫して持続的に経験するようになると，愛着はより安定したものに修正することが可能であるといわれている。これは，早期のインターナル・ワーキング・モデル（IWM）はその後の環境の変化で変わりうることを示している。また，養育者との愛着関係よりも，最初に経験した保育者との愛着関係のほうが，その後の仲間関係や社会適応を予測するという研究もある（Howes & Spieker, 2008）。養育者との間で形成されつつあった IWM でも，養育者以外の人との安定した関係があれば，IWM を部分的に補ったり，変えたりできることを意味している。

　また，父親や施設保育者との愛着が，その後の個人の発達に及ぼす影響の研究（たとえば，Grossmann, Grossmann, Kindler, & Zimmermann, 2008）や児童養護職員が虐待児に対して愛着に焦点を当てた発達支援を行うなど（青木ら，2008），さまざまな愛着理論による介入のプログラムが研究者によって実践されている。

　人間は，学習可能性が高く，変化の可能性も大きい，可塑性のある動物なのである。

（津田千鶴）

5　道徳性と思いやり

（1）　道徳的判断の発達

　子どもは，どんな行いが良くて，どんな行いが良くないかについての判断をどのようにして身につけていくのだろうか。これに関して，**ピアジェ**（Piaget,J.）は，**道徳的判断**についてのお話を 3 〜 7 歳の子どもに聞かせて，反応を調べた。その内容は，悪いことをしようと思っていないのに結果として多くのコップを壊してしまった子どもと，悪いことをしようとして 1 個のコップを壊してしまった子どもと，どちらが悪いと思うかを判断してもらうものであった。その結果，年齢が上がるにつれて，悪いことをしようとして 1 個のコップを壊してしまった子どもを悪いと判断する子どもが増えていくことがわかった。つまり，結果として何が起こったのか，という結果を重視する段階から，何をしようとしてそうなったのか，という動機を重視する段階へと発達していくことがわかる。このことから，結果という目に見えてわかりやすい事柄から，その人が何を考えて行動しているのかという目に見えない意図へと注意を向けることができるようになっていくと考えられる。

　その後，**コールバーグ**（Kohlberg, 1984）によって，論理的思考という認知面に重点をおいた発達段階が示された（表 2 - 5 - 1）。それは，大きく 3 つの水準に分かれる。1 つめは自分が罰を受けることを避け，また利益を受けることを選ぶというように，自己の利益を基準にその行動が道徳的かどうかを判断する**前慣習的水準**である。2 つめは，社会的に良いとされている事柄を自分も良いと考えるというように，社会のルールを基準として，道徳的判断を行う**慣習的水準**である。そして，3 つめは自分自身がもっている原則を基準に判断を行う**原則的水準**である。この水準では，自分自身の独りよがりの原則ではなく，社会のメンバー一人ひとりが互いの自由と権利を認めあい，現存の社会のあり方を反省し，あるべき社会の規範を考えようと討議がなされるのが特徴である。

（2）　道徳性の芽生え

　道徳性というと難しい判断のようであるが，その基礎となる部分はすでに乳児期から培われてきている。先のピアジェやコールバーグの研究でみたように，自分の周囲の環境や社会といった外部にある**ルール**から，自分の内面にある基準へと判断の理由が変化していくが，まずはその環境や社会にルールがあることに気づき，ルールに基づいて物事が進んでいくことを理解する

表２-５-１　コールバーグの道徳的判断の発達段階

前慣習的水準	道徳的価値は外的・準物理的出来事や行為にある
段階1	罰や制裁を回避し，権威に対して自己中心的に服従する
段階2	報酬，利益を求め，素朴な利己主義を志向する
慣習的水準	道徳的価値は，良いまたは正しい役割を行い，紋切型の秩序や他者の期待にそむかないことにある
段階3	良い子への志向，他者からの是認を求め，他者に同調する
段階4	義務を果たし，与えられた社会秩序を守ることへの志向
原則的水準	道徳的価値は，自己自身の原則，規範の維持にある
段階5	平等の維持，契約（自由で平等な個人同士の一致）への志向
段階6	良心と原則への志向，相互の信頼と尊厳への志向

出典　山岸明子「道徳判断の発達」『教育心理学研究』24(2)，pp.97-106，1976年より筆者が作成

必要がある。このルールの理解については，2歳の終わりころまでに，物やおもちゃが壊れることに強く反応するなど，ルールが破られることに対する感受性が強くなってくる（Kagan, 1981）。他者から指摘されて初めて気づくのではなく，自分のなかにルールが定着し始め，ルールが破られている状況に自分で気づくようになってきたことを意味する。この気づきや理解は，1人で身につけるものではなく，アタッチメント対象となる主たる養育者との間で繰り返されるやりとりのなかで身についていく。したがって，**共同注意**（第1章-12参照），**社会的参照**（第1章-10参照）や**心の理論**（第2章-8参照）に代表されるような他者の意図理解や感情理解がその基盤となっている。そして，同じ時期にここは危ないと言われているから触らない，行かないなどというように，ルールに基づいて自分の行動を調整する力も発達してくる。また3歳を過ぎるころから，大人から言われることに対して「なぜ？」と聞くようになり，次第にルールや物事の背景には理由があることを理解し，筋道を立てて状況を理解できるようになっていく。そのなかには，いろんな友だちの思いや皆が気持ちよく生活するための判断（ルールの変更や妥協，我慢など）などが含まれる。それら豊かな体験が，将来的に自律的な道徳的判断へとつながっていくと考えられる（横山・作・木村・西田・今泉，2006）。

（3）向社会的行動の発達

　これまでは，よくない行いに対する道徳的判断を中心にみてきたが，反対に望ましい行いは**向社会的行動**とよばれている。向社会的行動とは，「**援助行動**，**分与行動**，他人を慰める行動（**慰めの行動**）といった他者に

利益となるようなことを意図してなされる自発的な行動」とされている（Eisenberg, 1992）。たとえば，助けを必要としていたり，困っていたりする人に対して，手を貸したり，何かを分け与えたり，慰めたりするなど，思いやり行動とよばれる親切な行動がそれにあたる。

その芽生えは，すでに1歳前後からみられる。たとえば，他者が泣いたり，苦痛を示したりすることに対して，自分自身も泣くというように同様の混乱を示す[注]。そして，1歳から2歳にかけて，他者の苦痛に対しておもちゃを渡したり，親をよんできたりというように具体的に慰める(なぐさ)という行動がみられるようになる（Eisenberg, 1992）。その行動は次第に増加し，その内容も独りよがり（たとえば，他児が泣いているのに対して，自分の好きなおもちゃを渡して慰めようとする）ではなく，次第に相手の立場に立った的確な行動をとれるようになってくる。しかし，常(つね)に向社会的行動をとるわけではなく，慰めるよりは，無視することのほうが多く，ときには泣いている子に対してさらに攻撃を加えたり，もっと困らせたりすることも多くみられるという報告があることにも注意が必要である。思いやりのある行動が「できるようになる」ということとその行動を「多く行う」ということは別々の問題である。

注）
これを感情伝染（もしくは情動伝染）という。

これらの向社会的行動の発達を支える能力として，次の2つが考えられる。1つ目は他者が感じている感情を自分も同じように感じる**共感性**である。他者と同じ感情を自分も感じることで，その感情を何とか軽減したいと考え，向社会的行動がなされると考えられる。2つ目は，自分とは異なる視点や考えをもつ，相手の立場に立って物事を考えることのできる**役割取得能力**である。たとえば，先の身近な他者が泣いている場合，相手の立場に立つことができれば，自分の好きなおもちゃではなく，相手の好きなおもちゃを渡して慰めることができるようになるだろう。相手の立場に立つことが難しければ，相手にあわない行動をとってしまうと考えられる。

（4）　道徳性や思いやりの育成

この共感性や役割取得能力は年齢が上がれば自然と身についていくというより，周囲の大人の配慮や援助によって理解されていくものと考えられる。2018（平成30）年に新たに施行(しこう)された幼稚園教育要領，保育所保育指針，幼保連携型認定こども園教育・保育要領の領域「人間関係」で「道徳性」についてふれている箇所では，「人に対する信頼感や**思いやり**の気持ちは，**葛藤**(かっとう)や**つまずき**をも体験し，それらを乗りこえることにより次第に芽生えてくることに配慮すること」とある。「**規範意識**の芽生え」についても

同様に互いに主張したうえで，気持ちを調整する力を育てることの重要性が指摘されている。子ども同士のかかわりでは，1歳をすぎるころから，他児との**トラブル**が増えてくる。トラブルに対処する場合，とにかく問題を解決して仲直りをすることを優先させたくなるだろうが，実は「葛藤やつまずきを体験」するというプロセスこそが重要となる。その体験のなかで，相手には自分と異なる感情があり，それはどのような原因で起こったり，変化したりするものなのかを理解することができる。ときには，自分が我慢して相手に譲ったり，逆に譲られてうれしい気持ちになったり，ということも体験し，セルフコントロールや新たな感情の芽生えの機会となる。これらはすべて，大人が双方の子どもに「ごめんなさい」を言わせて安易に仲直りさせることでは得られない重要な体験である。子どもは，「叱られている」場面を長く体験したくないため，逃げたりごまかそうとしたりする（本項の事例を参照）。大人にとっても，すっきりしない状況を見守り，双方の子どもの気持ちを引き出し，援助する根気強さを必要とするが，その分子どもが得る体験は大きいだろう（第2章-10参照）。　　（鈴木智子）

✻ 事例 ✻ 子ども同士のトラブル ••••••••••••••••••••••••

　2歳児クラスの子どもが園庭で遊んでいると，ひっつきむしを見つけたA子ちゃんがおもしろがって，B子ちゃんの洋服にいくつもくっつけた。B子ちゃんは，嫌がって泣きそうな顔になっているが，A子ちゃんはお構いなし。そばで別の子と遊んでいた保育者が，2人の間に入り，「A子ちゃん，B子ちゃんのお顔見てみな」と言うと，A子ちゃんはB子ちゃんの顔をじーっとおもしろそうに見つめて，今度は顔の前にひっつき虫を近づけようとする。B子ちゃんが半べそになったので，保育者がA子ちゃんの手を止めて，「B子ちゃんは嫌なんだって」と伝えると，今度はごまかすようににこっと笑って逃げようとする。保育者は，しっかりとA子ちゃんをつかまえて，何度も「B子ちゃんのお顔見てごらん，嫌なんだよ」と繰り返し伝え，あっちを向こうとしているA子ちゃんに，なんとか一緒にB子ちゃんの服についているひっつき虫をとってあげるよう促す。B子ちゃんがほっとした顔をしたところをA子ちゃんにも見せて，「B子ちゃんよかったね」と声をかける。

（鈴木智子）

コラム　「みんないっしょになかよく」と言うけれど

　保育所や幼稚園に入ると，子どもは「みんないっしょになかよく遊ぶ」ことを期待される。年長児ともなると，集団での遊びを展開するようになるが，では，遊びに途中から加わりたいという子が出てきたときに，子どもたちはどのような反応を示すのであろうか。ここでは，こうした**仲間入り場面**の研究を行った青井(1995)の研究を紹介しよう。

　青井によると，遊びの途中で仲間入りしようとする子どもは，できるだけ進行中の遊びの流れに影響を及ぼさないようにするために，遊びの内容や現在の状況，集団内の役割分担などを観察・認識し，それに合わせた，集団に受け入れられるような行動を取らなくてはならない。一方，仲間入りを働きかけられた子どもたちは，それを認めた場合は，その子を受け入れたうえで，それまでの遊びを維持しながら，遊びに関する情報提供を行ったり，役割の変更や物の再分配を行ったりなどの集団内での調整を行うことになる。

　しかし，仲間入りはいつも認められるわけではない。協同遊びのように，共通の目的意識をもって役割分担をし合っているような組織化の進んだ遊びほど，仲間に入れてからの調整が難しくなるため，仲間入りが認められない場合が多い。

　そしてこうした拒否の場面では，その理由が示されない場合が多いようである。これに関して青井は，年長児では仲間意識がかなり明確になっており，仲間意識によって拒否する場合に，特に理由が示されないのではないかと考察している。また，理由が示される場合では，仲間ではないことや遊びへの参加資格がないこと，遊びを最初に始めた者の権利の主張，人数・道具数・役割の不足，「『入れて』と言っていない」という手続きの不備，「嘘つきだから」，「泣き虫だから」などパーソナリティ上の理由，というような「みんないっしょになかよく遊ぶ」というルールとは別のルールが提示されている。このほか，仲間入りを認めた場合でも，表面的に受容し，実際には仲間入りできていない場合も少なくない。

　これらの結果から，年長くらいの子どもたちは園で期待されている「みんないっしょになかよく遊ぶ」というルールを理解していること，そして仲間入りを拒否することは，このルールに反することになるため，子どもたちは葛藤しながら，これを何とかしようと工夫して考えていることがわかる。こうした仲間入り拒否の場に出くわしたとき，あなたならどうするだろうか。

（沼山　博）

6 遊びはどう変わっていくの？

（1）　乳児期の遊びの発達

　遊びというと，子ども同士が一緒に身体を動かしたり，物を作ったり，ルールのあるゲームを行ったりすることをイメージしやすいが，実は乳児のころから遊びは始まっている（第1章 - 7参照）。

　1歳ころまでは，身近な物を両手で持ったり，なめたり，少しするとたたいたり，投げたりして，「物」の性質を確かめるような探索的な遊びを多く行う。そして次第に，物を穴のなかに入れたり，物を積み上げたりと物同士をつなぎ合わせるような遊びに変化していく。これらの遊びは，物同士の関連性（大きさや性質の違いなど）の理解や**目的と手段**の理解といった認知能力，自分自身の手指の運動（**微細運動**）の発達を促す。逆にそれらが発達することでまた遊びがおもしろくなったり発展していったりする（第1章 - 6参照）。

　大人との間では，笑いあったり，いないいないばあをしたりというように情緒の交流をはかる遊びから始まる。そして，約9か月ころから**三項関係**が成立し始めると大人と一緒に物を使って遊び始めることができる。さらに，おもちゃを大人に渡したり，受け取ったり，またキャッチボールを行ったりというように「受ける」「渡す」という**ターンテイキング（やりとり）**を楽しめるようになる（第1章 - 12も参照）。

（2）　乳幼児期のごっこ遊び

　1歳半ころからは，目の前の「物」を使って，別の物に見立てる**見立て遊び**が始まる。見立て遊びというのは，「今・ここ」にない物を頭のなかにイメージし（**表象**），目の前にある物に当てはめるという**象徴機能**を必要とする遊びである。たとえば，赤い積み木を消防車に見立てて走らせるなどである。この見立て遊びは，自分の外にある物を別の何かに見立てる場合と，自分自身をほかの誰かに見立てる「ふり遊び」の2種類がある。「ふり遊び」とは，身近な人やメディアのキャラクターなどを頭のなかにイメージし，自分自身をその人に見立てるのである。見立て遊びや**ふり遊び**の内容は，はじめのころは見たものや経験したことに限られており，形や色が似ているかどうかによって何に見立て，ふりをするかが決まる（赤い色の積み木だから「消防車」，白い色の積み木だから「飛行機」）。3歳ころから，見立てとふりを組みあわせて，子ども同士でストーリーをつくり，展開させていく**ごっこ遊び**が活発になっていく。すると，見立てるも

象徴機能
第1章 - 13を参照。ここでは「積み木」を「消防車」という別の記号に見立てている。「積み木 - 消防車」は「意味するもの - 意味されるもの」として認識されている。

のと見立てられるものが外見的に似ていなくても，演技力やストーリーの発想の力などによって，遊びが十分に可能になってくる。また，ごっこ遊びでよく用いられる生活場面は，一連の事象に関する行動の流れ（**スクリプト**）からできていることが多い。たとえば，お風呂に入るという事象では，服を脱ぐ→ 身体や頭を洗う→ 湯船に入る→ 上がって身体を拭く→ 服を着るというある程度決まったパターンから成立している。年齢の小さい子どもにとっては，お互いにスクリプトを共通理解していることで，ごっこ遊びが成立しやすくなる。このように遊びは次第に大人の手を離れ，単純なものから複雑なものへと子どもたち自身の力で構成できるようになっていく。

（3）　他児との遊びの発達

　他児との遊びについて，子ども同士の遊びの発達過程を調べた**パーテン**（Parten, 1932）によると，図 2 - 6 - 1 のように遊びを分類することができる。これらの行動は，年齢が上がるにつれて，次のように変化していく。何にも専念していない「ぼんやりしている」は，3 歳までの間に少しみられるが，その後はみられなくなる。**傍観**，**一人遊び**，**平行遊び**（他児の側で個別に遊ぶ）は，3 歳以下で多いが，その後少なくなっていく。代わりに，**連合遊び**（おもちゃの貸し借りや会話をしながら一緒に遊ぶ）と**協同遊び**（共通の目標をもって組織的に遊ぶ）はおもに 3 歳以降で著しく増加していく。とくに，「協同遊び」は，もっとも高度な遊びと考えられ，リーダーがいて，共通の目的のもとに，分業や役割分担を行って異なる活動をしたり，協力したりしながら目的の達成のため努力することができるようになる。このように，年齢が上がるにつれて，友だち同士でかかわりあいながら，また共通の目的をもって，協力しながらの遊びが増えていくことがわかる。しかし，3 歳以上であっても一定の割合で一人遊びや平行遊びを行うことがあり，常に友だち同士で遊んでいるわけではなく，協同

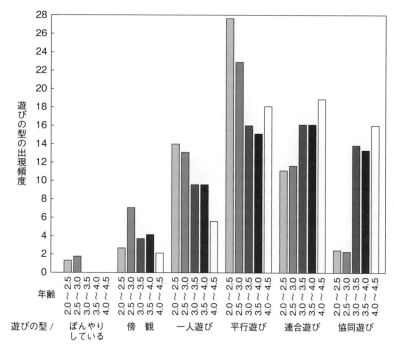

図２−６−１　保育園での遊びの型の年齢変化

出典　Parten,M.B.. Social perticipation among preschool children, Journal of Abnormal and Social Psychology, 27(3), pp.243 - 269, 1932 より筆者が一部改変

遊びをすることもあれば，一人遊びをすることもある。

（４）　遊びを育む保育者の役割

　このように，年齢が上がるにつれて，さまざまな能力が発達し，それらの能力を利用して，遊びが発展していく。そのため，遊びが充実していない場合，何らかの認知能力，対人関係，または心理的な問題を抱えている可能性がある。「遊べない」という表面的な状態からその内面にある原因を探り，援助を考えることも保育者の重要な仕事である。

　2018（平成30）年に新しく施行された幼稚園教育要領，保育所保育指針，幼保連携型認定こども園教育・保育要領の領域「人間関係」では，「いろいろな遊びを楽しみながら物事をやり遂げようとする気持ちをもつ」とある。遊びを進めていく途中で，うまく行かなくなることは頻繁に起こる。作っていた物が思ったように完成しない，友だちと意見があわない，場所や物を巡ってトラブルになるなど…。これらの困難にぶつかった場合でも根気よくその問題に取り組み，自分がやりたいと思ったことをやり遂げる力は，その後の**生きる力**にもつながっていく。そのため，保育者は子どもの遊びを見守りながら，必要に応じて援助できるよう保育の計画を立

生きる力
第３章−5，第３章−
7を参照。

て，準備しておかなければならない。それは，子ども同士のけんかの仲立ちであったり，子どもがやりたいことができるような材料の用意や場所の設定などの**環境設定**であったりとさまざまである（本項の事例を参照）。「自由放任」にすることが，子どもの自主性や自律につながるわけではない（勅使，1999）。そして，遊びの進行や葛藤を通して，子どものなかに今どんな力が芽生えつつあるのかを見極め，今後の保育活動の計画や目標づくりに生かしていくことが重要である（第3章‐7参照）。

（鈴木智子）

❋ 事例 ❋　遊びを育む援助と環境設定

　午前中の自由遊び，ある仲良しグループでは，このところ砂場で水や砂を使った遊びが継続して続いている。山を作り，道を作り，家を作り…。最初は砂を固めるために使っていた水だが，そのうち「川を作ろう！」と，水を流す水路を作り始めた。しかし，砂の上ではいくら水を流しても砂に吸収されてしまい，川の流れができない。そこで，次の日保育者がといやペットボトルを半分に切った物を材料として用意し，砂場の近くに置いておいた。すると，グループの一人が気づいて，「流しそうめんで見たことあるから，使ってみよう」と使い始めた。

思った通り，水は流れるようになったが，今度はもっと早いスピードで流したいと話しあっている。早く流すためには，何が必要なのか？　水の量，流す勢い，といの高さの違いとさまざまな手段があるが，もう少し子どもたちの話しあいを聞いてから，アドバイスをしたいと保育者は考えている。

（鈴木智子）

7 マシュマロ・テスト
——子どもの自制心を科学する

　第2章‐1で述べたように，子どもは周囲の大人や友だちとの人間関係を円滑にするため，**自己主張**と**自己抑制**という2つの**セルフコントロール**を発達させている。なかでも自己抑制は**自制心**や我慢とも呼ばれ，第2章‐10で述べる**社会情動的スキル**の中核をなすものと考えられている。

　ミシェルら（1972）は，子どもの自制心について一連の実験を行っている。その子どもが大好きなお菓子（マシュマロを使ったので，この実験を**マシュマロ・テスト**と言っているが，実際にはいろいろなお菓子が使われた）を1個目の前におき，ある一定時間食べるのを我慢できればご褒美にマシュマロをもう1個もらえること，しかしどうしても我慢できなければベルを鳴らして研究者を呼んだり，目の前のマシュマロを1個食べても良い（その場合，もう1個のマシュマロはもらえない）ことを伝え，子どもを一人部屋に残してどのような行動を取るかを観察したのである（図2‐7‐1）。ミシェルらは，この実験を通して子どもたちがどうやって欲求の充足を先延ばしにできるのか，言い換えると，どうやって我慢をするのか，について知りたいと考えたのである。

　このような自制心の実験を行うにあたって，ミシェルらは，まず子どもが進んでご褒美を先延ばしをするための要因として「信頼」（報酬を与えると約束した人が必ずくれると子どもが信じること）が重要ではないかと考えた。見知らぬ人に「あとで」と言われても，それが現実のものになる（待てば必ずもう1個もらえる）という信頼がない限り，いま目の前の1個をもらうほうが合理的であるからである。そこで，この実験を行うにあたっては，何回かの試行で子どもたちの研究者への信頼感を高めるようにしてからテストを始めるなど，周到に実験の設定を行った。

　実験の結果，4歳児未満の子どもの大半は我慢できず，30秒以内にベルを鳴らしたりお菓子をかじったりしてしまうが，12歳になると，逆にほとんどの子どもが我慢して待つことができるというものであった（Mischel & Mischel, 1983など）。ミシェルらなどによる一連の研究から，欲求充足を先延ばしにする（我慢する）ことは，おおよそ4歳頃から獲得されるものではないかと考えられている（Yatesら，1981など）。

　ミシェルらの研究が特に関心をよんだのは，マシュマロ・テストを受けた子どもたちのその後について縦断研究も行ったからである。4歳・5歳の時点でより長く待つことができた子どもほど，その後，ストレスへの強さ，高い学業成績や適応性を示していたのである。この結果を解釈する上

図2-7-1　マシュマロ・テストの様子

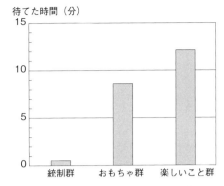

待てた時間（分）

図2-7-2　気をそらせる方略の使用と待てた時間

注）　図中の「統制群」は気をそらす方略の教示を受けておらず，方略を使用していない群，「おもちゃ群」はおもちゃを用いて遊ぶという気をそらす方略を教示された群，「楽しいこと群」は楽しいことを考えるよう教示された群である。実験の対象は3〜4歳児50名であった。
Mischel, W., Ebbesen,E.B., & Zeiss, A. R. p.208, 1972年より作図

で気をつけなければならないのは，就学前に自制できなかった（欲求充足を先延ばしにできなかった）子どもは，その後の成績の悪さなど悪い将来が予測される，ということではないということである。ミシェルも，先延ばしにする能力が最初は低いが年を経るうちに待つのがうまくなる子どももいれば，幼い頃に待てたにもかかわらず，やがて自制の水準が下がる子どもがいると述べている（Mischel, 2017）。

　この研究は，あくまで幼児期の自制心とその後の発達に関して，集団的に統計的な相関関係が認められた，ということであり，幼児期に先延ばしができるかどうかで子ども一人ひとりの将来について確実に予想できるというものではないことに注意する必要がある（Mischel, 2017）。

　この研究からもわかるように，幼児期から児童期にかけて自制心を身につけていくことは大切なことである。しかし，マシュマロ・テストで先延ばしができた子どもは，マシュマロを見ないようにする，歌を歌う，楽しいことを想像する，など自分自身を**モニタリング**することが求められる行動をとり，我慢するために「気をそらす（ミシェルによると，脳をクールダウンする）」努力を行っていた（図2-7-2）。ただ我慢をすることは大人でもつらいことである。我慢するといっても，単に我慢すること，耐えることを強いるのではなく，我慢するやり方（方略）を教えていくことこそが大切であろう。また，自制心については，脳の**実行機能**との関連も見逃せない。遺伝的発現も含め，実行機能の発達については森口（2019）が詳しいので参照してほしい。
（福島朋子）

モニタリング
第2章-1参照。

実行機能
ここでは自己制御を認知的・神経科学的側面から捉えた場合を実行機能と呼ぶ。主として前頭葉がかかわっている。

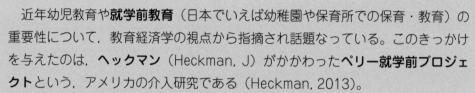

コラム　就学前教育の効果とは

　近年幼児教育や**就学前教育**（日本でいえば幼稚園や保育所での保育・教育）の重要性について，教育経済学の視点から指摘され話題なっている。このきっかけを与えたのは，**ヘックマン**（Heckman, J）がかかわった**ペリー就学前プロジェクト**という，アメリカの介入研究である（Heckman, 2013）。

　このプロジェクトでは，低所得でアフリカ系の58世帯を対象に，毎日2時間半の教室での授業を受けるなどの就学前教育が行われ，これを受けた子どもの群とそういった教育を受けなかった群の子どもを，成人後も追跡調査を行ったものである。

　調査の結果，40歳時点では，就学前教育を受けた子どもは受けなかった子どもより，高校卒業率，収入，持ち家率などが高く，離婚率，犯罪率，生活保護授業率などが低かった。このように就学前教育は経済的な安定や市民としての適応など，社会的にも多くの利益をもたらすものであることを示唆するものであった。

　また，両者の学力を比較すると，小学校入学後の数年間は就学前教育を受けた子どものほうが優れていたが，次第にその差は小さくなり，小学校の中学年で受けなかった子どもが追いつき，両者で差は認められなくなった。それにもかかわらず，40歳時点での人生の質に上述のような差が認められたというのは，上の介入的な就学前教育は学力のような認知能力ではなく，**自制心やグリット**（やり抜く力），動機づけなどの非認知能力を育んだためではないかと解釈されている。

　しかし，この研究から就学前教育の効果が絶大であると鵜呑みにするのはいささか早急であろう。遠藤（2017）は，ペリー就学前プロジェクトは，研究のなかで「非認知的な」心の性質に関して，直接的なアセスメントをしておらず，「『非認知』的な心の性質の重要性を極めて"消極的な形でしか"示唆しない」と述べている。また，この研究は基本的には貧困層の準はく奪状況に置かれた子どもと親を対象とした，補償的な意味合いをもった介入教育であり，例えば就学前教育の就学率が高いわが国のように，相対的に恵まれた環境で生育する子どもやその家庭を想定した場合，その適用可能性はかなり限定的なものにとどまると言わざるをえないことを指摘している。

　こうした介入を行って成果をあげた研究としては，ほかにも恵まれない家庭の子ども111人を対象とした**アベセダリアンプロジェクト**が有名であるが，いずれも「非認知」なるものの教育の可能性を示すものとしては論拠が薄いと言わざるを得ず（遠藤，2017），目下，新しいエビデンスが収集されているところである。

（沼山　博）

8　いつから他者の心がわかるの？
——「心の理論」の発達

（1）　心の理論と誤った信念課題

　私たちは，周囲の人とコミュニケーションをとり，お互いに相手を思い
やり助け合いながら生活している。このとき他者は自分とは異なった経験
や信念，考え，感情などの内面をもつことを理解し，行動している。もし
これを理解していなければ，他者を理解したり共感することはできず，周
囲の人との人間関係にも支障がでてくることだろう。では，いつごろか
ら，他者は自分とは異なる内面，すなわち「こころ」をもった存在である
との認識を獲得するのだろうか。この問いについては，これまで**心の理論**
というテーマで研究が進められてきた。

　心の理論とは，もともとアメリカの霊長類研究者プレマックとウッドラ
フ（Premack & Woodruff, 1978）によって提唱された考えである（本項
コラムを参照）。プレマックらは，チンパンジーなどの霊長類の動物が，
人間やほかの仲間の内面を推測していなければとれないような行動をとる
ことに注目した。そして，彼ら自身にほかの仲間の内面を推測するための
枠組みがあることを想定し，それを「心の理論」と名づけたのである。心
の理論とは，「理論」といってもいわゆる科学的な理論のことを意味する
のではない。誰でももっており暗黙のうちに活用している，他者の心を理
解し行動を予測するための素朴な知識や信念のことを指している。

　プレマックらの論文が発表されると，霊長類研究だけでなく，発達心理
学の領域においても大きなインパクトを与え，1980 年代から 1990 年代に
かけて子どもの心の理論に関して数多くの研究が行われた。そして，子ど
もの心の理論の獲得について検討するために考え出されたのが「**誤った信
念課題（誤信念課題）**」である。最初にこの課題を考案したのはウィマー
とパーナー（Wimmer & Perner, 1983）で，マクシという男の子を主人
公としたストーリーであるため**マクシ課題**ともいわれている。そして，そ
の後，さまざまなヴァリエーションの誤信念課題が考案されてきたが，
ここでは日本の教育現場でもよく使用される**サリーとアン課題**（Baron-
Cohen, Leslie & Frith, 1985）を紹介しよう。この課題では，サリーと
アンという女の子の人形が登場する（図 2 - 8 - 1 参照）。

　図 2 - 8 - 1 のような図を見せ，お話をきかせたあと，『サリーはどこを
探すでしょうか』と子どもたちに質問する。さて，子どもたちは「どこ」
と答えるだろうか。もし子どもたちの内に心の理論が形成されていれば，
自分で知っていることと他者が知っていることが異なることを推測でき

サリーとアン課題

「サリーはビー玉をカゴに入れて，散歩に出かけました。アンはサリーのいない間にカゴから
ビー玉を取り出して自分の箱にしまい，外に出かけてしまいました。その後サリーが帰ってき
ました。サリーは自分のビー玉で遊びたいと思いました」

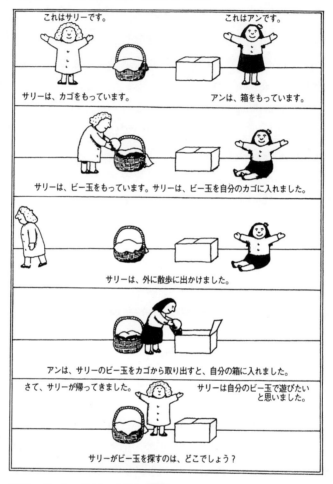

図2-8-1　サリーとアン課題

出典　フリス,U.，冨田真紀・清水康夫・鈴木玲子　訳『新訂 自閉症の謎を
　　　解き明かす』東京書籍，p.162，2009年

る。すなわち，アンがビー玉を「カゴ」から「アンの箱」に入れ替える場
面を，自分は見て知っているが，自分とは異なる他者であるサリーは出か
けてしまったので知らない，だから『サリーはカゴを探す』と正しく答え
ることができる。しかし，心の理論が形成されていなければ，サリーの
知っていること，すなわちサリーの内面（心）が推測できず，『アンの箱』
とまちがった答えを言うというわけである。

（2）　子どもはいつから心の理論を獲得するの？

　ところで，子どもはいつから心の理論を獲得するのだろうか。ウィマーら（1983）による一連の研究の結果，3歳児ではほとんど誤信念課題を正しく答えられないが，4歳以降正答率が上がるという結果が得られている。4歳ころに誤信念課題が達成されるという結果は，欧米のみならず，日本や中国，アフリカのカメルーン（Baka 族）でもみられることが報告されている（Avis & Harris, 1991）。

　では，子どもはどのように心の理論を獲得するのだろうか。上で紹介した「心の理論」を測定する課題に対しては，課題それ自体を理解するための言語能力が要求されるため，反応が言語能力に左右される点が指摘されている。そこで，言語を用いない方法が考案されている。メルツォフ（Meltzoff, 1995）は，**行動再演法**を用いた実験を行っている。この方法は，乳児の模倣傾向を生かし，行動を指標として他者の行動の意図を理解しているかどうかを測定するものである。何個かのパーツを組み合わせることで1つの完成品ができ上がるような物を材料として用い，大人がそれらの組みあわせに成功または失敗するのを見た乳児が，その後それらのパーツにどう反応するのかを調べた。その結果，生後18か月の乳児では，失敗するのを見た場合と成功するのを見た場合とで，パーツを組み合わせようとする行為の数に差はなかったのである。これはすなわち，たとえ成功，失敗にかかわらず，目の前で見た大人の行為から，パーツを組み立てようとしているという意図を乳児が理解していたことを示している。

　また，行動ではなく，乳児の注視時間を指標とした**馴化法**の実験も行われている（Woodward, 1998）。図2−8−2にあるように，まず対象物A・Bのうち，大人がAに手を伸ばす行動を子どもに繰り返し見せる。もしこで，手を伸ばしている大人がAを取りたいという意図をもっていることを子どもが理解しているとしたら，対象物A・Bの場所が入れ替わっても，Aのあるほうに手を伸ばせば，それは子どもにとっては合理的な行為となり，そのときにBのあるほうに手を伸ばせば，それは非合理的な行為となる。この2つの場面を見せたところ，生後6か月以内の子どもでも，非合理的な場面のほうが合理的な場面よりも注視時間が長くなるという結果が得られている。これらの実験は，少なくとも「心の理論」が，生まれてまもなくからすでに芽生え始めていることを示唆するものである。この結果をきっかけに，「心の理論」がどのように形成されていくのか，今後ますます解明されていくに違いない。なお，ここで紹介した，乳児期の他者の意図理解については，実藤ら（2010）が詳しいことを付記しておく。

馴化法
第1章−8参照。

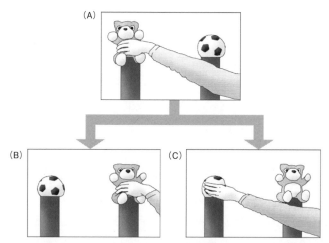

他者のリーチング行動の背景に，リーチングをした対象を取りたいという意図を理解できるかどうかをみる実験。(A) 左の対象物にリーチングをする様子を乳児が見飽きるまで繰り返し提示する。その後，対象物の位置が変わり，(B) リーチングをする対象物は同じだが，リーチングの運動軌跡は異なる映像，(C) リーチングをする対象物は異なるが，リーチングの運動軌跡は同じ映像，を提示する。もしリーチング行動と対象物を関連させているのであれば，(C) の映像を提示した際に，予測に反した行動を行為者が行っているために驚くと考えられる。

図2-8-2　リーチング行動の背景にある意図理解の実験

出典　実藤和佳子・谷池雅子「他者のこころを知る：赤ちゃんがみせる他者理解のきざし」『脳21』13 (2)，金芳堂，p.16，2010年より作図

（福島朋子）

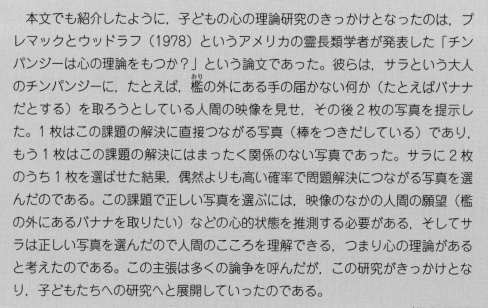

コラム　心の理論研究の始まり —チンパンジーは心の理論をもつか？

　本文でも紹介したように，子どもの心の理論研究のきっかけとなったのは，プレマックとウッドラフ（1978）というアメリカの霊長類学者が発表した「チンパンジーは心の理論をもつか？」という論文であった。彼らは，サラという大人のチンパンジーに，たとえば，檻の外にある手の届かない何か（たとえばバナナだとする）を取ろうとしている人間の映像を見せ，その後2枚の写真を提示した。1枚はこの課題の解決に直接つながる写真（棒をつきだしている）であり，もう1枚はこの課題の解決にはまったく関係のない写真であった。サラに2枚のうち1枚を選ばせた結果，偶然よりも高い確率で問題解決につながる写真を選んだのである。この課題で正しい写真を選ぶには，映像のなかの人間の願望（檻の外にあるバナナを取りたい）などの心的状態を推測する必要がある，そしてサラは正しい写真を選んだので人間のこころを理解できる，つまり心の理論があると考えたのである。この主張は多くの論争を呼んだが，この研究がきっかけとなり，子どもたちへの研究へと展開していったのである。

（福島朋子）

9　子どものやる気を育てる

（1）　脳の働きから考える

　子どもとかかわる人にとって，しつけは重大な問題である。子どもをどうしつけたかで親や保育者としての評価が決まるとするような風潮（ふうちょう）もないわけではなく，ついしつけに力が入ってしまっている人も少なくないだろう。その一方で，子どもとのかかわりにおいては楽しさも要求されており，しつけと情操（じょうそう）の間で戸惑っているのが実態ではないかと思われる。

　この問題を脳の側面から考えてみよう。図2-9-1のように人間の大脳皮質は4つの葉からなる。このうち，**前頭葉**とよばれる領域が，脳の働きを全体的に統合し，人間の理性的判断をつかさどっている。しかし，その働きだけで人間は動くわけでない。大脳半球の内側側面に**大脳辺縁系**という部位があり，ここは恐怖や驚（おどろ）き，喜怒哀楽などの感情にかかわっており，やる気はここでつくりだされる。人間の情動や行動は，基本的にはこれら前頭葉と大脳辺縁系の関係によって引き起こされると考えられている。

　子どもの脳の発達という点でいえば，前頭葉が機能し始めるのは，生まれてからしばらくたった約1年後というのが定説である（この点については第1章-9も参照）。3，4歳になると，子どもは自分自身をかなりコントロールできるようになってくるが，それは前頭葉が明確に機能し始めた証（あかし）である。大脳辺縁系は脳のなかでは比較的原始的な部位で，生命のかなり早期から働いていることを考えれば，生まれてしばらくは大脳辺縁系が優位だと考えられる。こうした解剖学的な知見と子どもの行動との関連は十分にわかっているわけではないが，小さい子どものしつけと情操の問題を考える際には，この大脳辺縁系の働きは無視できないだろう。

　人間の行動の基本的な傾向として，好きなもの，快（こころよ）いものには近づいたり，反復したりし，嫌（きら）いなもの，不快なものからは逃げたり，避（さ）けたりするというものがあるが，これにかかわっているのも大脳辺縁系である。また，この傾向を成り立たせるには記憶が重要であるが，大脳辺縁系にある**海馬**が**長期記憶**とかかわっていることがわかっている。これを踏まえて考えてみよう。

（2）　周囲の人々の仲介が決め手

　日常的な生活のなかで子どもたちが直面する事柄には，好きなこと，心地よいことばかりではなく，嫌（いや）なこと，不快なこともある。しかし，どん

大脳辺縁系
扁桃体や海馬，脳弓，帯状回，中隔核などからなる。人間の本能的な部分にかかわる。

海馬
大脳辺縁系にある。短期記憶から長期記憶への移行にかかわる。

長期記憶
人間の記憶には，意識していないとすぐに忘れる短期記憶と，意識しなくても忘れにくい長期記憶とがある。

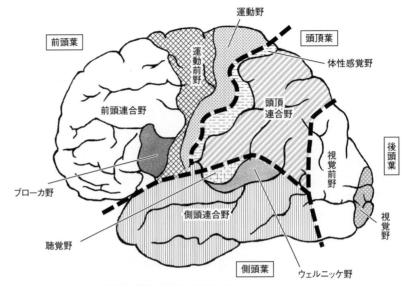

頭頂葉
大脳の4つの葉の1つ
で，頭頂付近にある。
触覚や複数の感覚情報
の統合，視空間の処理
にかかわる。

後頭葉
大脳の4つの葉の1つ
で，後頭部付近にある。
形や色，動き，人の顔
の認識のような視覚情
報の処理にかかわる。

図2-9-1　ヒトの大脳皮質を左横から見た図

出典　東京都神経科学総合研究所

なものであっても，その場面に親や保育者，友だちなど人がかかわってい
ることに注意しなくてはならない。自分の好き嫌いの源を思い起こしてみ
てほしい。そのものの性質もさることながら，そのときの周囲の人々の反
応やかかわりを含めた体験のしかたに起源がある場合が少なくないだろ
う。その点でいえば，そのまま放っておけば嫌なこと不快なことであって
も，その事柄の媒介のしかたによっては，子どもにとって好ましい体験，
いやそこまでいかなくても耐えられる体験にすることは不可能ではないと
考えられる。子育て場面や保育場面など，子どもとのかかわりにおいて盛
んに「楽しさ」が強調されているが，それは理由のあることなのである。
そしてそのうえで，たとえ嫌なこと不快なことであっても，必要なものに
ついては，我慢してそれと向きあった先に心地よさが待っていることを子

どもに覚えさせるような経験のさせ方が検討されなければな
らないだろう。

　上で子どもとのかかわりにおいて「楽しさ」が強調されて
いると書いたが，それに関連していくつか留意点をあげてお
こう。まずあげられるのは，子どもが失敗してしまったとき
の対応である。いろいろ活動をしていると一度や二度の失敗
は避けられない。一般に**失敗体験**は不快感を伴うものである。
しかし，そのままにしておけば次の取り組みに制限が生じか
ねないが，周囲の対応のしかたによっては不快感を最小限に
し，次への取り組みを促すことも可能だと考えられる。では

どうすればよいか。まず失敗という結果よりもがんばったという事実を認めることである。そして，がんばる姿をまた見たいという期待を子どもに伝えることである。「よくがんばったねえ」「次もまたがんばっているところをみせてね」というようなことばかけとそういう雰囲気づくりが大切となる。

　このがんばりに焦点をおく考え方は，心理学でいう**原因帰属**のしかたにも関連してくる。原因帰属とは，行動の結果の原因をどのような要因によるものと考えるか（何に帰属するか）ということであり，これによって次への取り組みが変わってくるとされている。たとえば，スキップが上手にできなかったときに，それを自分の能力という動かしにくい要因（非制御要因）に帰属させてしまうとまた挑戦しても無駄だと思ってしまい，やる気が低下するが，がんばりのような自分で動かしやすい要因（制御要因）に帰属させると，がんばり次第ではうまくできるかもと思い，やる気が出ると考えられている（蘭・外山，1991）。

（3）　プログラム学習の原理から考える

　失敗から先にあげたが，もちろん楽しさと成功経験は密接な関係があり，子どもたちにどう成功を体験させるかという問題もある。もっとも成功させようとするあまり，大人がすぐに手助けをするのは考えものである。というのも，上の原因帰属の考え方でいえば，行動の結果をほかの人のおかげという自分以外の要因に原因を帰属させることになり，この場合成功はしても，それほど自信にはつながらないと思われる（第 2 章 - 10 参照）。また，こうした直接的な援助が続くことで，かえって周囲からの手助けを待つ姿勢が身についてしまうかもしれない。ではどうしたらよいか。ここではスキナー（Skinner,B.F.）の**プログラム学習**の原理を参考に考えてみよう。

　プログラム学習では，最終的な学習目標を達成するために必要な下位課題をやさしいものから難しいものへと順に並べ，学習者が自発的にそれをこなしていくことで，最終的な目標へと導く方法がとられる。これは，**スモールステップの原理，自発性の原理，即時フィードバックの原理，自己ペースの原理，学習者検証の原理**という 5 つの原理からなるものである。言い換えるなら，以前はできなかったことでも，ちょっとがんばってできそうな課題に順に取り組んで乗り越えていったところ，いつの間にかできるようになったというものである。この原理はスイミングスクールや各種ドリルなど多くの教育場面で用いられている。これを実際の子どもとのかかわりに生かすには，最終的な目標を達成するのに必要な下位課題を分析

スモールステップの原理
学習内容を細かな課題に分け（課題分析），学習者が誤った場合でも最小限の後戻りですむように課題を配列すること。

自発性の原理
学習者がみずからの自発的な意思によって学習を行うこと。

即時フィードバックの原理
課題の正誤はただちに学習者自身に確認させること。

自己ペースの原理
学習者が自分自身のペースで学習を進められるようにすること。

学習者検証の原理
プログラムの善し悪しは学習者の学習結果によって検証されること。

（**課題分析**）していく必要があるが，これはなかなか容易なことではない。しかし，手取り足取りの直接的な援助ではなく，子どもが取り組む課題をプログラミングし，それに取り組ませてみるというやり方のほうが，やる気という点では重要であろう。

　これまで述べてきたような考えに対しては，失敗から学ぶということもあるのではないかという指摘も恐らくあるであろう。しかし，そうした学びは**自己効力感（コンピテンス）**の高い子どもでないと難しいとも考えられる。人は生活のなかで出会うすべての事柄に対して，それらを経験したうえで自信をもつことはできない。自分が今まで経験し，うまくいった事柄から，未知の事柄への取り組みを見通し，それらができるかできないかを判断することになる。そのときに未知のものでもより多くやりとげられる自信がある場合を自己効力感（コンピテンス）が高いという。この自己効力感（コンピテンス）は，自分の力でうまくいった体験（**成功体験**）をもち，また失敗してもがんばりを認めてもらった人がもちやすいと考えられている。

　筆者の友人が自身の体育嫌いの原因として，幼稚園のときに先生から投げかけられたことばをあげている。スキップのできなかった友人に対し，その先生は「やっぱりＡくんだねえ」と一言。何気ないことばではあるが，原因帰属の点からいえば，失敗を能力のような簡単には動かしにくい要因に原因帰属するような発言によっては子どものやる気が著しくそがれるようである。子どもとかかわる者としては十分こころしたいものである（本項コラムも参照）。

（沼山　博）

自己効力感（コンピテンス）
第1章-10参照。

コラム　肯定的な自己感を高めるには

　本項でとりあげた**自己効力感（コンピデンス）**は発達的にどのように変化していくのであろうか。一般に幼児期では自己効力感が高いが，これは毎日の生活のなかでいろいろなことができるようになっていくためである。しかし，小学校へ入ると，特に中学年以降では，周囲の要求水準が高まり，また勉強も難しくなっていくこともあって，できないことや失敗も増え，それに伴って自己効力感は低下していく。これには，自分を客観的に捉えられるようになることや，他者と自分とを比較できるようになること（**社会的比較**）もかかわっており，自己効力感が低くなることは現実の反映といえなくもない。その一方で，いくつかの国際調査によると，わが国の若者は，海外の国々と比べて，自己効力感など，自己を肯定的に捉える傾向が弱いことも指摘されており，肯定的な自己感を育てることが教育の課題となっている。

　では肯定的な自己感を育てるうえで大切な点は何であろうか。木村（2015）は，小4～中2までの児童・生徒に調査を行い，自己効力感が高い子どもは，壁を乗り越えることに成功する経験や，自分で決める経験を積み重ねており，自分に対する自信（自己肯定感）や，友だちから信頼されている感覚（他者受容感）を持っていること，そしてそういった子どもの保護者は，子どもの努力の過程を認めて，やればできると励まし，子ども自身も「保護者は自分を信じてくれている」と感じられるようなかかわりをしていることを明らかにしている。

　また，学校での人とのかかわりと自己肯定感との関連について，既存の調査を用いて分析を行った文部科学省（2017）は，学級やグループで課題を設定し，自ら考え，自分から取り組むなどの主体的な学びや，友達との話し合いなどの他者との協働を行っていると回答した子どもの方が，「挑戦心」，「達成感」，「規範意識」，「自己有用感」に関する意識が高いこと，そして「先生がよいところを認めてくれる」と感じている子どもの方が，「自己有用感」に関する意識が高いことを指摘している。

　自己効力感をはじめとする肯定的な自己感は，新たな課題や困難な課題に取り組んでいく際に重要なものである。その形成にあたり，子ども自身のうまくいく経験（成功経験）が重要であることはいうまでもないが，他者との関係のなかで育まれていく側面もあることも上の2つの研究からみてとれよう。

（沼山　博）

10 社会情動的スキルを育む

（1） 社会情動的スキルとは

社会的に適応し，人生をうまく展開していくためには，いったいどのような能力が必要であろうか。従来，知能や学力などの認知能力が重要であると考えられてきたが，EQ（Goleman, 1995）に代表されるように，近年認知能力だけで個人の成功や適応が高められるわけではないことが示唆されてきている（第2章-7，同コラム参照）。

これを受け，2015年にOECDが "Skills for Social Progress: The Power of Social and Emotional Skills（「社会的成長のためのスキル：社会情動的スキルの力」）" というレポートを公表している。ここでは，人間が持つ能力は**スキル**として捉えられており，さらに**認知的スキル**と**非認知的スキル**とに分けられている。このうち認知的スキルは，知識や思考，経験を獲得する能力とされている。非認知的スキルは，「長期的目標の達成」「他者との協働」「感情を管理する能力」の3つの側面に関する思考，感情，行動のパターンとされ，学習を通して発達し，個人の人生だけではなく，社会経済にも影響を与えるとされている（篠原, 2017）。

このレポート以降，わが国でも非認知的スキルに対する関心が高まってきている。非認知的スキルは**社会情動的スキル**とも呼ばれる。遠藤（2017）は，この社会情動的スキルの柱として，1つは，**自尊心，自己肯定感，自立心，自制心，自信，グリット**（やり抜く力）などの「自分に関する力」を，もう1つは，一般的には**社会性**と呼ばれる，**協調性，共感**する力，**思いやり，社交性，道徳性**などの「人と関わる力」をあげている。

（2） 日常的なかかわりが育む

では，この社会情動的スキル（非認知的スキル）はどのようにして育まれるのであろうか。遠藤があげた2本の柱に即して述べると，社会情動的スキルを育むうえで，まず重視しなくてはならないのは，子どもが本来持っている**主体性**や**自発性**を大切にするということであろう。第2章-1で取り上げたように，子どもの主体性や自発性が高まるのは，自我が芽生えてくる1歳半〜2歳にかけてである。この時期になると，それまでほぼ養育者の言うがままだったのが，何ごとにつけ，自分でやる，自分がやりたいようにやる，というように自分を主張するようになる。ここで注意しなければならないのは，こうした**自我の芽生え**はこの時期に突然生じるわけではないということである。

EQ
Emotional Quotient の略。感情指数。知的能力を示すIQに対し，自分の感情を認識し自制する能力，他者を共感的に理解する能力などがあげられる。

OECD
経済協力開発機構。

スキル
訓練や練習によって身につけた技術や技能のこと。

　赤ちゃん期の子どもは，日々の生活における自らの欲求の充足を，養育者に依存するしかなく，この点では受け身的ではある。しかし，実はそこに主体性や自発性の芽生えがある。例えば，生後半年を過ぎたころから，子どもは泣き方を微妙にコントロールして，自らの欲求を充たすように養育者を動かすようになってくるが，こうしたコミュニケーション能力の発達に伴って，自分の意志を養育者に伝えることができるようになっていく。そして，多くの場合，そのとおりに養育者は動いてくれ，欲求は満たされる。その結果，子どもは自信を深め，ますます主体性・自発性を発揮するようになる。これは，特に自尊心，自己肯定感，自立心，自信といった「自分に関する力」へとつながるものであろう。この点でいえば，赤ちゃん期から，日常的な子どもの欲求や要求にきちんと**応答**することが，「自分に関する力」を育てる第一歩になるといえよう（第2章-1参照）。

（3）　葛藤やいざこざが育む

　さて，1歳半〜2歳の自我の芽生えに伴う**自己主張**は，赤ちゃん期とは異なり，養育者の要求水準が高くなることもあって，いつも首尾よくいくとは限らない。おもちゃ売り場で駄々をこねている子どもを見かけることがあるが，こうした思うとおりにいかない状況は，子どもの心のなかで**葛藤**を引き起こす。これを解消するには，養育者に折れてもらうか，あるいは自分が折れるか，上の例で言えば，養育者がおもちゃを買ってくれるまで我を通すか，自分がおもちゃをあきらめるか，のどちらかしかない。このうちあきらめは，自分自身の内面を調整して，葛藤を乗り越える経験となるが，これは「自分に関する力」である自制心へとつながるものであろう。

　また，この自我の芽生えは，養育者との関係だけではなく，友だち関係にも影響を及ぼす。特に同年代の子ども同士であれば，いざこざやトラブルへと結びつきやすい。いざこざやトラブルは大人にとってはないほうがよいと思われがちであるが，社会情動的スキルのもう1つの柱である「人とかかわる力」を育む契機になりうる点に注意してほしい。例えば，友だちが置いて行った本を読んでいたら，その子が戻ってきて，本の取り合いになったとしよう。この場合，解決するには，その子が本を渡してくれるまで頑張るか，自分が折れてその子に本を譲るか，のどちらかしかない。このうち譲る経験は，「人とかかわる力」のうちの協調性をはじめ，相手の子の気持ちを察して共感する力や思いやりにもつながるものであろう（第2章-5参照）。

（4）　遊びが育む

　子どもの遊びについて，第1章-7では主として認知発達との関連につ

いて述べたが，社会情動的スキルとの関連も重要である。子どもは赤ちゃん期から，興味や関心のある対象に熱心に働きかけたり，行為に没頭したりするなど，強い好奇心を示す。こうした傾向はその後幼児になっても変わらない。基本的に子どもは，やりたいことを思ったとおりにやろうとするのである。もちろん成長するにつれて，遊びの性質や課題の困難さが変わるため，いつも思ったとおりにいくとは限らないが，こうした思ったとおりにやろうとする経験の積み重ねによって，「自分に関する力」のうちの自尊心や自己肯定感，自信，グリット（やり遂げる力）へとつながっていくだろう。このような点からすると，養育者や保育者など子どもとかかわる大人に求められるのは，まず子どもの好奇心を大切にすることである。安全や衛生面で大きな問題がない限りは，子どものペースに任せたほうがよいだろう。基本的に大人はそれを見守るということになるが，うまくいかないときも少なくないので，その際は子どもを励まして，成しとげられるよう気持ちを支えることが必要となる。

　この際，気をつけないといけないのは，子どもの気持ちを察するあまり，解決法を教えてしまうことである。仮にこうした大人の先回りによって解決できたとしても，子どもの自信や自己肯定感にはつながらない可能性がある。まずは，子どもの大変さやあせりなどの気持ちに共感し，その上で一緒に考えるという姿勢を示したり，助けを求められた場合でもヒントを小出しにしたりするなど，解決の主導権を子どもから奪うことがないように配慮することが大切である。また，大人はできること，うまくいくことにばかり価値をおきがちであるが，遊びや課題に取り組む楽しさや頑張りなど姿勢やプロセスにも関心を向ける必要がある（第2章-9参照）。こうした見守りや励ましを中心とした，さりげない援助こそが「自分に関する力」を育むことに結びついていくと考えられる。

　さらに，子どもに遊具や教材を与える際にはその難易度に十分注意する必要がある。難しすぎても易しすぎても子どもの好奇心はわきにくく，少し頑張れば達成できそうだとイメージしやすいもののほうがよいようである。また，子どもは大人の想定を越えて遊具や教材を使用することもよくあるが，これは子どもの創造性やイメージの豊かさとみることもできるので，安全や衛生面にも注意しながら，可能な範囲で許容したほうがよいだろう。

　最後に，子どもの好奇心については，養育者への信頼感や**アタッチメント**との関係も忘れてはならない。第1章-10，第1章-11でもふれたように，子どもは新しもの好きではあるが，それは同時に危ない目に合う可能性もあり，そういったときに養育者のところに戻ればよい，という安心

のための仕組みがアタッチメントであり，養育者への信頼感である。その点では，子どもが好奇心をいかんなく発揮できる前提として，アタッチメントや養育者との信頼関係を中心とした，安心できる環境づくりが求められる（遠藤，2017）。

（5）　仲間関係が育む

　第2章-6で述べたように，子どもの遊びは4～5歳くらいになると集団遊びや**協同遊び**へと移行する。そこでは，集団でゲームを行ったり，一人では完成できないような物を作ったりするために，子ども同士で目標や**イメージが共有**され，**役割分担**がなされる。しかし，それらはいつもスムーズに行われるとは限らない。遊びが進むなかで，いざこざやトラブルの危険性もはらみながら，集団内でさまざまな調整が行われる。その調整は，基本的に子ども同士で譲ったり譲られたりというものであり，こうした経験が，協調性，共感する力，思いやり，社交性といった「人とかかわる力」を育むことにつながるだろう（第2章-5コラム参照）。

　こうした調整場面は，緊張感が高まることが少なくないが，大切なのは，基本的に子どもたちに調整を任せるということである。大人が介入し，調整を主導しすぎることは，「大人にやらされている」という感覚を子どもに持たせるだろう。もちろん，任せるといっても，膠着状態に陥って自分たちだけでは解決できなそう，感情が高ぶっていざこざに発展しそうなど，大人の介入を必要とする場合もあるだろうが，その場合でも遊びの主導権は子どもにあることに忘れてはならない。

（6）　日常生活の積み重ねのなかで身につくもの

　ここまで述べてきたことでわかるように，社会情動的スキルは日常生活におけるさまざまな取り組みのなかで時間をかけて身についていくものであり，教えたからといってすぐに獲得できるものではないと考えられる。また，先に述べたように，社会情動的スキルは，非認知スキルともいわれているが，それは認知能力の発達と無関係に獲得されるということではないことにも注意が必要である（佐々木，2017）。それは，認知能力をはじめ，運動・身体能力の発達やコミュニケーション能力の発達などと相互に関連しながら発達していくものである。これらの点からすると，社会情動的スキルそれだけを単独に伸ばせるというものではなく，それを育んでいくには，子どもの成長・発達全般に目配せをしていくことが大切だと考えられる。

（沼山　博）

コラム 物語型の子どもと図鑑型の子ども

　子どもの情操に絵本がよいといわれているが，実際に子どもに読み聞かせをしてみると，物語よりも図鑑に強い興味を示す子どもも少なくない。内田（2014,2016）はこうした対人的・対物的な反応傾向の子どもによる違いについて，次のような研究を行っている。

　周囲に変化が生じたときに「あれなに？」というようないぶかしげな表情で，子どもが問いあわせる行動を**社会的参照**という（第1章-10参照）。研究者たちは，生後18か月の子どもが母親と一緒にプレイルームで遊んでいたところに，突然犬型ロボットが出てきたときに，子どもが何をみるかを調べた。その結果，社会的参照のしかたに違いがあり，母親と犬型ロボットを交互にみる子ども（社会的参照をする子ども）と犬型ロボットに目が釘付けになる子ども（社会的参照をしない子ども）に分けられた。

　その後の語彙獲得の状況をみると，社会的参照をする子どもは，発した語彙の65パーセントは挨拶や"おいち（し）いね""きれいね"のような感情表現のことばで，残りが名詞であった。また，人間関係に敏感で，感情表現に長け，ファンタジーを好み，そのため物語型と命名された。一方社会的参照をしない子どもは，発した語彙の95パーセントは名詞で，残りの5パーセントは「落っこった」，「行っちゃった」，「ピーポピーポっていってる」というような動詞であった。また，情景の変化，モノの動きや変化，因果的な成り立ちに敏感であり，そのため図鑑型と命名された。両者には性差があり，物語型は女子が多く，男子は2割程度であり，図鑑型は男子が多く，女子は2割程度であった。

　幼児期の子どもにどのような教材や遊具を与えるか，養育者にとって大きな問題であるが，子どもが**気質**として持っている，こうした性格傾向の違いを頭に入れて考えていく必要があることを内田の研究は示唆している（第1章-コラム，第5章-1参照）。

（沼山　博）

11　子どもはいつから文字が読めるの？

（1）「ことば」は話しことばだけではない

　子どもから大人への成長過程において，ことばを話せるようになることは重要なことである。私たちは，他者とコミュニケーションをとるとき（**外言**），そして心のなかで思考するとき（**内言**）など，生活のさまざまな場面でことばを使っている。また，発達検査や知能検査においても，どの程度ことばを話し，理解できるかが発達の指標の１つとして用いられている。

　しかし，「ことばの獲得」とはことばが話せるようになることだけではなく，「読み書き」も含まれているという点には注意が必要である。ここでは，文字の読み書きに関する子どもの発達をみていこう。

内言・外言
内言とは，音声を伴わない，内面化された思考のための道具としての言語であり，外言は，通常の音声を伴う，伝達の道具としての社会的言語のことを示す。

（2）就学前に大部分の子どもがひらがな読みができている

　少し前の日本，江戸時代の**寺子屋**では，「読み」「書き」「そろばん」の３つが教育の主たる内容であった。明治以降は，学校制度の整備により，国語・算数・理科・社会などのいろいろな教科に分かれてきたものの，寺子屋の影響は大きく，あらゆる知識を身につけるためには「読み書きそろばんが基本である」という意識が根強くあると思われる。そのため，小学校入学以前に「読み書きや数」を子どもに教えておこうとする親も少なくない。

　読み書きについていえば，制度上は，就学後に「あいうえお」を習うことになっている（少なくとも教科書はそれを前提につくられている）。しかし，今の子どもの大部分が，小学校に入るまでに文字の読みができているといわれている。東ら（1995）は，3〜5歳の子どもの読み書き能力の実態について，3都県17幼稚園で合計1260名の子どもたちに調査を行っている。その結果をみてみよう。

　まず，ひらがなの読みの獲得であるが，3歳，4歳，5歳の各年齢の子どもがひらがな71文字（清音46文字，濁音25文字）中何文字くらい読めているかを調べたところ（図2-11-1），3歳では20文字程度読め，4歳，5歳と1年ごとに約20文字程度ずつ読めるひらがなが増え，5歳では71文字中平均60文字程度読めるようになっている。このように，各年齢の読みの平均値を見ると，年齢とともに徐々に読めるひらがなの数が増え，5歳でほぼほとんどのひらがなを読めるようになっているといえる。

寺子屋
江戸時代における，庶民を対象とした民間の教育施設。手習所や手習塾ともいう。

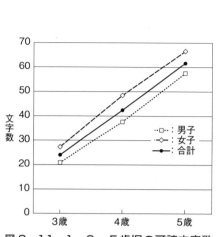

図2-11-1　3～5歳児の可読文字数
の平均（71文字中）

出典　東洋ほか「幼児期における文字の獲得過程
　　　とその環境的要因の影響に関する研究」
　　　『1992～1994年度科学研究費補助金（総
　　　合研究A）研究成果報告書』, p.17, 1995
　　　年より作成

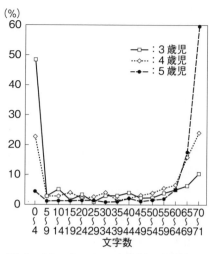

図2-11-2　3～5歳児の年齢別読
字数の分布

出典　東洋ほか「幼児期における文字の獲得過
　　　程とその環境的要因の影響に関する研究」
　　　『1992～1994年度科学研究費補助金
　　　（総合研究A）研究成果報告書』, p.42,
　　　1995年

（3）　急激に読めるようになる

　しかし，ひらがなの読字数ごとに，読める子どもの割合を算出すると，データの読み取りが変わる（図2-11-2）。いずれの年齢においても，ひらがなが読めるところ（70～71文字）と読めないところ（0～4文字）の割合が多く，その途中にある子どもの割合は極端に少ないのである。この結果について東ら（1995）は，子どもの読みの獲得は少しずつ文字を覚えていく（読めるようになっていく）というものではない，むしろ1人の子どものなかで，ある時期に急速に起こっていくのではないか，と考察している。

　では，幼児期の読みの急激な獲得は何によってもたらされるのだろうか。小学校入学前に親や幼稚園が積極的に教え込んだ結果なのだろうか。内田（1989）は就学直前の子どもの親に，子どもに用意した文字環境についてインタビュー調査を行っている。この調査によると，塾に行かせて文字を教え込んだ親はほとんどおらず，特別に教えようと思わないと考える親が6割を超えていた。ただし，意図的に文字にふれる環境を用意した親も5割程度いた。つまり，文字の読みに関しては，組織的・積極的に教えることでできるようになるというよりは，生活の中で文字にふれること，すなわち親や保育者が読んでくれる絵本や親自身が読んでいる本や雑誌，街中で目にする看板などで興味をもち，生活経験のなかからある時期に身につけていくと考えることができる。

（4）　ひらがな読みの早期化をめぐる議論

　さて，子どもの読みに関して，もう一つ面白い傾向をご紹介しよう。子どもの読み書きに関しては，1967（昭和 42）年に国立国語教育研究所が行った全国的な調査がある。その後 30 年近い間に子どもの読みの獲得はどう変化したのか，東ら（1995）が比較検討を行っている。1967（昭和 42）年と 1993（平成 5）年の 4 歳，5 歳児をあわせた読字数の平均値を示したものが図 2 - 11 - 3 である（国立国語教育研究所が 1967 年に行った調査では 3 歳児の読み書き調査は行っていないため，平均値の算出に 3 歳児は入れていない）。1967 年にひらがな 71 文字を読める割合は 30％弱であった。ところが 1993 年の調査では，40％を超えている。この 30 年の間にひらがな 71 文字が読める子どもは確実に増えているのである。

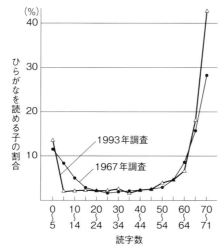

図 2 - 11 - 3　ひらがなの読みについての調査比較

出典　唐澤真弓「『教える』ことの意味：幼児期における文字の読み書き能力とその環境的要因の調査からの検討」『季刊子ども学 KODOMO Science』11，ベネッセコーポレーション，p.88，1996 年より作成

　では，早く文字の読み書きを覚えなければ，小学校の勉強に支障が出るのだろうか。これまでの調査から，幼児期の子どもに読み書きのような知識や技術を先取りすることが小学校以降の成績のよさを保証するわけではないことを示す研究がいくつか報告されている（内田，1989：東ら，1995 など）。幼児期のうちは文字の読み書きなどお勉強をさせるよりも，むしろ生活経験を豊かにし，**語彙力**を豊かにしていくことのほうが大切なのではないだろうか。

（福島朋子）

語彙力
語彙をどれだけ豊かにもつかで測定されたもの。この語彙は，言語能力の重要な要因の一つである。子どもは語彙の数が増えることによって，発話が洗練され，文法体系が充実してくる。

コラム　文字がひっくり返る!?

　子どもたちが文字に興味をもち文字の読みを習得し始めると，次に文字を書くことを楽しむようになる。最初は自分の名前に含まれる文字を書き始める子どもが多いようであるが（村山ら，1987），文字を書き始めた時期にみられるおもしろい現象が**鏡映文字**である。これは，鏡に映ったような左右の空間関係が逆転した文字のことで，とくに6歳ころまでの男児に多くみられるようである（内田，1989）。また，左利きの子どもに多いともいわれている。

　この鏡映文字，子どもたちが文字の形をまちがって記憶しているというよりは，文字を書きだす段階で左右の配置が適切にできないために生じるといわれている（川上，1990；佐久間，2011）。親としては気になるので直したくなるところだが，子どもの鏡文字は空間認識能力が成熟してくると修正されていくことが多いので，この時期は無理せず見守り，文字を書くことを楽しむことが大切だと思われる。

（福島朋子）

12 子どもはいつから教育すべき？

（1）　習いごとをしている幼児が首都圏では 6 割

　子どもが生まれる前，親は「健康で生まれてくれれば十分」と願う。しかし，実際に生まれてくると，親の願いも増えハードルも高くなっていく。自分は英語を話せないが子どもには英語を身につけて世界で活躍してほしい，それなりの大学を出て一流企業に就職してほしい，早いうちに受験を終わらせて子どもを楽にしてやりたい，子どもの無限の可能性を引き出してやりたい。その願いをかなえるべく，子どもに小さいころからいろいろなお稽古（けいこ）ごとをさせている。ベネッセ（2008）の調査によると，園外教育・習いごとをしている子どもは，首都圏では 6 割を超えている。また，園外活動の活動率は 3 歳から 6 歳にかけて年齢が上がるにつれて増加する（図 2 - 12 - 1）。

　早期教育ということばは，学問的に厳密には定義されていない。一般的には，かなりの低年齢から教育を施（ほどこ）そうとするものを，大きく「早期教育」といっている。そこには，バレエ，ピアノ，そろばん，運動といった

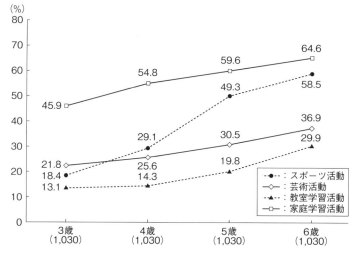

注 1）　スポーツ活動の活動率は，「この 1 年間で，お子様が定期的にしていた運動やスポーツはありますか」という設問に対する「その他のスポーツ」を含む 26 の選択肢のうち，いずれかを選択した％。
注 2）　芸術活動の活動率は，「この 1 年間で，お子様が定期的にしていた音楽活動や芸術活動はありますか」という設問に対する「その他の音楽・芸術活動」を含む 14 の選択肢のうち，いずれかを選択した％。
注 3）　教室学習活動の活動率は，「この 1 年間で，お子様が定期的に通っている塾・教室はありますか」という設問に対する「その他の塾・教室」を含む 15 の選択肢のうち，いずれかを選択した％。
注 4）　家庭学習活動の活動率は，「この 1 年間で，お子様が家庭でしている学習方法や使っている教材はありますか」という設問に対する「その他の学習方法・教材」を含む 10 の選択肢のうち，いずれかを選択した％。
注 5）　（　）内はサンプル数。

図 2 - 12 - 1　スポーツ，芸術，学習活動の活動率（幼児・年齢別）

出典　Benesse 教育研究開発センター「学校外教育活動に関する調査報告書」2009 年

英会話

ピアノ

お受験

比較的昔からある「お稽古ごと」から，乳幼児向けの「お勉強のための塾」まで，さまざまなものが含まれる。とくに最近都市部で加熱しているのが，受験を含めた「お勉強のための教育」である。それまでは，通常4，5歳からであった教育を受け始める子どもの年齢も，年々低年齢化しつつある。極端な話，胎児期からの教育の重要性が，親になる人の間にひそかに浸透していたりもするのである（いわゆる，超早期教育）。

　子どもに早期教育を受けさせている親は，早いうちに教育を与えることで，その子どもが将来幸せになることを願っている。しかし，本当にこのような教育が必要なのだろうか。早くに教育を施すことで本当によい人間に育つのだろうか。

（2）　臨界期と早期教育

　早期教育が取りざたされるきっかけを与えたのは，1976年にノーベル生理・医学賞を受賞した**ローレンツ**（Lorenz,K.）の研究であろう。ローレンツはハイイロガンの雛が卵からかえったあとで見た動く対象を親だと認識して，追尾行動を行うという**刻印づけ（インプリンティング）**現象を発見した。しかも，この刻印づけが生じるのは，孵化後およそ8〜24時間の間という非常に短い期間で，これを過ぎると生じる可能性は急激に低下する（Lorenz, 1935）。ローレンツの発見は，**初期経験**の重要性を示すとともに，短時間での経験が生涯にわたって重大な影響を与えるという**臨界期**の概念を広く知らしめることにもなった。

　これ以降，臨界期を巡るさまざまな研究がなされ，ヒューベルとヴィーゼルは哺乳類であるネコの視覚形成に臨界期があることを発見した。彼らは，生後3〜4週間のネコの片眼を1週間程度ふさぎ，その後脳の視覚野（第1章-9参照）にある神経細胞が光刺激に対してどう反応するのかを調べた。その結果，ふさがれた眼に対応する視覚野の神経細胞は光刺激に対して反応せず，ふさがれた眼も見えなくなった。しかし，同じようなことを生後15週以後にやっても，失明することはなかったのである（Hubel & Wiesel, 1959）。

　人間の子どもでも，乳幼児期に眼の手術のために一時的に眼帯をかけていたことで視力の極端な低下が生じることが報告されており（栗屋,1987），それは3歳ころまでがなりやすく，8歳前後までその危険性があるといわれている（有路，2008）。このほか言語獲得や**絶対音感**の獲得などにも臨界期があるとされているが，人間の場合は，鳥類やほかの哺乳類とは異なり，時間や週といったごく短い期間の話ではなく数年単位のものであり，

絶対音感
ピアノなどの楽器で提示された音とまったく同一の音を出せるようなときに絶対音感があるという。これに対し，たんにドレミファの音階がわかるのは相対音感である。

102

しかもそれを過ぎたあとでもある程度の能力獲得は不可能ではない，などが指摘されており，**敏感期**のほうが適切だと考えられてきている。

　また，これら以外の能力に関して臨界期があるかどうかは実ははっきりとはわかっていない。にもかかわらず早期教育がもてはやされるのは，たとえはっきりしなくても，早期に刺激が加えられなければ，以後能力の獲得が難しくなるということがあるのであれば，後悔しないようにできることは子どもにしてあげたいという親ごころのためであろう。

（3）　早期教育への危惧

　早期教育を実践している団体から早期教育の効果を示すような子どもの実例がいくつか紹介されているが，それによると，かなり早期からことばを話せたり，文章を理解する事例が示されている。少なくとも，早期教育によってほかの子どもより驚くほど早くにことばや読み書きができるようになる子どもがいることは事実であろう。

　しかし，早期教育そのものの効果に関しては，縦断的な調査によるデータが不足し，確実なことは何もいえないというのが本当のところである。今の段階でいえることは，早期教育によって「ほかの子どもより早く物事を覚え，できるようになる」。しかし，「早くできるようになること」は「頭が良い」「知的能力が高い」ことを直接示すものではないようである。逆に，第 2 章 - 11 で紹介したように，早く文字が読めることがその後の国語力のよさを保証しているわけではないという結果が，いくつか示されている。小さいときに物事を早くできたからといって，大人になって天才であるという保証があるとはいえないのである。

　また，「教育」が目標とするものは何なのであろうか。早期教育に関してもっとも批判されるのは，知的教育に比重がおかれすぎて，子どもの情操的な部分への配慮がなされていない点にある。たとえば，汐見（1993）は，早期教育を受けることにより感情表現など子どものこころの発達に問題を生じるのではないか，と述べている。

　このほかにも，脳科学の立場からも早期教育に対する危惧が表明されている。第 1 章 - 9 で紹介したように，子どもの脳は，出生直後がもっとも**ニューロン**（脳神経細胞）数が多く，1 歳までにその 5 分の 1 にまで減少するが，**シナプス**（ニューロン同士の結びつき）の数は，出生後から増加し続け，1 歳前後で最大値となって，以後ゆるやかに減少し，3 歳以降急激に低下していくという経過をたどる。このシナプスの減少は**シナプスの刈り込み**とよばれ，基本的によく刺激が加えられるシナプスが残り，そうではないシナプスが消えていくとされている。これによって脳の情報伝達

敏感期
ほかの時期よりも学習や習慣形成がしやすい年齢時期のこと。本文にもあるように臨界期よりも期間の幅が広く，柔軟に考えられている。

知的能力
知能ともいう。知的能力の定義には，さまざまなものがあり，より広義なものでは「適応力を含む」としている。しかし，その測定の問題から，一般的には知能テストで測られたものを「知的能力」として扱うことが多い。早期教育でも，この狭義の意味で使用されることが多い。

効率が高まり，外部環境への適応がよくなると考えられているが，その一方で外からの刺激の与えすぎはこのような脳の発達のプロセスに支障をきたす可能性が指摘されている（ヘンシュ，2003；榊原，2004）。

　先にも述べたように，多くの親は早期教育を子どもに与えることによって将来の子どもの幸せを信じている。しかし，知的能力だけを伸ばすような教育が本当に子どもの将来の幸せにつながるのだろうか。人間の幸せとはいったい何なのだろうか。子どもに早期教育を受けさせることで満足するのは，実は親自身なのではないだろうか。子どもに早期教育を与える前に，子どもにかかわる大人たち自身が，子どものために真剣に考えるべきことがあるのではないだろうか。（なお，早期教育の問題点について全般的に検討したものとして，とくに小西（2003, 2004），榊原（2004），津本（2007），有路（2008）が詳しいので紹介しておく）。

（福島朋子）

✳事例✳　今の子どもは忙しくて疲れてる？ ▪▪▪▪▪▪▪▪▪

　とある幼稚園に朝から観察に行ったときのこと。年長のある男の子が，まだ朝9時過ぎにもかかわらず動きが鈍く何回もあくびをしていた。気になったのでその子に「眠れなかったの？」と聞いてみた。すると「いつも朝は早起きして勉強してから幼稚園に来るの。だから幼稚園に来るといつも眠くなっちゃうんだよ」と答えた。担任の先生によると，この子のお母さんはとある小学校の受験を考えていて，いつも幼稚園登園前に勉強時間を設けているらしいとのこと。お稽古ごと・お受験が盛んな首都圏では，月曜日から金曜日までお稽古ごとがびっしりで，子ども同士で遊ぶためにかなりの調整が必要なのだという，笑うに笑えない話も聞いたことがある。

　子どものいろいろな可能性を引きだすためにお稽古ごとをするのは理解できる。しかし，幼稚園や保育所生活にまで影響し子どもの生活リズムを崩すような予定の入れ方は，子どもの育ちにとって本末転倒ではないかと，この子どもを見て考えさせられた。

（福島朋子）

13 小学校に入ったあとの子どもは？

（1）　幼から小へ，保から小へという移行の問題

「1年生になったら」という歌に象徴されるように，昔から小学校入学は，親をはじめとする周囲の大人にとっても，もちろん当の子ども自身にとっても，うれしく，期待と希望に満ちあふれたイベントである。しかし，いったん入学すると，それらとは裏腹に小学校への適応というハードルが控えている。

近年**小1プロブレム**という現象が指摘されている。集団行動がとれない，授業中に座っていられない，先生の話を聞けないなどがおもな状態である。以前は入学直後くらいしかみられず，2～3か月で落ち着いていたものが，この10数年くらいの間に数か月以上続くようになり，学校現場で問題となっている。

幼児教育や保育では生活や遊びが中心となっており，子ども自身の主体性と体験が重視されている，その一方で，近年かなり変わってきたものの，小学校は一斉授業が基本で，先生に主導権があるのが現実である。一般に新しい環境への適応は，移行前後の環境との相違が大きいほど難しくなり，小学校への**移行**はもともと子どもにとって必ずしも容易なものではなかったととらえるべきであろう。

> **移行**
> ここではライフサイクルによる個人の発達的移行のこと。**トランジション**ともいう。

幼小・保小連携が必要なのは，両者の環境の相違をできるかぎり，移行の前後で埋めておく必要があるからである。入学以前に園児が小学校へ行き，小学校生活を体験したり，先に入学した子どもたちの学校での様子を見に行ったりすることが考えられる。また，入学後に幼稚園教諭や保育士が小学校を訪問し，卒園児の様子を見に行ったり，場合に応じて子どもとかかわることもできよう。卒園児が出身園を訪問し，就学前の子どもたちと交流するような企画も良いと思われる。

（2）　小学校入学後，思春期までは基本的に社会化の時期である

人間の発達を概観したときに，**社会化**が中心となる時期と**個性化**が中心となる時期があるといわれる（宮川，1985）（堂野・加知・中川，1989；後藤，1998も参照）（図2-13-1）。社会化の時期は，社会や集団の一員になるべく，知識や価値観，スキルなどを外から貪欲に吸収する時期で，個性化はそれらを使いながら，同時に自分らしさも追求していく時期である。生まれてから2歳くらいまでは社会化が，3～5歳までは個性化が中心の時期であり，就学から思春期の到来までの6～11歳くらいまでの**児**

> **個性化**
> 原語は individualization。宮川（1985）では「個人化」が用いられているが，本書では「個性化」としている。なお，宮川は乳幼児期を一括して「個人化」としている。

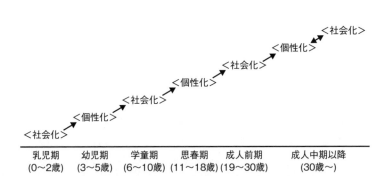

<社会化>　<個性化>　<社会化>　<個性化>　<社会化>　<個性化>　<社会化>

乳児期	幼児期	学童期	思春期	成人前期	成人中期以降
(0〜2歳)	(3〜5歳)	(6〜10歳)	(11〜18歳)	(19〜30歳)	(30歳〜)

図２-13-1　人間の生涯発達における社会化と個性化（年齢はおおよそ）

出典　宮川知彰 編著『発達心理学Ⅰ』放送大学教育振興会，pp.94 - 107，1985 年を参考に作図

童期（学童期）は再び社会化が中心の時期とされる。（１）で述べたように，就学前後で環境が大きく変わるが，新しい環境への移行と適応という課題が，この時期の社会化を推し進めるものと考えられる。小学校教育は幼稚園・保育所に比べて言語依存的で，密度も濃く，しかも積み重ね型であるために，基本的に１日１日を忠実に過ごさなくてはならない。また，こうした毎日の学習により，子ども自身の自然や社会に関する知見が広まっていき，また運動や技能が向上していくことによって得られる達成感や好奇心も，小学校での社会化を促進する力になっていると考えられる。

　このようなこともあって，小学校の中学年くらいまでは，個人差はあるものの，概して親や先生をはじめとする大人のいうことをよく聞いて，その内容を基本的には正しいものとして信じ，一緒にそれを実践する傾向が強い。

　こういった傾向に変化が生じるのは，おおよそ小学校高学年，**思春期（青年期）**の訪れからである。最初の枠組みでいえば，思春期は個性化が中心の時期である。それまでに吸収した知識や価値観，スキルなどを現実の生活で使用し，その限界や問題点に気づく。この気づきはそれまでもっていた先生や親といった大人に対する信頼性や権威性を揺るがす契機となりうる。そして，みずからが納得するまで思考にふけったり，行動をするようになり，ときにはいらだちを周囲の大人へぶつけることさえある。思春期（青年期）が**疾風怒涛の時代**といわれるゆえんであり，非行や不登校などの問題行動の背景にもなっているが，これが「自分とは何か」「社会のなかでどう生きるか」という人生を送るうえでの指針をみずから打ち立てることに通じる。そして，親からの精神的な自立にもつながっていくと考えられている。こうして**成人期**を迎え，就職して社会の一員となると，所属する集団のなかで適応すべく，再び社会化が始まる。以降，社会化が中心の時期と個性化が中心の時期が何度も繰り返され，そのたびに社会に

106

より適応した，自分らしい自分へと発達をとげていくと考えられている（第 5 章 - 8 参照）。

（3）　みかけなくなったギャンググループ

　20 年以上前であれば，小学生が学年を越えたグループをなして遊びまわり，ときには悪さをして歩く姿は珍めずらしくはなかった。このグループは**ギャンググループ**とよばれているが，ギャングとよばれるのは，彼らがよくいたずらをしたからだけではない。このグループには必ず**リーダー**がいて，そのほかのメンバーはフォロワーとなるという基本的な構造をもち，しかも**フォロワー**はリーダーのいうことをよく聞くことになっていた。また，グループ内には**掟**おきてや**符牒**ふちょうがあり，秘密基地のような活動場所ももっていた。このように本来のギャングと類似した特徴をこの小学生グループは兼ね備えていたのである。

　このギャンググループでの経験を通して，小学生たちは友人との人間関係を構築し，維持・発展させる方法を学び，そして人間集団のなかでの役割関係や動き方を学んだといわれる。しかしながら，近年ギャンググループはほとんどみかけなくなってしまった。この背景には小学生の生活パターンが変わり，塾やお稽古けいこごとなどで忙しく，放課後子ども同士で自由に遊ぶ時間がとれなくなったことや，携帯ゲームの普及で子どもの遊びの個別化が進んだこと，遊具が減り，ボール遊びや音を発する遊びが禁止されている公園が増えるなどの，遊び場所の変化があげられる（第 2 章 - 12 事例参照）。ギャンググループの消滅は，最近における若者のコミュニケーションの問題や，人間関係の構築・維持の難しさの一因になっているのかもしれない。

（4）　きょうだいのような親子関係

　（2）で思春期（青年期）での個性化は疾風怒濤ともよばれ，親からの**精神的な自立**にも通じると書いた。しかしその一方で，最近は大人と子どもの対立もそれほど深刻にはならず，親子が相互に依存する姿もみられる。とくに母娘関係で顕著けんちょなようであるが，ファッションや趣味，好きなタレントなどに共通の志向や価値観をもち，話題を共有したり，休日一緒に行動をする親子は少なくない。また，パソコンやインターネット，デジタル家電の発展についていけない親世代が子ども世代に操作や管理を依存するなど，「教える - 教わる」という関係が逆転している例もみられ，親子というよりもきょうだいのようになってきている。

　大人と子どもの対立がそれほど深刻ではなくなったのは，一つには受験

ギャンググループ
ギャンググループをつくる時期を**ギャングエイジ**という。

リーダーとフォロワー
集団のなかで指導的地位についている者をリーダー (leader) といい，リーダーに統率される者をフォロワー (follower) という。

符牒
仲間内だけで通用する合言葉のこと

精神的な自立
精神的離乳ともいう。

ストレスが軽減されたことがあるだろう。今の思春期の子どもをもつ親世代は，自分が思春期のころに激しい受験競争を経験し，親や先生など大人からもそれを乗り越えるように強く期待されていた。しかし，現代では大学も全入時代を迎え，また難関大学を出たからといって，その先の人生は必ずしも保証されないご時世であることもあって，子どもに無理をさせない親や先生が増えていると思われる。また，かつての自分の経験も踏まえ，子どもの意思や気持ちを理解しようとする大人が多くなっていることもあると考えられる。

　かつては大人と子どもの対立により疎外感を味わった子ども同士が連帯し，互いの境遇に共感しながら，相互に高めあい，それが子ども自身の精神的な成長につながると考えられてきた。しかし，大人と子どもの対立が軽減され，**インフォーマルな人間関係**をはぐくむ時間も少なくなった今，子どもがかかわるのは，家族と学校での**フォーマルな人間関係**に限定されてきている。このような傾向が，子どもの生活をどのように変え，そして精神的な発達にどのような影響を及ぼすか，今後の推移が注目される。

フォーマルな人間関係
制度や手続きに基づく人間関係をフォーマルな人間関係とよび，個人の私的感情や欲求に基づく人間関係をインフォーマルな人間関係とよぶ。

（5）　子どもの友人関係はストレスが大きい？

　（3）（4）であげたような，小学校以降の子どもがもつ人間関係の変化は，子ども自身のこころにも影響を与えているようである。土井（2008）は，今の若者たちは「優しい関係」の維持を最優先にして，きわめて注意ぶかく気を遣いあいながら，なるべく衝突を避けようと慎重に人間関係を営んでいると述べている。そして，「教室はたとえていえば地雷原」という，ある中学生の川柳を取りあげて，学校内での友人関係に子どもたちが大きなストレスを抱えていることを示唆している。さらに，大人と子どもの間のタテの人間関係が弱くなることで，かつては大人への反発という形で発散されていたストレスが，子ども同士の人間関係のなかへ矛先を向けていることを指摘している。2018 年時点で，不登校やいじめの件数は全体的に増加傾向が続き，特に不登校は中学校で，いじめは小学校で増加している。人間関係に起因する子どもたちのストレスをまず理解することが，これらの問題への対策を考える第一歩だと考えられる。

（沼山　博）

コラム　ピアジェによる思考の発達

　第１章-７のコラムで，心象的な**シェマ**を用いることが思考の始まりだと述べた。このシェマは単独で用いられるだけでなく，シェマ同士組みあわされて用いられることがあるが，この組みあわせという心的活動は**操作**（manipulation）とよばれる。**ピアジェ**（Piaget, J.）は，論理的に**表象**（ひょうしょう）を組みあわせることができる場合をとくに操作とよんだが，表象の使い始めである幼児期は，論理的に表象を組みあわせることがあまりできないので，**前操作的思考**（preoperational thought）の段階とよばれる。表象を論理的に組みあわせる，すなわち操作ができるようになるのは児童期とされる。しかし，それは現実的，具体的な内容がある場面に限られる。そのため，児童期は**具体的操作**（concrete operation）の段階とよばれる。具体的な場面を離れた操作が可能になるのは，青年期以降とされる。児童期では，「ネズミよりもイヌが大きく，ゾウは犬よりも大きい。だとすると，ネ

ズミとゾウではどちらが大きいか」という現実に依拠した問いには容易に答えられるが，「もし，ネズミがイヌより大きく，イヌがゾウより大きいとしたら，ネズミとゾウではどちらが大きいか」というような現実的な内容とはかけ離れた問いには正答できない（進藤，1991）。こうした形式論理的な問題に正しく答えられるのは青年期以降であり，これ以降は**形式的操作**（formal operation）の

表２-13-1　ピアジェの認識の発達

発達段階	年齢範囲	特徴（及び典型的な現象）
感覚運動期	誕生から２歳まで	表象機能が未だ十分に育っていないため，もっぱら行為レベルで外界への適応が行われている時期（循環反応，対象の永続性など）
前操作期	２歳から７歳まで	イメージ，ことば，記号によって外界を表象し，それらを心的に操作することが可能となるが，いまだ適切な論理規則に則っては行えない時期（**保存概念の未成立**）
具体的操作期	７歳から11，12歳まで	適切な心的操作が具体的な物事の支えを得て行えるようになる（**保存概念の獲得**）
形式的操作期	11，12歳以降	適切な心的操作が具体を離れて抽象的なレベルで行えるようになる（可能的世界についての思考が可能となる）

注　保存概念とは，物の数量などの本質は，それらの見え方が変わっても変化しないことについての理解をいう。
出典　加藤義信 編『資料でわかる認知発達心理学入門』ひとなる書房，p.240, 2008年，注は著者による。

段階とよばれる。第1章-7のコラムで取り上げた内容も含め，ピアジェによる認識発達をまとめたものを表に示しておくので参照してほしい。

　こうした認知発達のメカニズムについて，ピアジェは**同化・調節・均衡化**というモデルを提示している。新しい事態に適応していくためには，対象や環境を既有知識の枠組み（シェマ）の中に取り込んでいかなくてはならないが，その際に対象や環境を変化させて取り込もうとすることを同化，シェマを変化させて取り込もうとすることを調節という。同化と調節は別々に機能するのではなく，相互に影響を与えながらバランスよく働いて，結果，新しいシェマを構成する。この働きが均衡化である。新しい靴が足になじんでくる過程が比喩としてあげられる。最初靴を履いたときにきつい感じがするが，これは，最初のうちは，靴の革で自分の足が押さえつけられ（調節），あるいは反対に自分の足で革を伸ばそう（同化）としているためである。しかし，何度も履いているうちにこれらが繰り返され，ちょうどよい感じになっていく（均衡化）。

（沼山　博）

第 *3* 章

子どもの学びと保育

この章では，乳幼児期の子どもの学びにかかわる理論や学びの過程，学びを支える保育援助について取りあげます。前章までの乳幼児の心身の発達について学びの観点からさらに深く理解し，保育実践における発達援助について学んでいきます。

1 保育と子どもの発達 (1)
——発達観，子ども観と保育観

（1）発達のとらえかた―発達曲線と発達段階

　人間は未熟な状態で誕生し，**乳児期，幼児期，児童期，青年期，成人期**を経て**老年期**に至るまで，時間の経過とともに，身体的，精神的に大きく変化していく。こうした時間の経過（加齢）に伴って起こる変化の過程が「発達」であると考えられる。

　発達的な変化について，ある特性や能力を**量**的に測定できる（数字で表すことができる）場合は，時間の経過でどのように変化するかを図（グラフ）で表すことができる。これを**発育曲線**とよび，その例として，身長や体重をあげることができる（第1章-5参照）。

　一方，数字で表すことのできない発達の**質**的な変化については，**発達段階**というものさしを用いることが多い。発達段階はいくつかの段階と序列として考えられ，ある1つの段階のなかでは比較的等質であるが，ある時点で飛躍的に質的な変化をして次の段階へ進むと考えられている。また，こうした発達段階の順序は一定であるが，経過する早さには個人差がある。これまでに多くの学者がさまざまな発達段階説を提唱しており，その代表としては，**ピアジェ**（Piaget,J.）（第1章-7，第2章-13コラム参照）や**エリクソン**（Erikson,E.H.）をあげることができる。

　エリクソンは，人間の生涯を，誕生から成長して成人し，老いて死を迎えるという時間の進行に伴った変化である**ライフサイクル**（人生周期）の観点から，生涯を8つの発達段階に区分した。彼は，パーソナリティがライフサイクルの周期に従って発達すると考え，8つの**心理社会的危機**を提唱し，それぞれの段階における発達的な課題を示した（表3-1-1）。また彼は，精神分析における力動的観点からプラスの心的な力とマイナスの心的な力が拮抗する「対」の概念を導入している。

（2）発達課題

　発達課題とは，人が生涯の各時期，それぞれの発達段階で達成しておくべき課題であり，**ハヴィガースト**（Havighurst,R.J.）が，エリクソンの心理社会的発達（危機）の理論を参考にして提案した概念である。彼らは，誕生から老年期までの連続した発達段階を想定し，発達は，前の段階の課題を乗り越えて達成することで，次の段階に進むものと考えていた。

　ハヴィガーストは発達課題という用語を使って，乳幼児期，児童期，青年期，成人前期，中年期，老年期といった6つの発達段階ごとの課題を具

表 3-1-1　エリクソンの 8 つの発達段階と心理社会的危機 (Erikson, 1982)

発達段階	心理社会的危機
Ⅰ　乳児期	基本的信頼 対 不信 (Basic Trust vs Basic Mistrust)
Ⅱ　幼児期前期	自律性 対 恥と疑惑 (Autonomy vs Shame, Doubt)
Ⅲ　幼児期後期	自発性 対 罪悪感 (Initiative vs Guilt)
Ⅳ　児童期	勤勉性 対 劣等感 (Industry vs Inferiority)
Ⅴ　青年期	同一性確立 対 同一性混乱 (Identity vs Identity Diffusion)
Ⅵ　成人期	親密性 対 孤立 (Intimacy vs Isolation)
Ⅶ　壮年期	生殖性 対 停滞 (Generativity vs Stagnation)
Ⅷ　老年期	統合 対 絶望と嫌悪 (Integrity vs Despair, Disgust)

出典　エリクソン, E.H. &エリクソン, J.M. 村瀬孝雄・近藤邦夫訳『ライフサイクル、その完結』み
　　　すず書房, pp.151-165, 2001 年より作成

体的に提唱した。6 つの発達段階において，それぞれ 10 前後の発達課題を設定し，さらに各課題について 3 つの観点（①生物学的な基礎，②心理学的な基礎，③文化的な基礎）から記述している。個人がある発達段階において行うべきことを達成し，乗り越えることを発達とし，逆に課題をうまく達成できないときには，適応の障がいが生じるとしている。彼は発達課題を明確にすることによって，教育の目標を定め，その意義を強調しようとした。表 3-1-2 には，乳幼児期と児童期の発達課題を示してある。

表 3-1-2　ハヴィガーストの発達課題（乳幼児期・児童期）(Havighurst, 1953)

時　　期	発達課題
乳幼児期	1. 歩行の学習 2. 固形食摂取の学習 3. 話すことの学習 4. 排泄の統制の学習（排泄習慣の自立） 5. 性差及び性的な慎みの学習 6. 生理的安定の獲得 7. 社会や事物についての単純な概念形成 8. 両親，兄弟及び他人に自己を情緒的に結びつけることの学習 9. 善悪の区別の学習，良心の発達
児童期	1. 普通のゲーム（ボール遊び，水泳など）に必要な身体的技能の学習 2. 成長する生活体としての自己に対する健全な態度の養成 3. 同年齢の友達と仲良くすることの学習 4. 男子または女子としての正しい役割の学習 5. 読み，書き，計算の基礎的技能を発達させること 6. 日常生活に必要な概念を発達させること 7. 良心，道徳性，価値の尺度を発達させること（内面的な道徳の支配，道徳律に対する尊敬，合理的価値判断力を発達させること） 8. 人格の独立性を達成すること（自立的な人間形成） 9. 社会的集団ならびに諸機関に対する態度を発達させること（民主的な社会的態度の発達）

出典　ハヴィガースト, R.J., 荘司雅子 監訳『人間の発達課題と教育』玉川大学出版部, pp.30-120, 1995 年より作成

（3） 変わる発達観，子ども観と保育観

　先に述べた**ピアジェ**の発達段階や発達観は，「個人構成主義」や「生物学的発達観」に基づいている。能力はあくまで個人の心的構造として構成され，発達は階段を上っていくようなはっきりとした一定の段階を経て完成されるものであり，社会や文化の影響を受けずに生物学的に決定されているものだと考えられてきた。ところが，1970年代以降，ピアジェの発達論は批判や再検討の対象となり，乳幼児はピアジェが考えるよりも有能であることが明らかになった（第1章 - 8 参照）。

　そして近年は，**ヴィゴツキー**（Vygotsky,L.S.）の発達心理学を源流とする社会文化的アプローチ（**発達の最近接領域**など：本項コラム参照）が主流になり，新しい発達観として多くの支持が得られている。ピアジェの古典的な発達観では，発達を子どもが非社会的存在（**自己中心性**，中心化）から社会的存在（**脱中心化**）へ変わる過程と考えていたのに対して，ヴィゴツキーは，子どもは生まれつき社会的存在であり，他者との関係のなかで生まれ育つと考えたのである。

　こうした発達観の変化に伴って，近年，子ども観や保育観も変わってきている。**世界児童憲章**（1922年）や**児童権利宣言**（1959年）においては，子どもは未熟で社会的にも弱い立場であるので，あくまで保護され，守られる対象であったが，**児童の権利に関する条約**（1989年：日本では1994（平成6）年に批准）においては，子どもは大人と対等な関係であり，保護や養育の対象だけでなく，権利を享受し行使する主体として規定されている。

　また，平成元（1989）年改訂以降の**幼稚園教育要領**や平成2（1990）年改訂以降の**保育所保育指針**においては，改訂以前の保育者が未熟な子どもを指導するという保育から，子どもの自発性・能動性を重視した，子どもの視点に立った保育に大きく転換してきている（第3章 - 2 参照）。保育所保育指針や平成28（2016）年に改正された**児童福祉法**第2条では，上記の児童の権利に関する条約のなかの一文である「**子どもの最善の利益を考慮**」することが明記されており，このことからも，近年の保育は，子どもを中心とした保育に変わってきていることがよくわかる。

（三浦主博）

コラム 「援助してできること」にも意味がある

　　いま仮にAくんとBちゃんという2人の子どもがいて，テストで同じ点数を
とったとしよう。この場合，この2人の子どもは同じ能力をもっていると評価
されるのが普通である。ところが，2人にあるヒントを与えたところ，Aくんの
得点には変化はなかったが，Bちゃんは得点が20点アップした。このとき2人
の能力をどう考えたらよいであろうか。

　　ヴィゴツキー（Vygotsky,L.S.）による**発達の最近接領域**という考え方がある。
これによれば，AくんとBちゃんの間には能力的に何らかの違いがあるとみなさ
れうる。この場合，「誰からも援助されることなく，自分の力だけで」解決でき
た水準は，「現時点の」という意味で "**今日の発達水準**" とよばれ，「何らかの援
助を受けたとき」に解決できた水準は，「近い将来自分の力だけで解決できるだ
ろう」という意味で "**明日の発達水準**" とよばれる。ヴィゴツキーは，この今日
の発達水準と明日の発達水準の差を発達の最近接領域とし，発達はこれに沿って
進むと考えた。AくんとBちゃんの間にみられたのは，この発達の最近接領域の
違いだといえる。

　　上ではテストを例にとったが，同じことは子どもとの日常的なかかわりのなか
でもよくみられる。衣服の着脱や排泄をはじめ，私たち人間は生まれてから今に
至るまでさまざまな習慣や行動を身につけてきているが，最初から一人でできた
ものはほとんどないだろう。最初はほかの人から直接教えてもらったり，あるい
はほかの人がやるのをまねすることによってできるようになったものが，その後
において誰の力を借りなくとも一人でできるようになる，という経過をたどって
いくのが一般的である。

　　私たちが子どもの行動を評価するときには，誰の助けも借りずにできるという
"今日の発達水準" のほうに目を奪われがちである。しかし，この習慣や行動を
形成するまでの経過を考えると，ヴィゴツキーのいう "明日の発達水準" にも十
分に関心をもち，その価値を認める必要が出てくる。すなわち，何らかの援助に
よってできるようになったものは，近い将来一人でできるようになると考えてよ
いだろうし，現時点でまったく何もできないことについては，まずは教えてみて
どうなるかを見極めることが重要となる。

　　　　　　　　　　　　　　　　　　　　　　　　　　　　　　　（沼山　博）

2 保育と子どもの発達 (2)
——個人差や発達過程・発達の課題に応じた保育

（1）「保育所保育指針」と「幼稚園教育要領」における子どもの発達

　あらためて言うまでもなく，子どもの発達をどのようにとらえるかということは，保育を行ううえでとても重要なことである。平成29（2017）年改定の保育所保育指針解説には，子どもの発達について以下のように記述されている。

第1章総則 1保育所保育に関する基本原則 (1) 保育所の役割

【発達過程】

　子どもは，それまでの体験を基にして，環境に働きかけ，様々な環境との相互作用により発達していく。保育所保育指針においては，子どもの発達を，環境との相互作用を通して資質・能力が育まれていく過程として捉えている。(略)

出典　厚生労働省 編『保育所保育指針解説』フレーベル館，p.14，2018年

　また平成29（2017）年改訂の幼稚園教育要領解説では，発達のとらえ方について以下のように記述されている。

序章　第2節　幼児期の特性と幼稚園教育の役割

1幼児期の特性 (2)幼児期の発達　①発達の捉え方

　人は生まれながらにして，自然に成長していく力と同時に，周囲の環境に対して自分から能動的に働き掛けようとする力をもっている。自然な心身の成長に伴い，人がこのように能動性を発揮して環境と関わり合う中で，生活に必要な能力や態度などを獲得していく過程を発達と考えることができよう。(略)

出典　文部科学省 編『幼稚園教育要領解説』フレーベル館，p.13，2018年

　これらの保育所保育指針や幼稚園教育要領に共通しているのは，子ども自身の**自発性・能動性**や子どもと**環境**との相互作用が発達にとって重要であるととらえていることである。子どもが日常生活に必要な能力や態度を獲得していくためには，大人に教えられたことを覚えていくのではなく，子どもがみずから環境に働きかけることで，さまざまな機能を身につけていく過程を発達であるとし，子ども自身がみずから育とうとする姿を重視していることがわかる。

　保育所保育指針や幼稚園教育要領では，子どもの発達に限らず，保育全般について「環境を通した教育・保育」を重視しており，保育者は子ども

の興味・関心を引き出し，子どもがみずからかかわりたくなるような環境を構成していく必要がある（第 3 章 – 6 参照）。

（2）「保育所保育指針」における「発達過程」

　平成 29（2017）年改定の保育所保育指針において，**発達過程**ということばが用いられている。この発達過程ということばは，平成 11（1999）年に改訂された際に，これまで年齢区分としていた保育内容の区分を発達過程区分に変更したときから使われている用語である。以下は保育所保育指針解説からの引用である。

第 1 章総則　1 保育所保育に関する基本原則（1）保育所の役割

【発達過程】

（略）すなわち，ある時点で何かが「できる，できない」といったことで発達を見ようとする画一的な捉え方ではなく，それぞれの子どもの育ちゆく過程の全体を大切にしようとする考え方である。そのため，「発達過程」という語を用いている。

　保育においては，子どもの育つ道筋やその特徴を踏まえ，発達の個人差に留意するとともに，一人一人の心身の状態や家庭生活の状況などを踏まえて，個別に丁寧に対応していくことが重要である。また，子どもの今，この時の現実の姿を，過程の中で捉え，受け止めることが重要であり，子どもが周囲の様々な人との相互的関わりを通して育つことに留意することが大切である。

出典　厚生労働省 編『保育所保育指針解説』フレーベル館，p.14，2018 年

　このように，保育所保育指針では，子どもの発達を一元的な段階で区切るのではなく，一人ひとりの子どもの発達の過程（プロセス）のなかでみていこうとしていることがわかる。子どもの発達の過程を十分に理解していくことで，子どもの発達の様子や状況を知ることができ，さらには一人ひとりの子どもの発達の課題を考え，それに応じた保育の計画を立案し，実際に保育や援助を行うことができるようになるのである。

（3）「幼稚園教育要領」における「発達の課題」

　保育所保育指針や幼稚園教育要領では一人ひとりということばが繰り返し使用され，個々の子どもに応じた保育を行うことが強調されている。子どもの発達を考える際に，**発達段階**（たとえば，ピアジェ（Piaget,J.）の発達段階：第 1 章 – 7，第 2 章 – 13 コラム参照）や**発達課題**（エリクソン（Erikson,E.H.）やハヴィガースト（Havighurst,R.J.）：第 3 章 – 1 参照）を理解してお

くことは，その時期の発達の特性を大まかにとらえるうえで必要なことである。しかし，その発達段階や発達課題がすべての子どもの発達の基準や標準になってしまうと，その段階に相当する課題ができるかできないかで一人ひとりの子どもの発達を判断するということになってしまう。こうした誤解を避けるために，幼稚園教育要領解説では，**発達の課題**という用語が使用されている。

第1章　総説　第1節　幼稚園教育の基本
3 幼稚園教育の基本に関連して重視する事項（3）一人一人の発達の特性に応じた指導　①一人一人の発達の特性（一部抜粋）

　ここでいう「発達の課題」とは，その時期の多くの幼児が示す発達の姿に合わせて設定されている課題のことではない。発達の課題は幼児一人一人の発達の姿を見つめることにより見いだされるそれぞれの課題である。その幼児が今，興味や関心をもち，行おうとしている活動の中で実現しようとしていることが，その幼児の発達にとっては意味がある。したがって，発達の課題は幼児の生活の中で形を変え，いろいろな活動の中に表現されることもある。例えば，内気で消極的な幼児が，鉄棒をしていた友達がいなくなってから一人で鉄棒にぶら下がってみたり，あるいは皆が縄跳びに興じているのをすぐそばで楽しそうに掛け声を発したりしながら見ている場合，その幼児はそれまで苦手にしていたことに挑戦しようとしていると理解することができるだろう。そして，挑戦した結果，成功すれば，その幼児は自信を持つと考えられる。そうであれば，今この幼児の発達の課題は自信を持つことであるといえる。

出典　文部科学省 編『幼稚園教育要領解説』フレーベル館，p.37，2018 年

　このように発達の課題は子ども一人ひとりそれぞれ異なることに留意しながら，保育を行っていくことが重要なのである。

（4）　保育と発達にかかわる課題—「発達の課題」と「関係発達論」

　これまで述べてきた**発達過程**や**発達の課題**という考え方は，子ども一人ひとりの発達を重視するものであり，保育を行う際に子どもを理解するうえで非常に大切な視点である。しかしながら，一方で子どもの個人差を重視しすぎるあまりに，子ども個人の能力に還元してしまうことも多い。改めていうまでもなく，子どもは1人で発達していくわけではなく，親や保育者，ほかの子どもなどとの関係のなかで発達していくものである。近年，子どもの発達をこのような他者との関係の観点でとらえること，すなわち**関係発達論**の立場が多くなってきている。保育実践の観点からすれ

ば，こうした関係発達論は当然の考え方であり，保育のなかで子どもの発達を考えていくときには，重要な視点になる。

　また，こうした関係発達論と関連して，前項（第3章-1）で述べたエリクソンやハヴィガーストの生涯発達の観点から考えてみると，発達しているのは子どもだけではなく，その養育者である親や保育者も子どもと関係しながら発達していることになる。鯨岡（2002）は「子どもから大人へ」という発達の定式を「育てられるものから育てる者へ」とおき換え，エリクソン同様に，**ライフサイクル**の観点での生涯発達論を展開している（第5章-8参照）。発達を乳幼児期だけでなく，人間の生涯過程全体を視野に入れて考えると，子どもとかかわる保育者である自分自身も，保育を行いながら子どもと一緒に成長・発達していく存在であると理解することができ，これも保育のなかで発達を理解することの大きな意義の一つである。

（三浦主博）

コラム　氏か育ちか？

　発達を規定する要因として，古くから「**氏か育ちか？**」という論争がある。これは，反射や本能的行動のように生得的な行動にかかわる要因（氏：**遺伝**，生得，成熟）と，認知的行動のように，生後獲得された行動にかかわる要因（育ち：**環境**，経験，学習）のどちらが重要な役割を果たしているのかというものである。古い時代，発達は**生得説**の哲学者**デカルト**（Descartes,R.）に代表されるように，「もともと内部に潜んでいた性質が時間とともに現れてくる」と考えられており，発達の要因として遺伝が重視されていた。それに対して，**経験主義**の哲学者**ロック**（Locke,J.）や，20世紀初めの学習を重視する**行動主義**の心理学は，発達の要因として環境を重視してきた。発達を規定する要因として，遺伝対環境の論争が長い間行われてきたが，現在では2要因とも発達に影響を与えており，むしろこれらの**相互作用**が重要であると考えられている。

（三浦主博）

3 「保育所保育指針」の改定と子どもの発達

（1）「保育所保育指針」における「発達過程」

平成 29（2017）年 3 月に，保育所保育指針，幼稚園教育要領，幼保連携型認定こども園教育・保育要領が同時に改訂（改定）された。保育所保育指針における**発達過程**や幼稚園教育要領における**発達の課題**など，基本的な子どもの発達の捉え方（第 3 章 - 2 参照）に大きな変更はみられない。

保育所保育指針解説では，「発達過程」に関する記載内容に若干の変更が見られるが，これまでと同様な考え方である。

（2）「保育所保育指針」における子どもの発達の区分の変遷

平成 11（1999）年改訂の保育所保育指針においては，「保育の内容」を 8 つの発達過程（年齢）区分に分けて，それぞれの区分ごとに「発達の主な特徴」「保育士の姿勢と関わりの視点」「ねらい」「内容」「配慮事項」が記載されていた。

平成 20（2008）年の改定では，保育所保育指針の告示化に伴う大綱化により，「保育の内容」における教育に関する記載は幼稚園教育要領と同様に 5 領域の記載内容もほぼ共通化され，年齢区分による保育内容の記載はなくなった。ただし，こうした 8 つの**発達過程区分**は，第 2 章「子どもの発達」に「おおむね」として同様の年齢区分が示されていた。ここでは，保育所保育指針の平成 20 年改定版第 2 章に記載されている発達過程区分ごとの「子どもの発達」と，平成 11 年改訂版第 3 章から第 10 章に記載されていた「保育士の姿勢と関わりの視点」を引用しておく（表 3 - 3 - 1，表 3 - 3 - 2）。

表3-3-1　「発達過程」と「保育士の姿勢と関わりの視点」（3歳未満児）

発達過程区分	＜新 保育所保育指針 [平成 20 年改定]＞ 第2章 子どもの発達　2 発達過程	＜旧 保育所保育指針 [平成 11 年改訂]＞ 第3〜10章 2 保育士の姿勢と関わりの視点
おおむね6か月未満	誕生後，母体内から外界への急激な環境の変化に適応し，著しい発達が見られる。首がすわり，手足の動きが活発になり，その後，寝返り，腹ばいなど全身の動きが活発になる。視覚，聴覚などの感覚の発達はめざましく，泣く，笑うなどの表情の変化や体の動き，喃語などで自分の欲求を表現し，これに応答的に関わる特定の大人との間に情緒的な絆が形成される。	子どもの心身機能の未熟性を理解し，家庭との連携を密にしながら，保健・安全に十分配慮し，個人差に応じて欲求を満たし，次第に睡眠と覚醒のリズムを整え，健康な生活リズムを作っていく。また，特定の保育士の愛情深い関わりが，基本的な信頼関係の形成に重要であることを認識して，担当制を取り入れるなど職員の協力体制を工夫して保育する。
おおむね6か月から1歳3か月未満	座る，はう，立つ，つたい歩きといった運動機能が発達すること，及び腕や手先を意図的に動かせるようになることにより，周囲の人や物に興味を示し，探索活動が活発になる。特定の大人との応答的な関わりにより，情緒的な絆が深まり，あやしてもらうと喜ぶなどやり取りが盛んになる一方で，人見知りをするようになる。また，身近な大人との関係の中で，自分の意思や欲求を身振りなどで伝えようとし，大人から自分に向けられた気持ちや簡単な言葉が分かるようになる。食事は，離乳食から幼児食へ徐々に移行する。	身近な人を区別し，安定して関われる大人を求めるなど，特定の保育士との関わりを基盤に，歩行や言葉の獲得に向けて著しく発達するので，一人一人の欲求に応え，愛情をこめて，応答的に関わるようにする。家庭との連携を密にし，1日24時間を視野に入れた保育を心がけ，生活が安定するようにする。
おおむね1歳3か月から2歳未満	歩き始め，手を使い，言葉を話すようになることにより，身近な人や身の回りの物に自発的に働きかけていり，歩く，押す，つまむ，めくるなど様々な運動機能の発達や新しい行動の獲得により，環境に働きかける意欲を一層高める。その中で，物をやり取りしたり，取り合ったりする姿が見られるとともに，玩具等を実物に見立てるなどの象徴機能が発達し，人や物との関わりが強まる。また，大人の言うことが分かるようになり，自分の意思を親しい大人に伝えたいという欲求が高まる。指差し，身振り，片言などを盛んに使うようになり，二語文を話し始める。	保育士は子どもの生活の安定を図りながら，自分でしようとする気持ちを尊重する。自分の気持ちをうまく言葉で表現できないことや，思い通りにいかないことで，時には大人が困るようなことをすることも発達・発達の過程であると理解して対応する。歩行の確立により，盛んになる探索活動が十分できるように環境を整え，応答的に関わる。
おおむね2歳	歩く，走る，跳ぶなどの基本的な運動機能や，指先の機能が発達する。それに伴い，食事，衣類の着脱など身の回りのことを自分でしようとする。また，排泄の自立のための身体的機能も整ってくる。発声が明瞭になり，語彙も著しく増加し，自分の意思や欲求を言葉で表出できるようになる。行動範囲が広がり探索活動が盛んになる中，自我の育ちの表れとして，強く自己主張する姿が見られる。盛んに模倣し，物事の間の共通性を見いだすことができるようになるとともに，象徴機能の発達により，大人と一緒に簡単なごっこ遊びを楽しむようになる。	全身運動，手指などの微細な運動の発達により，探索活動が盛んになるので，安全に留意して十分活動できるようにする。生活に必要な行動が徐々にできるようになり，自分でやろうとするが，時には甘えたり，思い通りにいかないとかんしゃくを起こすなど感情が揺れ動く時期であり，それは自我の順調な育ちであることを理解して，一人一人の気持ちを受け止め，さりげなく援助する。また，模倣やごっこ遊びの中で保育士が仲立ちすることにより，友達と一緒に遊ぶ楽しさを次第に体験できるようにする。

出典　厚生省『保育所保育指針＜平成 11 年改訂＞』フレーベル館，1999 年
　　　厚生労働省 編『保育所保育指針解説書』フレーベル館，pp.39 - 44，2008 年

表3-3-2 「発達過程」と「保育士の姿勢と関わりの視点」（3歳以上児）

発達過程区分	＜新 保育所保育指針 [平成20年改定]＞ 第2章 子どもの発達　2 発達過程	＜旧 保育所保育指針 [平成11年改訂]＞ 第3～10章 2 保育士の姿勢と関わりの視点
おおむね3歳	基本的な運動機能が伸び，それに伴い，食事，排泄，衣類の着脱などもほぼ自立できるようになる。話し言葉の基礎ができて，盛んに質問するなど知的興味や関心が高まる。自我がよりはっきりしてくるとともに，友達との関わりが多くなるが，実際には，同じ遊びをそれぞれが楽しんでいる平行遊びであることが多い。大人の行動や日常生活において経験したことをごっこ遊びに取り入れたり，象徴機能や観察力を発揮して，遊びの内容に発展性が見られるようになる。予想や意図，期待を持って行動できるようになる。	心身ともに，めざましい発育・発達を示すときであり，それだけにていねいな対応が求められる。自我がはっきりしてくるものの，それをうまく表現や行動に表すことができないところもあり，一人一人の発達に注目しながら，優しく受け止める配慮を欠かしてはならない。
おおむね4歳	全身のバランスを取る能力が発達し，体の動きが巧みになる。自然など身近な環境に積極的に関わり，様々な物の特性を知り，それらとの関わり方や遊び方を体得していく。想像力が豊かになり，目的を持って行動し，つくったり，かいたり，試したりするようになるが，自分の行動やその結果を予測して不安になるなどの葛藤も経験する。仲間とのつながりが強くなる中で，けんかも増えてくる。その一方で，決まりの大切さに気付き，守ろうとするようになる。感情が豊かになり，身近な人の気持ちを察し，少しずつ自分の気持ちを抑えられたり，我慢ができるようになってくる。	友達をはじめ人の存在をしっかり意識できるようになる。友達と一緒に行動することに喜びを見出し，一方でけんかをはじめ人間関係の葛藤に悩むときであり，したがって集団生活の展開に特に留意する必要がある。また，心の成長も著しく自然物への興味・関心を通した感性の育ちにも注目しなければならない。
おおむね5歳	基本的な生活習慣が身に付き，運動機能はますます伸び，喜んで運動遊びをしたり，仲間と共に活発に遊ぶ。言葉によって共通のイメージを持って遊んだり，目的に向かって集団で行動することが増える。さらに，遊びを発展させ，楽しむために，自分たちで決まりを作ったりする。また，自分なりに考えて判断したり，批判する力が生まれ，けんかを自分たちで解決しようとするなど，お互いに相手を許したり，異なる思いや考えを認めたりといった社会生活に必要な基本的な力を身に付けていく。他人の役に立つことを嬉しく感じたりして，仲間の中の一人としての自覚が生まれる。	毎日の保育所生活を通して，自主性や自律性が育つ。更に集団での活動も充実し，きまりの意味も理解できる。また，大人の生活にも目を向けることができるときである。社会性がめざましく育つことに留意しながら，子どもの生活を援助していくことが大切である。
おおむね6歳	全身運動が滑らかで巧みになり，快活に跳び回るようになる。これまでの体験から，自信や，予想や見通しを立てる力が育ち，心身共に力があふれ，意欲が旺盛になる。仲間の意思を大切にしようとし，役割の分担が生まれるような協同遊びやごっこ遊びを行い，満足するまで取り組もうとする。様々な知識や経験を生かし，創意工夫を重ね，遊びを発展させる。思考力や認識力も高まり，自然事象や社会事象，文字などへの興味や関心も深まっていく。身近な大人に甘え，気持ちを休めることもあるが，様々な経験を通して自立心が一層高まっていく。	様々な遊びが大きく発展するときで，特に一人一人がアイデアを盛り込んで創意工夫をこらす。また，思考力や認識力もより豊かに身につくときである。したがって，保育材料をはじめ様々な環境の設定に留意する必要がある。

出典　厚生省『保育所保育指針＜平成11年改訂＞』フレーベル館，1999年
　　　厚生労働省 編『保育所保育指針解説書』フレーベル館，pp.46-53，2008年

序章　5　改訂の要点

（2）　保育の内容

【発達過程】

　保育所における教育については，幼保連携型認定こども園及び幼稚園と構成の共通化を図り，「健康・人間関係・環境・言葉・表現」の各領域における「ねらい」「内容」「内容の取扱い」を記載した。その際，保育所においては発達による変化が著しい乳幼児期の子どもが長期にわたって在籍することを踏まえ，乳児・1歳以上3歳未満児・3歳以上児に分けて示した。また，改定前の保育所保育指針第2章における「子どもの発達」に関する内容を，「基本的事項」に示すとともに，各時期のねらい及び内容等と併せて記載することとした。

出典　厚生労働省 編『保育所保育指針解説』フレーベル館，p.8，2018年

　平成29（2017）年の改訂（改定）においては，3つの要領・指針の全体構成等の共通化が図られており，特に「3歳以上児の保育内容」は3つの要領・指針でほぼ共通化され，「乳児」および「1歳以上3歳未満児の保育内容」に関しては，保育所保育指針と幼保連携型認定こども園教育・保育要領に共通で新規に記述されることになった。

　このように3つの要領・指針の共通化が図られるなかで，これまでの保育所保育指針において詳しく記載されていた「子どもの発達」の記述は，8つの発達過程区分として示されなくなった。このことは，近年の発達観や子ども観の変化とも大いに関係があり（第3章-1参照），子どもの発達を8つの過程として提示することにより，それぞれの年齢別の姿を過度に意識して捉えてしまい，**発達の個人差**よりも発達過程に沿った画一的な見方が先立ってしまうことを避けようとしているものと考えられる。

　今回改定の保育所保育指針において，「子どもの発達」についての記述は，第2章「保育の内容」の中で「基本的事項」として，「乳児」「1歳以上3歳未満児」「3歳以上児」の大きく3つの区分として記載されることになった。

第2章　保育の内容　1　乳児保育に関わるねらい及び内容

（1）　基本的事項

ア　乳児期の発達については，視覚，聴覚などの感覚や，座る，はう，歩くなどの
運動機能が著しく発達し，特定の大人との応答的な関わりを通じて，情緒的な
絆が形成されるといった特徴がある。これらの発達の特徴を踏まえて，乳児保
育は，愛情豊かに，応答的に行われることが特に必要である。

出典　厚生労働省 編『保育所保育指針解説』フレーベル館，p.89，2018年

第2章　保育の内容　2　1歳以上3歳未満児の保育に関わるねらい及び内容

（1）　基本的事項

ア　この時期においては，歩き始めから，歩く，走る，跳ぶなどへと，基本的な運
動機能が次第に発達し，排泄の自立のための身体的機能も整うようになる。つ
まむ，めくるなどの指先の機能も発達し，食事，衣類の着脱なども，保育士等
の援助の下で自分で行うようになる。発声も明瞭になり，語彙も増加し，自分の
意思や欲求を言葉で表出できるようになる。このように自分でできることが増
えてくる時期であることから，保育士等は，子どもの生活の安定を図りながら，
自分でしようとする気持ちを尊重し，温かく見守るとともに，愛情豊かに，応答
的に関わることが必要である。

出典　厚生労働省 編『保育所保育指針解説』フレーベル館，p.121，2018年

第2章　保育の内容　3　3歳以上児の保育に関するねらい及び内容

（1）　基本的事項

ア　この時期においては，運動機能の発達により，基本的な動作が一通りできる
ようになるとともに，基本的な生活習慣もほぼ自立できるようになる。理解する
語彙数が急激に増加し，知的興味や関心も高まってくる。仲間と遊び，仲間の中
の一人という自覚が生じ，集団的な遊びや協同的な活動も見られるようになる。
これらの発達の特徴を踏まえて，この時期の保育においては，個の成長と集団
としての活動の充実が図られるようにしなければならない。

出典　厚生労働省 編『保育所保育指針解説』フレーベル館，p.182，2018年

　　今回の保育所保育指針の改定の重要なポイントの1つに，0，1，2歳児保
育の充実，質の向上をあげることができ，3歳未満児の保育に関して，そ
れぞれの時期の特性を踏まえた保育の内容が丁寧に記載されている。

このことは，保育所に入る子ども（特に1，2歳児）が増加しているというわが国の社会状況の変化だけでなく，国際的に，**自尊心**や**自己抑制力**（第2章-1参照），**忍耐力**といった**社会情動的スキル**（いわゆる**非認知能力**）を身に付けることが，その後の成長や社会性に大きな影響を与えること，さらに，非認知能力の獲得に，乳幼児期の大人のかかわりが重要な役割を果たしているという研究成果が大いに関係している（第2章-10参照）。

0，1，2歳児の保育では，温かく丁寧な保育，すなわち受容的で応答的な保育が大切であり（第1章-10，第1章-11，第1章-12参照），そのことが保育所保育指針においてあらためて強調されている。

（3）「育みたい資質・能力」と「幼児期の終わりまでに育ってほしい姿」

平成29（2017）年の改訂（改定）において，3つの要領・指針で共通して示されたのは，「育みたい資質・能力」と「幼児期の終わりまでに育ってほしい姿」であり，いずれも第1章に記載されている。

今回の改訂（定）では，小学校との接続（第2章-13及び第3章-5参照）が重要なポイントになっており，保育所保育指針では，「幼児教育を行う施設として共有すべき事項」として，**「生きる力**の基礎」を培う（第3章-7参照）ために，「育みたい資質・能力」が示されている。それらは「知識及び技能の基礎」「思考力，判断力，表現等の基礎」「学びに向かう力，人間性等」の3つであり，小学校以降の学びへつながっていく基になる力を示したものである。

第1章　総則　4　幼児教育を行う施設として共有すべき事項

（1）育みたい資質・能力

ア　保育所においては，生涯にわたる生きる力の基礎を培うため，1の（2）に示す保育の目標を踏まえ，次に掲げる資質・能力を一体的に育むよう努めるものとする。

　（ア）豊かな体験を通じて，感じたり，気付いたり，分かったり，できるようになったりする**「知識及び技能の基礎」**

　（イ）気付いたことや，できるようになったことなどを使い，考えたり，試したり，工夫したり，表現したりする**「思考力，判断力，表現力等の基礎」**

　（ウ）心情，意欲，態度が育つ中で，よりよい生活を営もうとする**「学びに向かう力，人間性等」**

イ　アに示す資質・能力は，第2章に示すねらい及び内容に基づく保育活動全体

によって育むものである。　　　　　　　　　（文中のゴシック表記は筆者による）

出典　厚生労働省 編『保育所保育指針解説』フレーベル館，p.60，2018年

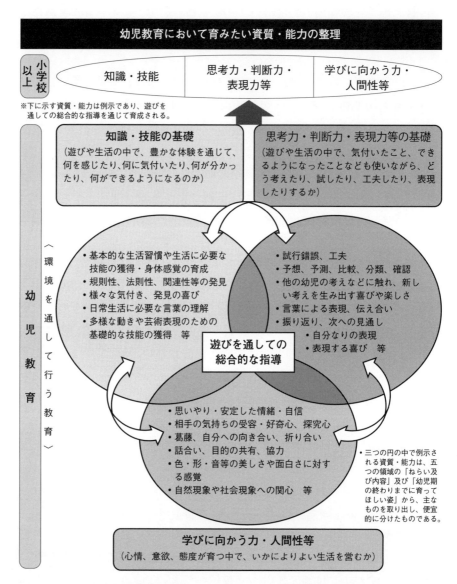

図3-3-1　育みたい資質・能力

出典　文部科学省「幼児教育部会における審議の取りまとめについて」平成28年8月
　　　http://www.mext.go.jp/b_menu/shingi/chukyo/chukyo3/057/sonota/__icsFiles/afie
　　　ldfile/2016/09/12/1377007_01_4.pdf

　そして，これらの「資質・能力」を育てていく上で注意して指導すべき
点を示したものが「幼児期の終わりまでに育ってほしい姿」である。

126

第1章　総則　4　幼児教育を行う施設として共有すべき事項

（2）幼児期の終わりまでに育ってほしい姿

　次に示す「幼児期の終わりまでに育ってほしい姿」は，第2章に示すねらい及び内容に基づく保育活動全体を通して資質・能力が育まれている子どもの小学校就学時の具体的な姿であり，保育士等が指導を行う際に考慮するものである。

ア　健康な心と体

保育所の生活の中で，充実感をもって自分のやりたいことに向かって心と体を十分に働かせ，見通しをもって行動し，自ら健康で安全な生活をつくり出すようになる。

イ　自立心

身近な環境に主体的に関わり様々な活動を楽しむ中で，しなければならないことを自覚し，自分の力で行うために考えたり，工夫したりしながら，諦めずにやり遂げることで達成感を味わい，自信をもって行動するようになる。

ウ　協同性

友達と関わる中で，互いの思いや考えなどを共有し，共通の目的の実現に向けて，考えたり，工夫したり，協力したりし，充実感をもってやり遂げるようになる。

エ　道徳性・規範意識の芽生え

友達と様々な体験を重ねる中で，してよいことや悪いことが分かり，自分の行動を振り返ったり，友達の気持ちに共感したりし，相手の立場に立って行動するようになる。また，きまりを守る必要性が分かり，自分の気持ちを調整し，友達と折り合いを付けながら，きまりをつくったり，守ったりするようになる。

オ　社会生活との関わり

家族を大切にしようとする気持ちをもつとともに，地域の身近な人と触れ合う中で，人との様々な関わり方に気付き，相手の気持ちを考えて関わり，自分が役に立つ喜びを感じ，地域に親しみをもつようになる。また，保育所内外の様々な環境に関わる中で，遊びや生活に必要な情報を取り入れ，情報に基づき判断したり，情報を伝え合ったり，活用したりするなど，情報を役立てながら活動するようになるとともに，公共の施設を大切に利用するなどして，社会とのつながりなどを意識するようになる。

カ　思考力の芽生え

身近な事象に積極的に関わる中で，物の性質や仕組みなどを感じ取ったり，気付いたりし，考えたり，予想したり，工夫したりするなど，多様な関わりを楽しむようになる。また，友達の様々な考えに触れる中で，自分と異なる考えがあることに気付き，自ら判断したり，考え直したりするなど，新しい考えを生み出す喜びを味わいながら，自分の考えをよりよいものにするようになる。

キ　**自然との関わり・生命尊重**

自然に触れて感動する体験を通して，自然の変化などを感じ取り，好奇心や探究心をもって考え言葉などで表現しながら，身近な事象への関心が高まるとともに，自然への愛情や畏敬の念をもつようになる。また，身近な動植物に心を動かされる中で，生命の不思議さや尊さに気付き，身近な動植物への接し方を考え，命あるものとしていたわり，大切にする気持ちをもって関わるようになる。

ク　**数量や図形，標識や文字などへの関心・感覚**

遊びや生活の中で，数量や図形，標識や文字などに親しむ体験を重ねたり，標識や文字の役割に気付いたりし，自らの必要感に基づきこれらを活用し，興味や関心，感覚をもつようになる。

ケ　**言葉による伝え合い**

保育士等や友達と心を通わせる中で，絵本や物語などに親しみながら，豊かな言葉や表現を身に付け，経験したことや考えたことなどを言葉で伝えたり，相手の話を注意して聞いたりし，言葉による伝え合いを楽しむようになる。

コ　**豊かな感性と表現**

心を動かす出来事などに触れ感性を働かせる中で，様々な素材の特徴や表現の仕方などに気付き，感じたことや考えたことを自分で表現したり，友達同士で表現する過程を楽しんだりし，表現する喜びを味わい，意欲をもつようになる。

出典　厚生労働省 編『保育所保育指針解説』フレーベル館，pp.62 - 83，2018 年

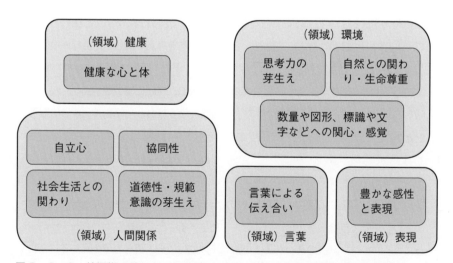

図３－３－２　幼児期の終わりまでに育ってほしい１０の姿と保育内容５領域

　3つの資質・能力「知識及び技能の基礎」「思考力，判断力，表現等の基礎」「学びに向かう力，人間性等」は，保育内容の5領域「健康」「人間関係」「環境」「言葉」「表現」の枠組みの中で育むことができるものである。そして，この3つの資質・能力を踏まえた上で，育みたい内容を具体的に示したものが「幼児期の終わりまでに育ってほしい姿」なのであり，ここで示された10の姿は保育士が指導を行う際に考慮するもの（方向目標）であり，卒園までに必ずできるようになること（到達目標）ではないことに留意する必要がある。

　「幼児期の終わりまでに育ってほしい姿」は，平成29（2017）年に改訂された「小学校学習指導要領」にもその関連を考慮することが明記されており，保育内容5領域を通した保育による就学前の子どもの姿を示すことで，小学校との共通理解を図ろうとしているのである。

（三浦主博）

🌸 事例 🌸 けむしはちょうちょにはならないよ ●●●●●●●●●●●●●●●●●●●●●●

　幼稚園の年中さんに絵本の読み聞かせをしていたときのこと。その日は園児たちに大人気の「はらぺこあおむし」を読んだ。年少のときから何度か読んだことのある絵本であったが，ことばの理解が進んで，園児たちにも絵本のストーリーがわかってきたようで，皆絵本にくぎづけ。はらぺこでいろいろな物を食べてしまい，お腹が痛くなったあおむしくん。でも草を食べて，お腹はよくなった。めでたしめでたしと思ったのか，そこで何人かの園児が席を立とうとした。「まだ続きがあるよ〜」と声をかけると，怪訝（けげん）な顔で戻った園児たちは，大きくなって，まずさなぎになったけむしにびっくり。そして，エンディングでさなぎから美しい蝶（ちょう）が現れて，またまたびっくり。

　そのとき，1人の園児が「おかしいよ。けむしがちょうちょになるわけがないよ」と何度もいいながら，絵本の置かれていたテーブルをバンバンとたたき始めた。

　大学に戻って，このエピソードを講義で話したところ，「小さい頃，ずっと自分もおかしいと思い続けていて，それが解決したのは小学校の理科の授業でした」とコメントした学生がいた。大人にはあたりまえのことでも子どもには合点のいかないことがあること，そしてこのような疑問を日常生活のなかで子どもたちのこころに芽生えさせておくことが，就学後の学習の動機づけにつながりうることが示唆されるエピソードであった。

（沼山　博）

4 子どもの発達に応じた保育援助（1）
——3歳未満児

ここでは，3歳未満児の発達に応じた保育援助について概説していく。

（1）著しい心身機能の発達と援助—おおむね6か月未満

子どもの身長，体重は著しく増加し（第1章‐5参照），運動機能の発達では，生後3，4か月で首がすわり，5か月ころから手足の動きが活発になって，寝返りができるようになる。また，視覚や聴覚などの感覚の発達も著しく，生後3か月ころには人や物を凝視したり，音のするほうを見たりするようになる（第1章‐3参照）。また，生理的ほほえみは次第に人を見るとほほえむ**社会的微笑**へ変わり（第1章‐4参照），また大人に対して泣き声や**喃語**によっても欲求を表現するようになる（第1章‐12，第1章‐13参照）。

この時期は，心身の発達が著しい一方で，その未熟性についても十分な理解が必要である。とくに保育所においては，家庭との連携を密にして，常に子どもの健康状態を把握するなど十分な注意が必要である。

また**多相性睡眠**の時期であることから，乳児は起きているときには自分に応答してくれる大人とやりとりし，空腹になったらミルクを飲んで排泄をしたらまたぐっすり眠るという，覚醒と睡眠の健康的なリズムが次第に整えられていき，それが子どもの生活の安定につながっていく。

多相性睡眠
1日に何回も睡眠をとること。

月齢による発達過程の差など，子ども一人ひとりの個人差が大きい時期であることに留意しながら，子どもの行動や欲求に大人が適切に応えていくことが重要であり，特定の大人が**応答的にかかわる**ことによって，**アタッチメント（愛着；情緒的な絆）**の形成（第1章‐10，第1章‐11参照）につながっていく。

（2）愛着の形成と援助—おおむね6か月から1歳3か月未満

生後6，7か月で座る，8，9か月ではう，12か月くらいから立って，つたい歩きを始めるといった運動機能の発達がみられるようになる（第1章‐6参照）。とくに，座る，立つ，歩くといった運動発達により，子どもは手を自由に使えるようになり，自分が興味・関心をもつ物へ手を伸ばしたり，手に取ってみたりできるようになる。手指の動きも掌全体で握っていた状態（**原始反射**，第1章‐2参照）から，指をバラバラに動かせるようになり，そして親指と人差し指でつまむという動作もできるように

なってくる。

　こうした全身運動や手指の動きの発達により，子どもは，周囲の人，物への興味・関心を示して**探索活動**を活発に行うようになるため，子どもが自発的な活動を行うことができるように環境を整備し，適切な援助を行う必要がある。また，はいはいを始めたことにより子どもの移動範囲が広がるため，十分な空間を確保しながら，目を離さないように留意することや，つまんだ物を口に入れないように，清掃などの環境整備もしっかりと行う必要がある。

　生後6か月をすぎたころから，身近な人の顔がわかるようになり，特定の大人との**アタッチメント**（**愛着**；情緒的な絆）が形成されてくる（第1章-10，第1章-11参照）。その一方で，知らない人には，泣いたり顔をそむけたりして**人見知り**をするようになるが，これは，常に自分とかかわってくれる人とそうでない人との区別ができるようになったということであり，特定の大人との愛着関係が形成された証といえる。

　この時期の子どもは，自分の欲求を喃語や身振りで伝えようとするようになり（第1章-13参照），これに大人が**応答的にかかわる**ことで，コミュニケーションの基礎が形成されてくる。また，子どもが**指さし**を行うことで，自分の欲求や関心を大人に伝えようとし，関心を共有することができるようになってくる（第1章-12参照）。こうした大人とのやりとりがやがてことばとなり，**一語文**になっていくのである。

（3）　象徴機能の発達と援助—おおむね1歳3か月から2歳未満

　この時期の子どもの運動発達では，**歩行**の開始が大きな特徴の一つになる（第1章-6参照）。自分で歩けるようになることで，子どもの行動範囲は大きく広がっていく。また，歩行が安定することで，手を自由に使えるようになり，小さな物をつまんだり，絵本をめくったり，スプーンを持ったりと手指の機能も発達していく。危険な物はあらかじめ遠ざけておくなど，安全面に十分留意しながら，子どもの行動を制限しないような環境の整備を行う必要がある。

　ことばの発達では，一語文から**二語文**へと話しことばを獲得していき，身振り，手振り，片言を使って気持ちを伝えようとするようになる。とくに一語文の時期の子どものことばは，使える語彙が少ないことから，1つのことばに複数の意味があるため，子どもが何を伝えようとしているのかを，その文脈をみながら大人が理解する必要がある（第1章-13参照）。そして，ことばの発達に伴い，イメージしたものをおもちゃに**見立てて**遊

ぶなど，子どもの**象徴機能**も発達していく（第2章-6参照）。

　こうしたさまざまな心身の機能の発達により，子どもは自分でしようとする思いやことばを使って自分の思いを伝えようとする。しかし，自分の思いどおりにできなかったり，気持ちをうまく表現できないために，ときには大人が困るようなことをすることもある。保育者は，こうした子どもの状況を理解し，子どもの気持ちに配慮しながら対応していく必要がある。

　また，大人だけでなくほかの子どもへの興味・関心も高まり，しぐさや行動をまねたり，同じおもちゃを欲しがったりするようになる。しかし，子ども同士ではことばでのコミュニケーションを十分にとれないため，かみついたり，おもちゃを取りあうなど，**けんかやいざこざ**などのトラブルも起こるようになる（第2章-4参照）。こうしたトラブルは，子どもの様子を見ながら，保育者が事前に止めることができればよいのであるが，実際に起きてしまった場合は，なぜけんかになったのか，その状況や双方の子どもの気持ちをくみ取りながら，適切に対応していかなければならない。

（4）　自我の芽生えと援助―おおむね2歳

　全身を使った粗大な運動機能では，歩く，走る，跳ぶという基本的な運動能力が伸び，戸外を走り回ったり，ボールを蹴ったり，投げたりして，

自分の身体を思うように動かすことができるようになる。また，指先の微細な運動機能の発達も進み，紙をちぎる，破く，貼る，なぐり描きをするなどの遊びが広がっていく（第1章-6参照）。指先の機能の発達によりできることが増え，食事や衣服の着脱，排泄など，自分の身辺のことを自分でしようとする意欲が出てくる。行動範囲が広がりできることが増えることにより，ますます盛んになる子どもの探索活動に対して，保育者は事故やけがなどがないように安全への配慮をしながら，子どもの活動を制限しない環境を構成することが大切である。

　この時期になると，子どものことばがはっきりとして，語彙が豊富になってくる。日常生活で必要なことばもわかるようになり，2歳の終わりころには，自分のしたいこと，してほしいことの欲求をことばで表出するようになる。また，遊具などを実物に**見立て**たり，誰かの**振り**をするといったままごとなどの簡単な**ごっこ遊び**をするようになり，そのことで，子どものなかのイメージが膨らみ，象徴機能が発達していく。次第に子ども同士のかかわりも増えていくが，そのためには大人の仲立ちや，まだ大

人とのやりとりも必要であることから，子どもの気持ちや状況をみながら，保育者が適切に援助していくことが大切である。

　生活や遊びのなかで，子どもが自分のことを自分でしようとする意欲も高まり，「自分で」「嫌」という自己主張や反抗をする（**第1次反抗期**）ようになってくる。その一方で，思いどおりに行かずに泣いたり，かんしゃくを起こしたりするようになる（第2章-1，第2章-2，第2章-3参照）。こうしたことは，**自我**の順調な育ちであると理解して，子どもの自発性を妨げないように配慮しながら，保育者がさりげなく援助していくことが大切である。こうしたかかわりにより，子どもは自分への自信をもつようになり，また自分の行動すべてが受け入れられるわけではないことにも徐々に気づいていくのである（第2章-10参照）。

（三浦主博）

コラム　「応答的にかかわる」ということ

　「保育所保育指針」の子どもの発達や保育内容に関する文中のなかでは「応答的にかかわる」という記述が繰り返し登場する。「応答」ということばは，「応」も「答」もどちらも「こたえる」ということばを重ねて構成されている熟語であり，国語辞典を見ても「問いかけや呼びかけに答えること」「受け答え」という意味である。それでは，日常的な子どもと大人とのかかわりや保育場面における「応答」とは具体的にどのようなことなのだろうか？

　子どもが大人や保育者に対して呼びかけるがなかなか反応してくれず，何度も「お母さん」や「先生」と呼びかけたあとに返事をするという場面が時折見受けられる。確かに子どもからの呼びかけにこたえているのだが，こうした対応を「応答」とは言い難い。やはり，「応答」とは「すぐにこたえる」ことであり，子どもからの呼びかけに，即座に反応することなのである。こうした大人の子どもに対する「応答的なかかわり」は，子どもの年齢が低いほど重要である。また，保育場面では，ことばだけでの反応だけでなく，子どもにあわせて保育者も即座に動かなければいけないというような行動面でも「応答」を求められる場面も多いのである。しかしながら，この「応答」というものは，頭ではわかっていても，いざというときに実行するのは意外に難しいことである。（筆者自身もできていないことを省みながら，）普段の日常生活のなかで「応答」を意識して行動することが大切なのではないだろうか。

（三浦主博）

5 子どもの発達に応じた保育援助（2）
──3歳以上児

　ここでは，前項（第3章-4）に引き続き，3歳以上児の発達に応じた保育援助について概説していく。

（1）　基本的な生活習慣の形成と発達援助─おおむね3歳

　歩く，走る，跳ぶ，押す，引っ張る，投げる，転がる，ぶらさがる，またぐ，蹴るなど基本的な動作がひととおり可能になり，基礎的な運動能力が育ってくる。また，運動能力の発達に伴い，食事，排泄，衣類の着脱など基本的な生活習慣も自立できるようになってくるため，大人が寄り添い援助しながらも，子ども自身が自分でしようとする意欲を育てていくことが大切である。

　子どもが理解する語彙数も急激に増加し，「おはよう」「ありがとう」の挨拶などの日常生活で使うことばのやりとりが可能になる。また，ことばの獲得を通しての知的興味や関心の高まりから「なぜ」「どうして」という質問が多くなる（**質問期**）。こうした子どもからのことばや質問に対しては，大人がていねいに対応していくことが大切である。大人がしっかりと対応することで，子どもの興味・関心は広がり，またことばでのやりとりを楽しむことができるようになっていく。

　また，自分のことを「わたし」「ぼく」と言うようになり，**自我**が内面的に育つことで，自分についての認識だけでなく，家族や友だち，先生などとの関係も理解し始める。何でも自分自身でしようとしたり，子ども同士でかかわろうとしたりすることも多くなるが，うまく行動やことばに表すことができず，子ども同士の遊びも**平行遊び**であることも多い（第2章-6参照）。このように未熟な点もみられることから，保育者は子ども一人ひとりに応じて，やさしく受け止める配慮が必要である。

（2）　自己の主体性の形成と発達援助─おおむね4歳

　4歳をすぎると，しっかりとした足どりで歩き全身のバランスをとる能力が発達して片足跳びやスキップなどもできるようになり，体の動きが巧みになってくる。手先が器用になることで，はさみを使うことができるようになり，遊びながら話をするなど，異なる2つの行動を同時に行えるようにもなってくる。

　水，砂，土，草花，虫など身近な自然環境への興味・関心や，かかわりも増えてくる。現実に体験したことと絵本などの想像の世界を重ね合わせ

たり，こころが人だけでなくほかの生き物や無生物にもある（**アニミズム**）と信じたりするなど，想像力にも広がりがみられる。保育者は，子どもが多くの自然環境や絵本・物語と触れあうことができるようにするなど，子どもがさまざまな環境に興味・関心をもち，みずからかかわろうとするように**環境構成**を工夫することが大切である。

　子ども同士のさまざまな遊びが展開していくことにより，仲間とのつながりが深まり，**思いやり**の気持ちも出てくるようになる一方，競争心が生まれ，**けんかやいざこざ**も多くなる（第2章-5参照）。この時期になると，大人とのかかわりよりも子ども同士のかかわりが多くなることから，保育者は集団生活の展開に留意しながら，集団をうまくコントロールしていく必要がある。

　こうした友だちとのかかわりのなかでは，一緒にいて楽しいという思いと，自分の気持ちを通そうとする思いと，自分の思いどおりにいかないことによる不安や我慢といった**葛藤**も経験するようになる。こうした子どもの気持ちを大人に共感してもらうことにより，子どもの自己肯定感や他人の気持ちを理解し受容する感情が育まれていくのである（第2章-10参照）。

（3）集団活動と発達援助—おおむね5歳

　基本的生活習慣が確立し，1日の生活の流れを見通しながら，食事，排泄，着替えなどをみずから進んで行うことができるようになってくる。運動機能はますます伸びて，大人とほぼ同じ動きができるようになり，縄跳びやボール遊びなど体全体を協応させた複雑な運動も可能になる。手先も器用になり，小さな物をつまんだり，ひもを結んだりすることもできるようになる。こうした運動機能の高まりにより，大人や友だちから援助されなくても子どもが自分でやりたいことを見つけたり，何かを選んだりすることができるようになるため，保育者は，子どもの自主性や自立性の妨げにならないように配慮しながら援助していく必要がある。

　集団での生活や活動が充実し，**社会性**が豊かになってくる。遊びのなかでも友だちと目的のある行動をするようになり，自分の役割を理解し，決まりを守るようになる。そして，**けんかやいざこざ**などのトラブルも自分たちで解決しようとするようになる。また，大人の生活にも目を向けることで，子どもの社会性が育っていくので，保育者はそのことに留意しながら，子どもの遊びや生活を援助していくことが大切である。

（4） 自主性と協調性，自立心の高まりと発達援助—おおむね６歳

　全身運動が巧みになり，全力で走り，快活に跳び回るようになって，さまざまな運動に意欲的に挑戦するようになってくる。細かい手指の動きも可能になり，自分の思いどおりに描いたりして表現することもできるよう

になる。また，友だちと一緒に**集団遊び**や**協同遊び**を行い（第２章‐６参照），知識や経験をもとに創意工夫して遊びを発展させ，試行錯誤しながら自分たちで満足いくまで遊ぶようになる。保育者はこうした子どもの状況にあわせてふさわしい教材や環境の設定をする必要がある。子どもの自主的な遊びやアイディアを引きだすために，保育の計画に沿った**環境構成**や事前の準備を行うことが大切である。

　また，思考力の高まりからさまざまなことに関心が深まっていき，みずからことばを使い，**文字**を**読み書き**する姿もみられるようになる（第２章‐11参照）。集団生活のなかで行事などのさまざまな経験を通して自立心も高まり，自信をもって行動することが多くなるが，身近な大人に甘え，気持ちを休めることもあることから，子どもの状況や様子に応じて，大人や保育者が愛情深く受け入れていくことで，子どもは安心して行動することができるようになっていく。

（5） 発達の連続性と就学への支援

　前項（第３章‐4）から本項にわたり，子どもの発達とその援助について概説してきた。子どもの発達をある程度の時期に区切って，それぞれの区分ごとに理解することは大切なことであるが，同時に，乳児から就学までの**発達の連続性**について一連の過程（プロセス）として理解しておくことも非常に重要である。第３章‐2でも述べたように，そもそも**発達過程区分**という考え方は，それぞれの年齢の子どもの平均的な育ちを示しているのではなく，一人ひとりの子どもがたどる道筋なのである。子どもの発達過程についてその連続性を十分に理解し，それに応じた保育ができるように心がけていこう。

　また連続性ということでは，幼稚園や保育所と小学校との連携についても考えていかなければならない。とくに近年，小学校で集団行動がとれなかったり，指示に従えないなどの子どもが増え，**小１プロブレム**という現象が問題になっている（第２章‐13参照）。保育所や幼稚園における就学への支援や準備といった場合に，ただたんに，文字や数字を教えるということではなく，保育所や幼稚園での保育を通して「**生きる力の基礎**」を培うこと（第３章‐7参照）が重要なのである。　　　　　　　　　（三浦主博）

6　子どもの発達と保育の環境

（1）　保育の環境—身体感覚を伴（ともな）う多様な経験と環境の相互作用

　保育所保育指針では，保育の環境として，保育者や子どもなどの**人的環境**，施設や遊具などの**物的環境**，**自然や社会の事象**などをあげ，こうした人，物，場が相互に関連しあって保育の環境がつくりだされるとしている。

　先にも述べたように（第3章–2参照），保育所保育指針や幼稚園教育要領では，子どもの発達だけでなく，保育全般について「環境を通した教育・保育」を重視している。子どもはみずから環境に働きかける存在である一方，環境もまた子どもに対して働きかけており，子どもは環境と相互作用しながらさまざまな機能を獲得し，発達していくことになる。

　こうした環境との相互作用について，アメリカの認知心理学者の**ギブソン**（Gibson,J.J.）の**アフォーダンス**（affordance）理論が注目されている。アフォーダンスとは，afford（もつ，与える）という動詞を名詞にしたギブソンによる造語であるが，環境のもつ情報（意味や価値）は人間の知覚によって生成されるものではなく，環境自体がもっているのであり，環境によって人間のある行動が促（うなが）されたり規定されたりするのである。

　保育場面において，保育者は子どもの興味・関心を引きだしながら，子どもが思わずみずからかかわりたくなるような（アフォードされる）環境を構成していくことになる。その際，子どもが自主的にさまざまな活動を発展・展開していくためには，環境のもつ意味は多様であったほうがよい。そういう意味では，子どもは必ずしも保育者が意図するような行動をとるわけではなく，保育者の想定を越えて環境とかかわり多様な活動をする場合もあるだろうし，まったくその環境に対してかかわろうとしないこともあるだろう。前者の場合は，子どもの安全性さえ確保できればうれしい誤算ということになるが，後者の場合はその原因を考える必要がある。一般的には子どもにとって魅力的な環境であっても，その子どもにとってはそうではなかったということや，その環境のもっている意味を子ども自身が十分に理解したり感じたりすることができなかったということも考えられる。

　子どもが環境に対して主体的にかかわっていくためには，感性の育ちが重要になってくると考えられるが，そのためには乳児期からの身体感覚を伴う多様な経験が必要であり，五感をはじめとするさまざまな身体感覚が育まれるように保育を行っていく必要があるだろう（第2章–10参照）。

（2） 環境としての保育者と環境の相互作用

　保育の環境を考えるとき，どうしても保育室や遊具などの物的環境や園庭や幼稚園・保育所周辺の自然環境などに目が行きがちであるが，保育の環境として，人的環境も重要な役割を果たしている。子どもを取り巻く人には，家族（保護者，きょうだい），友だち（同年齢，異年齢），地域の人々，保育者やそのほかの職員など多くの人的環境が存在している。そのなかでもとくに保育者は，子どもにとってみずからが保育の人的環境であるだけでなく，物的環境を構成したり，地域の自然環境や社会事象を結びつけたりするなど多くの役割を果たしている。

　これまでに述べてきたように，子どもの人間関係の発達は，対大人の関係から子ども同士の関係へ移行していくものである（第2章-4参照）。保育の環境の一部として子どもにかかわる保育者の存在は大きな意味をもっているが，とくに年齢の低い子どもにとっては重要な存在になっている。乳児期の子どもの発達にとっては，**アタッチメント（愛着）** の形成（第1章-10，第1章-11参照）が非常に重要である。保育者による**応答的なかかわり**（第3章-4参照）により，子どもは特定の大人との愛着が形成され，保育の場で情緒的に安定して生活を送ることができるようになるのである。

　また子どもの発達に伴い，大人との直接的なかかわりから子ども同士のかかわりへと移行していく際には，保育者が子どもと子どものコミュニケーションや遊びの仲介役としての役割を果たす必要がある。そして，子ども同士や集団での活動が中心となった場合には，子どもの様子を見守りながら，必要に応じて援助したり，介入したりするようになる。

　このように，保育者は子どもの発達過程に応じてその役割を変えながら，また人的環境の一つとして子どもと相互にかかわりあいながら，保育を展開していくことになる。

（3） 子ども集団と保育の環境

　保育所や幼稚園のような集団保育の場においては，子どもの月齢や年齢に応じて大小さまざまな集団が形成される。保育所の場合，児童福祉施設の設備及び運営に関する基準による保育士の数の基準，保育室の数や大きさ，地域の状況などによって左右されるものの，1クラスの子どもの数は3歳未満児では10〜20名，3歳以上児では20〜30名が多いのではないだろうか。このように乳児の時期から同じ保育室で集団での生活を送ってはいるが，3歳未満児の場合は，人間関係がまだ対大人から対子どもへの移行期であることなどから，子どもはまだ集団を意識して行動しているわ

けではない。遊びの発達をみても，3歳未満では**一人遊び**が多く，また友だちと一緒に遊んでいるように見えても，場を共有しているだけでお互いにかかわらない**平行遊び**の時期である（第2章-6参照）。

　3歳以上になると，クラスの子どもの数も増え，また普段から遊びなどで行動をともにする子どもによる集団の規模も大きくなってくる。保育者による中心的活動の場面だけでなく，自由遊びの場面でもときには30人前後のクラス全員での活動を行うこともある。遊びの発達では，**連合遊び**や**協同遊び**が増え，子どもが共通の目的で役割分担を行って異なる活動をしたり，相談してルールを作成したり変更したりすることも可能になってくる（第2章-6参照）。

　子どもが集団での活動を円滑に行ったり，生活したりするためには，子ども自身の成長や発達はもちろんであるが，保育者の援助や配慮が重要になってくる。集団としての成長のためには，個々の子どもの成長が必要であり，また集団として成長が個々の成長を促すということもあるため，個と集団と両者のバランスをとりながら保育を行うことが重要である。すなわち，子ども一人ひとりを意識しながら，集団全体に対してアプローチしていくということ，また，子ども一人ひとりの興味・関心にあわせて，それぞれが主体となる環境を整えながら，集団としての活動も行うことができるような環境を構成していくということを保育のなかで実践していかなければならない。保育者にとって，これらを実際に行うことは難しいことではあるが，こうした課題を常に意識しながら，日々の保育を行っていく必要があるだろう。

（三浦主博）

7 生活や遊びを通した学びの過程

（1） 子どもの生活と遊びを通した保育─養護と教育の一体性

　平成20（2008）年に保育所保育指針が改定された際は，保育所における保育内容の明確化がはかられ，児童福祉施設の設備及び運営に関する基準（改定時は，児童福祉施設最低基準）の第35条（保育の内容）も「保育所における保育は，**養護**及び教育を一体的に行うことをその特性とし，その内容については，厚生労働大臣が，これを定める」と改正され，保育所における「保育＝養護＋教育」であることが明記された。

　平成29（2017）年に改定された保育所保育指針において，養護的な保育内容は「生命の保持」と「情緒の安定」として示されている。また，教育的な保育内容は乳児期は3つの視点（「健やかに伸び伸び育つ」「身近な人と気持ちが通じ合う」「身近なものと関わり感性が育つ」），1歳以上3歳未満児及び3歳以上児では，5領域（「健康」「人間関係」「環境」「言葉」「表現」）に大きく区分され記載されている。

第2章　保育の内容（前文から抜粋）

　この章に示す「ねらい」は，第1章の1の（2）に示された保育の目標をより具体化したものであり，子どもが保育所において，安定した生活を送り，充実した活動ができるように，保育を通じて育みたい資質・能力を，子どもの生活する姿から捉えたものである。また，「内容」は，「ねらい」を達成するために，子どもの生活やその状況に応じて保育士等が適切に行う事項と，保育士等が援助して子どもが環境に関わって経験する事項を示したものである。

　保育における「養護」とは，子どもの生命の保持及び情緒の安定を図るために保育士等が行う援助や関わりであり，「教育」とは，子どもが健やかに成長し，その活動がより豊かに展開されるための発達の援助である。本章では，保育士等が，「ねらい」及び「内容」を具体的に把握するため，主に教育に関わる側面からの視点を示しているが，実際の保育においては，養護と教育が一体となって展開されることに留意する必要がある。

出典　厚生労働省 編『保育所保育指針解説』フレーベル館，p.86，2018年

第2章　保育の内容1　乳児保育に関わるねらい及び内容　（1）基本的事項

　イ 本項においては，この時期の発達の特徴を踏まえ，乳児保育の「ねらい」
　　及び「内容」については，身体的発達に関する視点「健やかに伸び伸びと育

つ」，社会的発達に関する視点「身近な人と気持ちが通じ合う」及び精神的発達に関する視点「身近なものと関わり感性が育つ」としてまとめ，示している。

ウ　本項の各視点において示す保育の内容は，第1章の2に示された養護における「生命の保持」及び「情緒の安定」に関わる保育の内容と，一体となって展開されるものであることに留意が必要である。

出典　厚生労働省 編『保育所保育指針解説』フレーベル館，p.89，2018年

第2章　保育の内容

2　1歳以上3歳未満児の保育に関わるねらい及び内容※

3　3歳以上児の保育に関わるねらい及び内容※　（1）基本的事項

イ　本項においては，この時期の発達の特徴を踏まえ，保育の「ねらい」及び「内容」について，心身の健康に関する領域「健康」，人との関わりに関する領域「人間関係」，身近な環境との関わりに関する領域「環境」，言葉の獲得に関する領域「言葉」及び感性と表現に関する領域「表現」としてまとめ，示している。

ウ　本項の各領域において示す保育の内容は，第1章の2に示された養護における「生命の保持」及び「情緒の安定」に関わる保育の内容と，一体となって展開されるものであることに留意が必要である。

※引用部分の文章は，「2　1歳以上3歳未満児の保育に関わるねらい及び内容」と「3　3歳以上児の保育に関わるねらい及び内容」で共通している。

出典　厚生労働省 編『保育所保育指針解説』フレーベル館，p.121 及び182，2018年

　実際の保育においては，子どもの生活や遊びを通して相互に関連をもちながら，「養護」と「教育」が総合的に展開されると保育指針のなかで述べられている。とくに低年齢の子どもほど，養護的側面が重要であると考えられるが，保育所が乳幼児にとって，安心してすごせる生活の場となるためには保育士などの適切な援助とかかわりが必要になる。保育士等の**応答的**でていねいなかかわりによって，子どもは安心感や信頼感を得ることができ，大人との信頼関係をもとに生活習慣や態度を徐々に獲得していくのである。

　また，保育所における教育的側面を，「子どもが健やかに成長し，その活動がより豊かに展開されるための発達の援助」としているが，このことは，子どもが保育士等の援助により環境との相互作用を通して，生きる力の基礎となる心情，意欲，態度を身につけていくということである。

　保育のなかでは，養護が基礎となって教育が展開され，また養護にかかわる保育内容のなかに教育にかかわる保育内容があり，教育にかかわる保

育内容のなかに養護にかかわる保育内容もあることから，両者は切り離せるものではなく，子どもの生活や遊びを通して，お互いに関連をもちながら一体的に保育が展開されていくのである。

（2）　子どもの生活と学び―乳児期の学び

　第1章で述べたように，子どもは赤ちゃんのときからさまざまな能力を有しており，日々の生活のなかで，みずから多くのことを学びながら発達している。

　赤ちゃんは好奇心のかたまりである。唇や手に触れた物や目に見えた物などに対し，高い関心を示して，それにかかわろうとする。こうした行為によって，赤ちゃんはまず自分の身体と出会い，その働きや使い方を理解していく。そして，外部の物に積極的にかかわることにより，周囲の世界についての認識を深めていく（第1章‐7参照）。たとえば，図3‐7‐1のように，赤ちゃんの足と天井から吊るされたモビールをひもでつなげておくと，生後2か月くらいの赤ちゃんでも，自分の足を動かすとモビールが動くという関係をすぐに把握する（Rovee-Collier, Patterson, & Hayne, 1985）。これは**随伴関係の発見**（Bower, 1979）とよばれる。赤ちゃんは自分で主体的に環境にかかわり，自分の行動との関係性を学んでいくのである。

　こうした赤ちゃんのもつ好奇心と**探索行動**を支えているのが，親をはじめ，きょうだいや保育者など，他者との**アタッチメント（愛着）**である（第1章‐10，第1章‐11も参照）。赤ちゃんは当初は誰に対してもほぼ同じように反応するが，5，6か月くらいから特定の他者に対して選択的に反応するようになる。これはアタッチメント（愛着）形成の証であるが，その後8，9か月になると，**社会的参照**や**安全基地（安心の基地）**という概念に示されるように，好奇心による探索行動で不安が生じたときに，この特定の他者のもとに戻ったり，**問いあわせ行動**をしたりする（第1章‐10，第2章‐4も参照）。また，同じころから，信頼できる他者が指さした物を一緒に見る，自分が見てほしい物を見せようとしたり，指さししたりするなど，物に対する注意を共有できるようになる。この**共同注意**によって，子どもと物との関係は**二項関係**から，特定の他者を加えた**三項関係**へと変化する（第1章‐12，第2章‐4，第2章‐5も参照）。こうして心理的な支えのもとに，赤ちゃんは行動範囲を広げ，かかわる物を増やしながら，身の回りの世界に関する知識を深めていく。

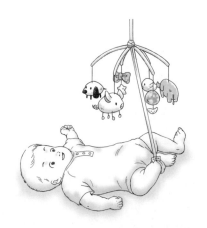

図3‐7‐1　2か月児における「随伴関係の発見」の例

出典　Rovee-Collier,C.. The Development of Infant Memory, Current Directions in Psychological Science, 8(3), pp.80‐85, 1999年のp.81 Fig.2を参考に作図

赤ちゃんの**模倣**も学びを促進する。生後まもなくから乳児は，他者の顔に示された表情と同じ表情をつくろうとしたり，他者の発声と同じ発声をしようとすることが示されている。これは**共鳴動作**といわれる現象であるが，表情や発声に関しては，生まれつき他者をまねる仕組みが備わっているようである。この仕組みを通して，他者との**非言語的コミュニケーション**が成立，促進され，言語獲得へとつながっていくと考えられている。また，他者の行動を本格的に模倣し始めるのは生後7，8か月をすぎたころからであるが，これにより，行動のレパートリーが増えていき，生活や遊びのなかで，自分でできることが多くなっていく。「学ぶ」の語源が「真似ぶ」とされるゆえんである（第1章-12参照）。

（3）　子どもの遊びと学び―幼児期の学び

　小学校以降の学校教育と，就学前の保育所や幼稚園での保育との大きな違いの一つは，保育所や幼稚園での保育の中心が遊びであることであり，保育所保育指針や，幼稚園教育要領においては，「遊び」を通した保育が強調されている。

　自由遊びという保育形態がある。子どもの自発的な遊びを尊重する考え方であるが，だからといって子どもが好き勝手に遊んでいればよいという意味ではない。保育所や幼稚園での遊びは，本来保育者の意図的，計画的な環境構成のもとで行われるものである。園のおかれている環境やその時々の季節や天候，園にある遊具や教材などを考慮しながら指導計画を立て，それに沿って子どもが遊べるようにしなければならないのである。指導計画をつくる際は，取り入れようとしている遊びが子どもの何を育てることに通じるのか，目標を明確にしていく必要があろう。また，その際は子どもの発達も考慮しなくてはならないが，遊びに関しては第2章-6で紹介した**パーテン**（Parten,M.B.）による発達段階が参考になろう。

　これによると，子どもたちの遊びは年齢が上がるにつれて集団での遊びが中心になってくるが，この**集団遊び**は子どもの社会性を育てるうえで大きな意義があると考えられている。集団遊びでは何人かで同じテーマを共有することになるが，そのテーマを維持し，発展させていくために，メンバーの役割分担を決定しなくてはならない。しかし，いつも自分の希望が通るわけではなく，メンバー間の調整が必要となる。また，こうした遊びのなかで時おり生じる**けんか**や**いざこざ**も乗り越えていかなくてはならない。こうした他者との関係調整においては，当の子ども自身の欲求や気持ちなどの**自己抑制**が不可欠となり，他者に対する**自己主張**も必要となる（第2章-1も参照）。こうした他者との調整や自己調整という経験の積み重ね

が，**心の理論**や**役割取得能力**などの獲得といった他者理解（第2章−5，第2章−8も参照）を促進するのであろう。このほか，遊びに集団で協力して取り組み，課題達成していくことで，集団としての連帯感を感じ，同時に協力や役割分担の意味を学ぶというような意義もある。このように，集団遊びは**社会性**の発達につながっていくものなのである。

ところで，第2章−13でも取りあげたように，小学校以降の学習は言語を媒介とした知識が大半を占めるようになるため，保育所や幼稚園でもことばを用いた知識教育を求めるむきもあるようであるが，ことばの意味のなり立ちをぜひ考えてみてほしい。ことばは記号の一種であるが，記号はそれが指し示すものが**実体験**として感覚運動的に理解されていないとその意味を的確にとらえることは困難である（第2章−6参照）。大人でも抽象的なことばが理解しにくいのはそのためであるが，この点を考慮すると，ことばそのものを教える以前に，それが指し示す実体験の積み重ねが必要だと考えられる。保育所や幼稚園では，ことばそのものよりも，将来的なことばによる理解につながるような感覚運動的な実体験を遊びのなかで積み重ねていくことが重要であろう。

（4） 生涯にわたる生きる力の基礎を培う

保育所保育指針，幼稚園教育要領のいずれにおいても，保育の目的として「生きる力の基礎」を培うことを掲げている。

生きる力とは，1996年に文部省（現在の文部科学省）の中央教育審議会（中教審）が「21世紀を展望した我が国の教育の在り方について」という諮問に対する第1次答申のなかで，出てきたことばである。

現行の幼稚園教育要領や小・中学校の学習指導要領の改訂に際して，文部科学省では「生きる力」を以下のように説明している。

○**生きる力**

- 確かな学力，豊かな人間性，健康・体力の知・徳・体

- 基礎的な知識・技能を習得し，それらを活用して，自ら考え，判断し，表現することにより，さまざまな問題に積極的に対応し，解決する力

- 自らを律しつつ，他人とともに協調し，他人を思いやる心や感動する心などの豊かな人間性

- たくましく生きるための健康や体力 など

出典　文部科学省『新しい学習指導要領 保護者用パンフレット』2008年より
　　　http://www.mext.go.jp/a_menu/shotou/new-cs/pamphlet/20080328/01-16.pdf
　　　（2013年3月5日）

144

　20 世紀の後半から社会変動のスピードが速くなり，これに対応して生きていくために人間は，生涯にわたって学び続けていかなければならなくなった。上記の「生きる力」もこうした社会背景から出てきたものであるが，乳幼児期においても，生涯学び続けていくための基礎が養われることが期待されている。ここで注目されるのは，**自己効力感（コンピテンス）** の育成であろう。

　これについては第 2 章 - 9 でも述べたが，自己効力感（コンピテンス）は，新しい物事や課題にとり組んでいく際のやる気に通じていくと考えられる。すなわち，今まで経験した事柄についてよい成果をあげることができたのだから，やったことのないものについても，それなりに取り組めば恐らくよい結果を出せるであろうという感覚である。この感覚の育成には，何よりも**成功体験**が重要であり，またたとえ失敗しても能力のような，みずからの意思で動かしにくい要因ではなく，努力やがんばりのような動かしやすい要因に**原因帰属**がなされるよう，子どもへ働きかけていく必要がある。

　第 3 章 - 3 で示したように，平成 29（2017）年改訂（改訂）の保育所保育指針や幼稚園教育要領では，**生きる力の基礎**を培うために，**知識及び技能の基礎，思考力・判断力・表現力等の基礎，学びに向かう力・人間性等**という，3 つの「育みたい資質・能力」が示されている。

　子どもが生涯にわたって生きていくために必要な力を培うために，十分に身体を動かし，諸感覚を働かせた多様な活動を生活や遊びのなかで経験することや，好奇心や探究心の旺盛（おうせい）な乳幼児期に，子どもが自然など身近な環境にかかわり，身体感覚を十分に働かせることが大切である。多様な経験を日々の保育のなかで重ねて行くことにより，子どもたちは遊びや生活を通し，生涯にわたって主体的に生きていくために必要な力の基礎を養っているのである。

（三浦主博・沼山　博）

8 子どもを理解する方法（1）
──観察法による理解

（1） 子ども理解と保育

第2章-8で，子どもの社会情動的スキル（非認知能力）を育もうとする際の一般的な留意点について述べたが，いざ実際に子どもと向き合ったときにどうするかは，やはりその子どもの気質や性格，能力，興味・関心，発達の状況など，その子どもをどう理解するかという子ども理解に応じて変わってくるだろう。

また，幼児期の子どもは遊びのなかでさまざまな学びを展開していくが，これに対し保育者は，子どもたちの主体的な遊びが成立するよう，そして教育的なねらいの実現につながるよう，環境や課題などを設定し，そのうえで子どもたちにかかわらなくてはならない。その際，「この子（たち）は～だから，…のような課題がよいだろう」「この子（たち）は～だから，…のようなかかわり方がよいだろう」というように，かかわる方針を決定するのにも子ども理解はなくてはならないものである。

いま子ども理解と言ったが，一般に人間が他者を理解するときは，その相手とかかわることでその人についての理解を積み重ねていく。より具体的には，人間は，それまでに得られた理解に基づいて，その人に対するかかわり方を決定し，さらにその結果を受けてその人についての理解を修正・調整する，ということが繰り返されるなかで，その人に対する理解を深めていく。これは相手が子どもであっても変わらない。

よく「決めつけてみてはいけない」といわれるが，それは，上の人間理解のプロセスからもわかるように，他者理解は変化しうるものだからである。特に幼児期の子どもは発達途上にあり，また場面や状況の影響も受けやすいため，十分にかかわらないうちから安易にわかったと思ったり，理解したものを永続的なもの，固定的なものとして考えることは望ましくない。上で述べた「この子（たち）は～だから」は常に変化する可能性があるものと捉える必要がある。

（2） 子ども理解の内容

では子ども理解とは何だろうか。その内容についてその定義から考えてみよう。蘇・香曽我部・三浦・秋田（2009）では「保育者が子どもと関わりながら子ども一人ひとりについて理解することであり，その子どもの発達，性格，感情だけでなく，人間関係や環境も視野に入れて総合的に理解することである」と定義されている。また，文部科学省（2010）では

「一人一人の幼児と直接触れ合いながら，幼児の言動や表情から，思いや考えなどを理解しかつ受け止め，その幼児のよさや可能性を理解しようとすること」と定義されている。さらに佐藤・相良（2014）では「幼児の内面に関する読みや共感性をさし，幼児の行為から，幼児が何に興味・関心を持っているか，何を要求しているか，その幼児の心情や在り様を理解すること」と定義されている。

　この 3 つの定義を概観すると，子ども理解とはまず子どもとかかわりながら進めていくものであること，そして子どもの言動や表情（**外面的理解**）から子どもの内面を理解することであることがわかる。子どもの内面については，興味，関心，要求や感情，心情，そして思い・考えといった比較的短期的で状況に応じて変化しうるものと，性格や発達のように比較的安定的なものとに理解内容が分かれている。さらに，これら**内面的理解**をする際に，子どもがもつ人間関係や環境などの**背景**も含め，総合的に理解することが求められている。

　それでは実際に保育者はどのような子ども理解をしているのであろうか。佐藤・相良（2014）は，日常の生活場面で想定される幼児の様子（おもらしをしてしまう場面，水遊びの場面など）を映した研修用映像を保育者に提示し，どのような対応をするかおよびその理由，その回答をもとに子どもに対する印象について自由に記述してもらい，子ども理解の視点にかかわる記述分類カテゴリを作成した。それが表 3 - 8 - 1 である。これによると，子どもの行動や発言，表情のような「**外面的理解**」，動機・意欲・欲求や感情・興味・関心，認知・思考のような「**内面的理解**」，そして人間関係や環境といった**背景**という 3 つの視点から，保育者が子どもを理解していることがわかる（なお，この研究では性格や発達は「背景」に含まれている点に注意）。このほか，より場面や文脈に即した視点からの子ども理解として，河邉（1990）の「遊び課題の読み取り」や，森上（2003）の「行為の意味」などがあげられる。

　本項では，一人ひとりの子どもの理解を取りあげたが，クラスや友だち関係といった集団のなかで子どもが生活し，育っていることを考慮すれば，集団としての子ども理解も必要である。横山（1998）は，「組全体を観る目」「小グループや遊びのかたまりを観る目」，そして「抽出児を個人的に追う目」という 3 つの視点をあげている（渡辺，2000）。

（3）子ども理解と観察

　それでは子ども理解はどのように進めればよいのだろうか。幼児に限らず，人間の理解は観察から始まるといわれる。ここでは発達心理学の研究

表３-８-１ 「幼児理解」の視点カテゴリ

カテゴリ 上段	カテゴリ 下段	説　明	記述例
〈外面的理解〉	〈行動〉	幼児の動き，行動についての記述	泣き出した，指を挟んだ，山に行った等
	〈発言〉	幼児の発した言葉についての記述	「わーん」と言った時，「ママー」と等
	〈表情〉	幼児の顔に表れる顔つきについての記述	寂しい表情をしていた，表情を変えず等
	〈外面的理解その他〉	幼児について観察可能で，上記以外の言及，また外面的理解の総合的な記述	けがしたことが重なり，おもらし，遊具を取られた２つのことが重なり等
〈内面的理解〉	〈動機・意欲・欲求〉	幼児の欲求，要求，行動する源についての記述（～したい，～してほしい，わざと～等）	ママに会いたい，遊びたい，気づいてほしい，見せたくない，わざと水で等
	〈感情・興味・関心〉	幼児の心の状態，感覚感情，情緒，情操等についての記述	楽しい，怒っていた，甘えられず，寂しい気持ち，安心したように，パニックに等
	〈認知・思考〉	幼児が頭の中で考えている事柄，思考，思いについての記述（～と考えているから，～こう思っている等）	どうしたらよいかわからない，思い通りに遊べず，自分がどうしたらいいのか等
	〈内面的理解その他〉	幼児の内面的記述で，上記以外の記述，または内面的理解の総合的な記述	色々な思いが重なり，嫌な思いが積み重ね，全ての気持ちが一緒になって等
〈背景〉	〈人間関係〉	幼児の周囲の人々（母親，他児，保育者等）についての記述	教師との関係がまだ築けていない等
	〈環境〉	幼児を取り巻く環境（学期・季節等）についての記述	１学期ということで，夏なので等
	〈家庭〉	幼児の家庭の状況や様子についての記述	家庭では甘えられない等
	〈発達〉	幼児の発達段階や状態等についての記述	発達障害なのかな，他児より幼い等
	〈性格〉	幼児の性格，その幼児特有な性質についての記述	プライドが高そう等
	〈身体面〉	幼児の体調，身体の状態についての記述	風邪か体調が悪いのではないか等
	〈背景その他〉	幼児の背景についての記述で，上記以外の記述，または幼児の過去の経験についての記述	経験した水あそびが，前日にも関係があるのかと思った，以前にも同じような等
〈他者の内面理解〉		主人公以外の他者（保育者，主人公の周囲にいる他児，共に遊んでいる他児等）についての内面や心情についての記述	○○ちゃんは，自分の遊びを楽しんでいるので，○○君にあまり気持ちが向いていない，周りに○○君がやったと思われ等

出典　佐藤有香・相良順子「保育者の経験年数による『幼児理解』の視点の違い」一般社団法人日本家政学会『日本家政学会誌』68 (3)，pp.103-112，2017年

方法の１つである観察法を踏まえて述べる。

図３-８-１は，観察法を事態別・形態別に分類したものである。

上段の「観察事態」からの分類としては，**実験的観察法**と**自然観察法**とがある。実験的観察法は，条件や状況を操作・統制した実験室やプレイルームに子どもを連れてきて，そこでの行動や様子を観察する実験法の一種である。他方，自然観察法は，条件や状況をできるだけ操作することなく，子どもが生活する，まさにそのままの自然な状況や文脈の中で観察しようという方法である。観察対象や時間を事前に決めたり，観察票やチェックリストを用いるなど意図的・計画的に観察を行う組織的観察と，

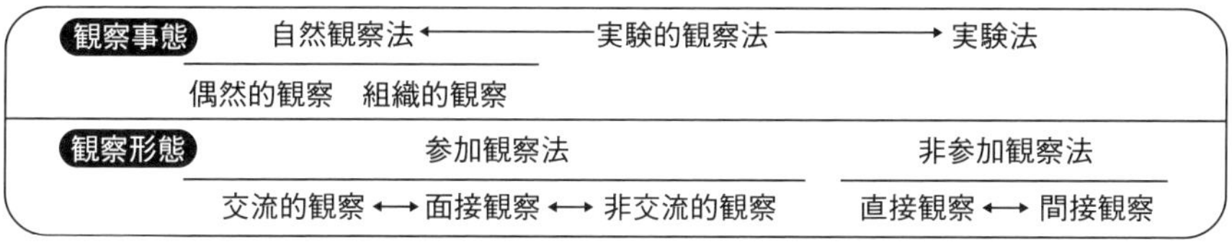

観察事態	自然観察法 ←────── 実験的観察法 ──────→ 実験法
偶然的観察　組織的観察	
観察形態	参加観察法	非参加観察法
交流的観察 ←→ 面接観察 ←→ 非交流的観察	直接観察 ←→ 間接観察

図 3 - 8 - 1　観察の事態と形態

出典　中澤潤・大野木裕明・南博文　編『心理学マニュアル　観察法』　北大路書房，1997 年

偶発的な行動を観察していく偶然的観察とに分かれる。条件や状況を操作・統制するという点で実験的観察法のほうがより科学的であると考えられているが，実験的観察で設定される場面は日常生活にはあまりなく，そのためその結果を日常的な子どもの理解に適用するのは難しいとも考えられる。

　図 3 - 8 - 1 下段の「観察形態」としては，子どもたちの生活の場に入り，さらに観察者の存在を子どもたちに示しながら観察する**参加観察法**と，ワンウェイミラー越しやビデオなどを通して観察する**非参加観察法**がある。第 2 章 – 11 でとりあげたストレンジ・シチュエーション法や第 2 章 – 7 でとりあげたマシュマロテストは，実験的で非参加の観察法である。また，参加観察法は，観察者の参加やかかわり合いの度合いによって，さらに交流的観察，面接観察，非交流的観察の 3 種類に分類される。最近の研究では，子どもたちの生活の場に入り，できるだけ普段の状況・行動を知ろうとする参加観察法が増えているが，観察者が入り込むこと自体が普段の生活とは少し異なるものになることから，できるだけ生活の邪魔をしないように工夫が必要となっている。以上のどのような方法を用いるにせよ，その方法により，見えてくるもの，拾える行動が異なってくるので，自分が行っている観察はどの事態・形態なのか，何を知ることを目的とした観察なのか，などを明確にして観察を行うことが重要である。

　実際に幼稚園や保育所に行って観察を行う手順としては，伝統的なやり方として，まず，その場なりそのクラスなりに関する情報をとにかく記述していき，その全体像を把握する**全体的観察**を行う。次に，その中で観察する焦点を決め，特定の事象や対象について観察する（例えば，鬼ごっこという遊びに焦点を絞る）。これは**焦点的観察**と呼ばれる。そして，さらに特定の場面の特定の行動，特定の子ども，というように選んでいく**選択的観察**へと観察の目的や範囲を狭めていき，考察を深めていく。

（4）　観察を記録する

　これまで観察法についてとりあげたが，子どもたちの観察を行うときには，観察したものを「記録に取る」ことも重要である。「記録に取る」とは，自分が観たものを「言語的なデータとして残す」という行為である。人間の記憶には限界があり，すぐに忘れてしまう傾向があるため，書き留めておくという作業が必要となる。また，人間は，他者の行動を観察して，その人に関する情報を集めるが，その人の内面を理解しようとしたとき，よく注意をしていないと，どうしても自分の興味のあるところや気になる行動に目を向けがちになり，記憶に残りやすい行動やエピソードばかりが集められてしまいがちになる。記録を蓄積した後，それを概観することでこうした認識の歪みや偏りに気づくこともできる（本項コラム参照）。

　表3-8-2は行動観察の記録法の種類と，それぞれの長所と短所をまとめたものである。

　研究として観察を行う際には，できるだけ客観的な記録ということで，行動の流れを一定間隔の時間で区切り，特定の行動の生起をみる**時間見本法**や，観察した行動の程度や印象を数値的に記録する**評定尺度法**を使用することも多い。保育・教育の現場でよく用いられるのは，その日の行動を日記のように記録していく**日誌法**や，あるエピソードに焦点をあてて記録する**逸話記録法**（エピソード記録法）である。

　表3-8-3は，幼稚園で作成される記録の種類をまとめたものである。保育や教育の現場では，日々の保育・教育を行っていくために，さまざまな記録が取られていることがわかる。記録する内容の単位も，一日単位から，活動ごとや時間ごと，一人の子どもに注目したもの，エピソードを記録したものまで多様である。

　観察記録を作成する際の留意点としては，まず事実と解釈を分けて書くことがあげられる。解釈は事実を踏まえてなされるものであり，そのため事実はできるだけ客観的に記述することが求められる。解釈は複数ありうる点にも注意が必要である。同じ事実に対していくつかの解釈を試みること，他の人の解釈にも耳も傾けることを心がけてほしい。また，観察記録には子どもの個人情報が含まれている点にも注意が必要である。特に記録の保管・管理にあたっては個人情報の保護やプライバシーなどに配慮をしなくてはならない。また，公開する場合は，園内だけではなく，幼児の保護者からの承諾もえる必要がある。

　観察や記録は，誰にでも簡単にできる方法のように思われがちであるが，観察眼をみがき，的確に記録を取って解釈ができるようになるまでには，それなりの学習と訓練が必要となる。近年ビデオカメラ等で映像や音

表3-8-2　行動観察法の種類と特徴

	日誌法	逸話記録法	事象見本法	時間見本法	評定尺度法
概要	行動の日誌型の記述	行動の偶発的発生を観察	特定の行為の過程を観察	行動の流れを時間間隔で分け，特定の行動の有無や，頻度を観察	観察した行動の程度や印象を数値的に評価
長所	1. 行動や人格特性の縦断的発達を理解できる。 2. 多様な行動面を十分に描くことができる。 3. 発達や変化の仮説をもたらす。	1. 比較的簡単に行なえる。時間や特別な設定・装置がいらない。 2. 複雑な行動の全範囲を豊かにとらえられる。 3. 自然状況の中の行動が研究できる。 4. 記録はいつでも何度でも見ることができる。 5. 行動の意味や発達に対する仮説をうみだせる。	1. 観察される状況や行動の統合性や文脈を維持できる。 2. 対象とする事象行動が明確であり，その生起要因や経過が詳しく把握できる。 3. あまり頻繁に生じない行動にも使える。	1. 効率的で時間が節約できる。 2. 同時並行的に複数の人物の行動を記録できる。 3. 発声や凝視のような非連続的な行動の測定に使える。 4. 頻度や生起を含む行動の多様な側面の研究や系列分析に役立つ。	1. 効率的で時間が節約できる。 2. 構成が容易で実施が簡単。 3. 応用可能性が広い。 4. あまり訓練されていない人でもできる。 5. 量化されにくい領域の行動に適している。
短所	1. 一般性に欠ける。育児日誌の場合，多くは高学歴の，子どもに関心を持つ大人によって書かれており，一般の人を必ずしも代表していない。 2. 観察のかたよりが生じやすい。観察者は訓練されていない。また特に，育児日誌の場合，対象が自分の子であるための主観的な偏りが生じる。 3. 客観的事実と解釈が混同されやすい。 4. たいへん時間を要する。	1. 記録される逸話の選択にかたよりが生じる。 2. 観察に時間がかかる。 3. データを量化するのがむずかしい。 4. 信頼性，妥当性を保証するのがむずかしい。	1. 対象とする事象が生起するまでまたねばならず，時間的なむだが多い。 2. 対象とする事象が生起しやすい設定や場面，時刻を十分把握しておかないと適切な観察ができない。	1. まれにしか出現しない行動の分析には不向き。 2. 行動の流れを人工的な任意の時間間隔で分割してしまう。 3. 観察単位中の行動の有無のみをみると，必ずしも真の頻度を反映しない。	1. 構成や実施が容易なため，しばしば無差別に使われる。 2. 観察者の心理的要因によるかたよりのエラーをまぬがれないため，信頼性が失われる可能性がある。

出典　中澤潤・大野木裕明・南博文 編『心理学マニュアル　観察法』 北大路書房，1997年
※中澤潤「行動観察」安香宏 編『性格心理学新講座4 性格の理解』金子書房 pp.89-104，1990 より一部抜粋。

声を容易に収録・保存できるようになったが，それでも観察と記録の重要性は変わらない。保育者は，このことを胸に刻み，他の保育者とともにする研鑽する姿勢をもち続けることが大切である（第3章-10も参照）。

（沼山　博・福島朋子）

表 3-8-3　幼稚園で作成される記録の種類とその概要

	記録の種類	概要
観察記録	写真	子どもの遊びの様子や表情，行事の様子などを記録として保存したり保護者に伝えたりするための記録媒体
	ビデオ	子どもや保育者の音声や動きをリアルな記録として残すための媒体
実践記録	保育日誌	日々の保育を振り返り，保育の計画や環境や援助のしかたについての反省・評価を書いたもの。次の保育計画の基礎資料として活用する。 記録形式として，日案・週日案などがある。
	個人記録	子ども一人ひとりの成長や変化を縦断的に記録したもの。記録形式として，個人記録票や個人記録ノートなどがある。
	面接記録	個人面談や家庭訪問などで，保護者から得た情報を記録したもの。
	連絡帳	保護者と親との間でやりとりされるノート。
	指導要録	学校教育法施行規則第 12 条の 3 によって規定されている，園長が作成しなければならない公式の表簿。「学籍に関する記録」と「指導に関する記録」から構成され，その年度の指導過程とその結果を要約的に書く。
	その他	園務日記・会議の記録・行事の記録など，園全体の記録として残すもの。

出典　柴山真琴『子どもエスノグラフィー入門』 新曜社，p.173，2006 年

※関章信 編『幼稚園・保育園の先生のための保育記録のとり方・生かし方』鈴木出版，2001 年から柴山（2006）が作成。

コラム　新たな保育実践につながる新たな子ども理解

　保育所に通う2歳8か月のT男くん。朝の集まりでは，先生の話をじっと聞いていることができずにふらふら歩き回る。集団活動では，簡単なルールのある遊びに参加できない。T男くんぐらいの年齢であれば，多動は一般的発達経過ともいえるが，他児と比べてT男くんの行動が目立つので，担任の保育者は，T男くんを注意が持続できず気になる子ととらえ，ほめてあげたいとは思うのだが，注意することが増え，どのように保育したらよいか困っていた。

　そんなとき，心理の専門家を交えた保育所職員での**保育カンファレンス**があり，T男くんのケースを検討する機会をもった（保育カンファレンスとは具体的な保育の事例を検討する会。医学や臨床心理学の手法を保育に導入したものである）。そこでは，専門家によるT男くんの保育における行動観察と，担任保育者による遠城寺式・乳幼児分析的発達検査法への記入とほかの保育者からみたT男くんの姿の3つの観点から，T男くんの行動の理解をした。行動観察からT男くんが保育者の言うことを十分に理解していないのではないかということ，ほかの保育者から「そういえば，私が指示を与えたときも，きょとんとして行動に移せなかった」という意見も出された。担任の遠城寺式・乳幼児分析的発達検査の結果からも，職員が思っているより言語理解の発達が遅れていることがわかった。

　行動観察や異なる保育者によるT男くんのとらえ方，発達検査を通した客観的情報を整理してくと，注意の持続ができない背景には言語理解に不十分さがあるのではないかということがわかった。保育実践では，個別に指示を与えること，具体的に簡潔に指示を与えることによって，言語理解を促していくという方向性が確認された。

　このように，子どもの理解において，担任保育者のとらえ方と発達検査や他者のとらえ方が異なっている場合がある。保育実践に煮詰まっているときこそ，子ども理解を整理しなおすことが大切で，新たな子ども理解は新たな保育実践を生みだすのである（発達検査については第3章-9参照）。

（津田千鶴）

9 子どもを理解する方法（2）
——検査法による理解

（1）　検査法による子ども理解

　前項では，養育者や保育者などが子どもと直接かかわり，観察することで得られる子ども理解について述べたが，こうした観察法による理解は，観察者の個人的な経験のみならず，人間がもつ認知バイアスにより，どうしても歪みや偏りが生じやすい（本項コラム参照）。そこで，こうした歪みや偏りができるだけ生じないように，科学的・客観的に子どもが持っている特性や傾向を捉えようとする各種検査法が心理学で開発されている。ここでは，乳幼児期から児童期によく用いられる発達検査と知能検査について説明する。

（2）　発達検査

　心理検査といえば，知能検査が有名であるが，乳幼児は心身の発達が未分化なため，知的能力のみを測定することは難しい。そこで，発達検査には，知的側面だけでなく，身体運動的な側面や社会的側面の発達についても検査項目に含まれており，多面的な発達を全体的に把握することができる。また，検査対象に0歳も含まれており，発達初期の状態も測定できる。わが国では次の検査がよく使用される。

①遠城寺式・乳幼児分析的発達検査法

　この検査は，0～4歳8か月の子どもに適用され，「運動」「社会性」「言語」の3領域で構成されている。「運動」の下位領域として「移動運動」と「手の運動」，「社会性」の下位領域として「基本的習慣」と「対人関係」，言語の下位領域として「発語」と「言語理解」の6領域が設定されている。子どもを直接観察したり，保護者から聞き取ったりして，各項目をチェックしていき，各領域の発達年齢を求め，それを線で結ぶことによりプロフィールが得られ，発達の状態を分析的かつ全体的に把握することができる（図3-9-1）。

②乳幼児精神発達診断法（津守・稲毛式，津守・磯部式）

　この検査は，0～7歳までの子どもに適用され，質問紙は，1～12か月用，1～3歳用，3～7歳用の3種類ある。子どもの日常生活の行動と，「運動」「探索・操作」「社会」「食事・生活習慣」「言語」の5領域に分けている。検査は，保護者からの聞き取りや保護者が直接記入する形式となっており，結果は各項目の可否を領域ごとに点数化して発達輪郭表に記

遠城寺式・乳幼児分析的発達検査表　（九大小児科改訂版）

氏名			男／女	外来番号		検査年月日	1. 年 月 日　3. 年 月 日 2. 年 月 日　4. 年 月 日

年月	移動運動	手の運動	基本的習慣	対人関係	発語	言語理解
4:8	スキップができる	紙飛行機を自分で折る	ひとりで着衣ができる	砂場で二人以上で協力して一つの山を作る	文章の復唱(2/3)「子供が二人ブランコに乗っています」「山の上に大きな月が出ました」「きのうお姉さんと買物に行きました」	左右がわかる
4:4	ブランコに立ちのりしてこぐ	はずむボールをつかむ	信号を見て正しく道路をわたる	ジャンケンで勝負をきめる	四数詞の復唱(2/3) 5-2-4-9 / 6-8-3-5 / 7-3-2-8	数の概念がわかる(5まで)
4:0	片足で数歩とぶ	紙を直線にそって切る	入浴時、ある程度自分で体を洗う	母親にことわって友達の家に遊びに行く	両親の姓名、住所を言う	用途による物の指示(5/5)(本、鉛筆、時計、いす、電燈。)
3:8	幅とび(両足をそろえて前にとぶ)	十字をかく	鼻をかむ	友達と順番にものを使う(ブランコなど)	文章の復唱(2/3)「きれいな花が咲いています。」「飛行機は空を飛びます。」「じょうぶに塩を売ります。」	数の概念がわかる(3まで)
3:4	でんぐりがえしをする	ボタンをはめる	顔をひとりで洗う	「こうしていい?」と許可を求める	同年齢の子供と会話ができる	高い、低いがわかる
3:0	片足で2〜3秒立つ	はさみを使って紙を切る	上着を自分で脱ぐ	ままごとで役を演じることができる	二語文の復唱(2/3)(小さな人形、赤いふうせん、おいしいお茶。)	赤、青、黄、緑がわかる(いずれか1つ)
〜	〜	〜	〜	〜	〜	〜
0:5	寝がえりをする	手を出してものをつかむ	ビスケットなどを自分で食べる	鏡に映った自分の顔に反応する	人に向って声を出す	
0:5	横向きに寝かせると寝がえりをする	ガラガラを振る	おもちゃを見ると動きが活発になる	人を見ると笑いかける	キャーキャーいう	母の声と他の人の声をききわける
0:4	首がすわる	おもちゃをつかんでいる	さじから飲むことができる	あやされると声を出して笑う	声を出して笑う	
0:3	あおむけにして体をおこしたとき頭を保つ	横にふれたものを取ろうとして手を動かす	顔に布をかけられて不快を示す	人の声がする方に向く	泣かずに声を出す(アー、ウァ、など)	人の声でしずまる
0:1	腹ばいで頭をちょっとあげる	手を口に持っていってしゃぶる	満腹になると乳首を舌でおし出したり顔をそむけたりする	人の顔をじっと見つめる	いろいろな泣き声を出す	
0:0	あおむけでときどき左右に首の向きをかえる	手にふれたものをつかむ	空腹時に抱くと顔を乳の方に向けてほしがる	泣いているとき抱きあげるとしずまる	元気な声で泣く	大きな音に反応する
[年:月]	移動運動	手の運動	基本的習慣	対人関係	発語	言語理解
	運動		社会性		言語	

© 遠城寺 宗徳　発行元 〒108-8346 東京都港区三田 2-丁目19-30　慶應義塾大学出版会

図3-9-1　遠城寺式・乳児分析的発達検査表

出典　遠城寺宗徳, 合屋長英『遠城寺式乳幼児分析的発達検査法』慶應通信, 1977年

入し，発達年齢やプロフィールが得られ，各領域の発達の状態を捉えることができる。

③ KIDS 乳幼児発達スケール

　この検査は，0歳1か月〜6歳11か月の子どもに適用され，質問紙は子どもの年齢によってタイプA，B，Cの3部に分かれている。「運動」「操作」「理解言語」「表出言語」「概念」「対子ども社会性」「対成人社会性」「しつけ」「食事」の9領域で構成されている。保護者や保育者が各項目を評価し，領域ごとに合計得点が出され，プロフィールが得られる。また，各領域と全検査の**発達年齢**（DA: Developmental Age）と**発達指数**（DQ: Developmental Quotient）も算出され，子どもの発達の状態が把握できる。発達指数（DQ）は発達年齢（DA）を**生活年齢**（CA: Chronological Age）で割って100をかけたもの，すなわち，DQ=（DA/CA）×100（DA，CAはいずれも月齢）で表される。

④その他の発達検査

　上述のほかにも，子どもの発達の状態を調べる検査に，日本版デンバー式発達スクリーニング検査や新版K式発達検査2001などがある。

（3）　知能検査

　知能とは「環境に適応し，新しい問題状況に対処する知的機能・能力」であり，一般的にいわれる，勉強ができるといったものや頭の回転が速いというものは，知能の一部分でしかない。「知能検査で測定されたものが知能」とする定義もあるが，ひと口に知能検査といっても，作られた背景や，そこで測定されている知能の内容もその測定法も異なっており，多種多様である。大別すると，検査者と被検者が1対1で検査を行う**個別式知能検査**と，多数の人を対象に鉛筆で回答させる**集団式知能検査**に分類できる。ここでは個別式知能検査を3つ紹介する。

①ビネー式知能検査

　この検査は世界で最初の知能検査であり，1905年に心理学者のビネー（Binet,A.）と医師のシモン（Simon,T.）によってフランスで開発された。当時フランスは，障がい児に対する教育についての議論が起こっており，小学校入学時に特殊学級などへの通級が望ましいと考えられる子どもを見分ける（**スクリーニング**する）ためのものとして考案された。その後，さまざまな改良が加えられており，現在日本では「田中ビネー知能検査V」が代表的なものとして広く知られている。

　対象年齢は2歳〜成人と幅広い年齢をカバーしている。実施方法としては，それぞれの年齢級にさまざまな課題がちりばめられており，最初に始めた年齢級の課題で1つでも不合格があれば，下の年齢級へ下がっていき，全課題に合格する年齢級まで下がったら，今度は全課題不合格になる年齢級まで順に上がっていく，といったやり方をとる。こうして**精神年齢**（MA: Mental Age）が測定され，これと**生活年齢**（CA: Chronological Age）によって**知能指数**（IQ: Intelligence Quotient）が算出される。算出は　IQ=MA/CA × 100　（MA,CAはいずれも月齢）で表される。

　この式からわかるように，生活年齢と精神年齢が一致すれば，知能指数（IQ）は100となる。100を基準として，それよりどのくらい大きいか，小さいかでその人の知能を評価・判断する。

　この検査は，②で述べるウェクスラー式知能検査とは異なり，知的能力の全体的な発達水準を測定する意味合いが強く，知能を分類して解釈することができない。これは「知能は個々の能力の寄せ集めではなく1つの統一体である」というビネーの知能観によるところが大きい。

②ウェクスラー式知能検査

　この検査は，1938年にニューヨークのベルビュー病院の臨床心理学者・ウェクスラー（Wechsler,D）が開発・作成した知能検査である。対象年

齢に合わせて，WAIS，WISC，WPPSI の 3 つの検査がある。

　子ども用知能検査である，わが国における現行版の WISC-Ⅳをみてみると，検査項目は全部で 15 項目あるが，合成得点を算出するのに必要なのは 10 の基本検査のみである。合成得点には，全検査 IQ（FSIQ）と 4 つの指標得点である，言語理解指標（VCI），知覚推理指標（PRI），ワーキングメモリー指標（WMI），処理速度指標（PSI）がある。

　実施は表 3-9-1 のように行われる。視覚的に刺激が入る検査からスタートすることで子どもが検査に対して興味をもちやすく比較的スムーズに検査に導入できるようになっている。また，それぞれの指標得点を算出する検査を交互に実施することで，子どもの集中力を切らさない工夫が施されている。

　この検査の特徴は，全体的な状況だけではなく，4 つの指標得点により，それぞれの領域の得意・不得意を明らかにすることが可能となっている点である。子どもの全体的な知能指数（全検査 IQ）だけでなく，それぞれの領域における能力をみていくことで，今後の支援のあり方を検討することができる。

WAIS
16 歳以上を対象。現行版は WAIS‐Ⅳ。

WISC
6 ～ 16 歳を対象。

WIPPSI
3 ～ 7 歳 3 か月を対象。現行版は WIPPSI‐Ⅲ。

表 3-9-1　WISC‐Ⅳの指標得点別の検査項目と実施順序（①から⑮の順に実施）

	基本検査			補助検査	
VCI（言語理解指標）	②類似	⑥単語	⑨理解	⑬知識	⑮語の推理
PRI（知覚推理指標）	①積木模様	④絵の概念	⑧行列推理	⑪絵の完成	
WMI（ワーキングメモリー指標）	③数唱	⑦語音整列		⑭算数	
PSI（処理速度指標）	⑤符号	⑩記号探し		⑫絵の抹消	

出典　上野一彦 編『日本版 WISC‐Ⅳテクニカルレポート #1』日本文化科学社，2011 年より作成
http://www.nichibun.co.jp/kobetsu/technicalreport/wisc4_tech_vol1.pdf（2013 年 3 月 12 日）

③日本版 K-ABC 心理アセスメントバッテリー

　この検査は，1983 年に学習障がい（LD）の研究で著名なカウフマン夫妻（Kaufman,A.S. & Kaufman,N.L.）によって開発されたもので，子どもの知的能力を，**認知処理様式**と知識・技能の習得度の両面から評価し，得意なもしくは不得意な認知処理様式を見つけ，それを子どもの指導・教育・支援に活かすことを目的としている（日本 K-ABC アセスメント学会）。

　現在使用されているのは改訂版の K-ABC Ⅱであり，対象年齢は 2 歳 6 か月～ 18 歳 11 か月までである。構成は，認知総合尺度と習得総合尺度という 2 つの大きな尺度からなっている。このうち認知総合尺度は，継次尺

度，同時尺度，計画尺度，学習尺度の４つの下位尺度からなっており，認知処理様式を測定している。また習得総合尺度は，語彙尺度，読み尺度，書き尺度，算数尺度の４つの下位尺度からなっており，基礎学力を測定している。

標準得点
平均点や標準偏差を用いて，集団の中での個人の位置がわかるように変換した値のこと。

　検査結果は，総合尺度，そして下位尺度ごとに標準得点で算出され，それぞれの尺度の間で得点を比較することでさまざまな情報が得られる。例えば，認知総合尺度と習得総合尺度の間で得点を比較することで，認知能力に見合った知識や技能の習得をしているかどうかがわかる。また，認知総合尺度の４つの下位尺度の間で比較することで認知処理様式の得意不得意が，そして習得総合尺度の４つの下位尺度の間で比較することで知識・技能の得意不得意が把握できるようになっている。こうして把握された，その子どもの得意不得意を踏まえ，得意な様式についてはそれを生かすような，不得意な様式についてはその子どもに見合っているような指導や教育，支援を考えていくことになる。

　認知処理様式について下位尺度に即して具体的に説明しよう。「同時処理」とは，全体を捉え，そのなかで関係づけをしていく能力で，この処理が得意な人は目で見たものを処理することが得意である。次に「継次処理」とは，１つひとつ順序よく分析しながら処理する能力で，この処理が得意な人はことばを聞き取るような場面での処理が得意である。この２つの認知処理様式のうち，得意な方を生かした指導や教育，支援を行うことになる。一方，「計画」は，課題を解決するために，適切な方法の選択・決定，実行，そして，その実行が適切に行われているかどうかをチェックするなどの能力を示し，「学習」は，新しいことを学ぶ能力を示している。この２つの能力が不得意な場合は，その子どもに見合った指導や支援の方法を考えていくことになる。

（４）　心理検査利用上の留意点

　以上のように，さまざまな発達検査や知能検査があるが，知りたい内容や目的を明確にし，そのうえで子どもの年齢，実施方法などを考慮して，検査を用いる必要がある。保育現場で知能検査を実施することはそれほど多くないだろうが，連携先の児童相談所や医療機関，心理士（心理師）による巡回相談などにおいて，子どもが検査を受けた場合，検査結果について説明を受けることもありうるので，それぞれの検査の仕組みや結果の見方などをあらかじめ理解しておく必要がある。

　また，発達検査では，記入者が保護者や保育者から聞き取って回答することが可能となっているが，保育現場ではその方が比較的短時間で検査で

き，日々の保育で子どもの発達状況を把握するのに役立つだろう。しかし，この場合，記入者の主観が結果に反映されることから逃れることはできないので，記入者からみた子どもの発達状況であるということに十分留意しなければならない。

　心理検査の結果をみる場合は，それを子どもの指導やかかわりにどう生かすかという観点が欠かせない。また，心理検査の結果を踏まえながら，子どもの観察を行ったり，反対に子どもの観察を踏まえながら心理検査の結果を解釈したりすることによって，より深く，より総合的に子ども理解をすることが可能になると考えられる（第 3 章 - 8 コラム参照）。

（津田千鶴・高橋　賢・福島朋子）

コラム　子どもを見る目を歪ませるもの

　幼稚園や保育所における子ども理解は，保育者による観察によってなされる場合が多い。よく「あるがままに」とらえるといわれるが，心理学では，同じ光景をみていても，観察する側の心理的要因によって解釈が異なることが知られている。それだけに，自らの理解を絶対視することなく，歪んでいる可能性を常に頭に入れておく必要があろう。ここでは，子ども理解の歪みにかかわると考えられる現象や事項を4つあげておく。子どもだけではなく，保護者や同僚の理解にもあてはまることに留意してほしい。

（1）ハロー効果

　偉人に対して「後光が指す」といういい方がある。また，聖人は頭の後ろの光背とともに描かれることが多い。この後光や光背のことを英語では halo といい，それがあることでその人の人間性の高さが表現されている。子ども理解でも，その子どもがもつ望ましい特徴が，あたかも光背のように働いて，ほかの特徴の理解や評価によい方向づけを行うことがありうる。たとえば，勉強のできる子どもは生活面や運動面などほかの領域に関してもよくみえることがある。その一方で，これとは反対に，その人がもつ望ましくない特徴が，ほかの特徴の理解や評価に悪い方向づけを行うこともある。たとえば，先の例とは逆に，勉強のできない子どもは生活面や運動面などほかの領域でも悪くみえることがある。このような，よい方向づけは正のハロー効果，悪い方向づけは負のハロー効果とよばれる。

（2）暗黙の性格観

　血液型や誕生日，姓名などを用いた性格判断が巷で流行しているが，このほかにも「総領の甚六（長子は大事に育てられるのでおっとり屋が多いという意）」「末っ子の甘えん坊」などの格言や俗信を聞いたことはないだろうか。このように，身体的特徴や身なり，出身地や出生順位，所属や職業・経歴など，外部からも把握しやすい人間の特徴とその人の性格との間に一定の関係があると考える傾向がある。また，これと同時に，優しい人は，明るく，理性的で誠実であるというように，ある性格特性は別な性格特性と関連しているとも考えられる傾向がある。このように，人間は人のある特徴をとらえると，そこからその人の性格をあたかも芋づる式に推測する性格解釈のための枠組みをもっている。この枠組みは，本人がその存在に気づかないことも多いため，暗黙の性格観とよばれている。この暗黙の性格観は，必ずしも科学的な裏づけがあるわけではなく，そのため差別や偏見の一因となる可能性がある。**ステレオタイプ**はその一例である。

（3）基本的帰属の錯誤

　私たちは，何かの事態に遭遇するとその原因をどこかに求めようとする傾向がある。これを**原因帰属**というが（第2章−8参照），この原因帰属のしかたにはある一定の偏り（バイアス）があることが知られている。このうち，他者を理解する際にとくに留意すべきなのは，基本的帰属の錯誤とよばれるものである。これは他者の言動に対する原因帰属において，概（がい）してそのときの状況や環境などの外的要因よりも，むしろその人の性格や能力など内的要因に帰属を行いやすいとするものである。すなわち，本来は外的要因に帰属させるべきところを内的要因に帰属させ，その結果としてその人に対する印象やイメージをつくりあげてしまうことがありうるのである。この傾向は悪い結果のときにとくに生じやすいという。子どもの言動がきっかけで，何か悪い事態を招いてしまったときには，その子どもの内面的な理由と判断してしまいがちであるが，外的な要因にも配慮する必要があろう。

（4）ビリーフ

　人間は，何らかの事態に遭遇した際，その人の過去経験によってつくられた枠組みを用いて，それを認知したり理解したり，判断したりする。これを**主観的準拠枠**（じゅんきょ）という。そのなかでも，その人がもっている信念や固定観念を論理療法では**ビリーフ**とよび，とくに，根拠がなく，不合理なビリーフを**イラショナルビリーフ**とよんでいる。たとえば，「何事も結果がすべてである」というビリーフをもっている人にとって，経過はあくまで経過であって，評価の対象とならないことが多い。このように，同じ人の同じ行動であっても，とらえる側のビリーフの内容によっては，正反対のとらえ方がなされる場合がある。

　河村（2000）は，教員特有のビリーフがあることを指摘している。たとえば，「教師は，その指示によって学級の児童に規律ある行動をさせる必要がある」といった児童管理・生活管理についてのビリーフをもつ教師は，学級の児童を「よい子」と「悪い子」に明確に分けるような言動が多いなど，理解のあり方を限定する傾向が認められるという。

　このビリーフは，その形成の過程において，教員や保育者としての経験だけではなく，みずからが子どもだったときの経験にも影響されていると考えられる。子どものときから，教育や保育の場を支配している価値観や規範を受容してきた人たちが教員や保育者になった場合，同じように積極的で受容的な子どもは比較的理解しやすいが，消極的で拒否的な子どもは，みずからの経験では理解しにくいだろう。このように，ビリーフによって，子ども理解の内容や難易が変わりうる。それだけに，みずからの解釈や判断の枠組みになっているビリーフに気づき，必要に応じて，その根拠や合理性を問うことも重要となろう。　　（沼山　博）

10 子どもを理解する方法（3）
──保育の評価・省察と協働・対話

（1）保育の評価と改善（PDCA サイクル）

　保育所や幼稚園等における保育は，計画に基づいた保育の実践を，保育の記録等（第3章−8参照）を通じて振り返り，評価した結果を次の計画に生かすという，循環的なプロセスを通して行われる。このプロセスは，計画の立案（Plan），実践（Do），評価（Check），Action（改善）という **PDCA サイクル**に当てはめて考えることができる（図3−10−1）。

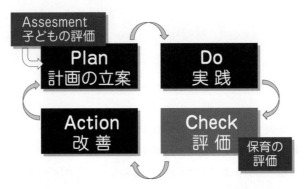

図3−10−1　PDCA サイクルによる評価と改善

　保育の評価について，保育所保育指針には，「保育士等の自己評価」として以下の様に記述されている。

第1章 総則　3　保育の計画及び評価（4）保育内容等の評価

ア　保育士等の自己評価

　（ア）　保育士等は，保育の計画や保育の記録を通して，自らの保育実践を振り返り，自己評価することを通して，その専門性の向上や保育実践の改善に努めなければならない。

　（イ）　保育士等による自己評価に当たっては，子どもの活動内容やその結果だけでなく，子どもの心の育ちや意欲，取り組む過程などにも十分配慮するよう留意すること。

　（ウ）　保育士等は，自己評価における自らの保育実践の振り返りや職員相互の話し合い等を通じて，専門性の向上及び保育の質の向上のための課題を明確にするとともに，保育所全体の保育の内容に関する認識を深めること。

出典　厚生労働省編『保育所保育指針解説』フレーベル館，p.53，2018 年

　保育の評価には，まず，子どもの発達や状態を理解するために行う評価（**アセスメント**）があり，そのためには，観察と記録（第3章－8参照）や，発達検査等（第3章－9参照）が行われ，その情報等を基に保育の計画を立案し，修正しながら保育実践が行われていく。そして，こうした保育の計画・実践について，保育の記録等を基に振り返りを行う評価があり，この評価に基づいて保育実践の改善が行われていくことになる。

（2）　保育の振り返り（省察）

　保育実践を評価し改善していくためのキーワードとして，保育の**振り返り**があげられる。この「振り返り」という言葉は，「保育所保育指針」の他の章の文中でもたびたび見られているが，近年は振り返りと同義で「**省察（reflection）**」という言葉で使われることも多い。これは，専門職のあるべき姿，専門職養成の理念（モデル）としてここ数十年わが国でも注目を浴びている，ショーン（Schon, D.A.）が提唱した**省察的実践者**（The Reflective Practitioner）に端を発している。ショーンによると，省察的実践者とは，不確実で予測しがたい問題状況との対話を絶えず行い，経験から蓄積した実践的な知識を用いて探求し続け，省察を軸として専門的力量を形成してく専門職のことを表す。つまり，自らの実践に対して向き合い，振り返り，捉え直しをすることにより，新たな知識を得て，自らを成長させていくことが，その姿において必要とされている。

> **振り返り**
> 　かつては「反省」という言葉が使われていたが，謝意や後悔といった否定的な意味が多分に含まれるため，肯定的な意味も含めて中性的な「振り返り」という言葉が使われるようになってきている。

> **省察的実践者**（The Reflective Practitioner）
> 　訳語として，他にも「省察的実践家」や「反省的実践家」がある。

（3）　保育の評価についての考え方

　保育の評価結果の活用について，保育所保育指針には以下の様に示されている。

第1章　3　保育の計画及び評価（5）評価を踏まえた計画の改善
　ア　保育所は，評価の結果を踏まえ，当該保育所の保育の内容等の改善を図ること。

出典　厚生労働省編『保育所保育指針解説』フレーベル館, p.58, 2018年

　保育の内容等の改善を行うために，保育の評価を行うわけであるが，その対象は，保育者自身の保育だけではなく，子どもの状況等についても評価を行うことになる。

　子どもを評価する際に気をつけたい視点として，以下に2つの考え方を紹介する。

　カー（Carr, M）は，評価の信頼モデルと問題点モデルを示している。

問題点モデルは，子どものできていない，身についていない点について評価を行うものである。子どもの評価（アセスメント）をする場合，特に発達に課題のある子どもの場合など，どうしてもマイナス面に目が行ってしまうことが多いのではないだろうか。それに対して，**信頼モデル**は，子どもは能動的な学び手であり，保育への意欲的な参加の姿を積極的に捉えて評価を行うものである。保育者として子どもにかかわる際には，否定的な視点ではなく，肯定的な視点でかかわり評価していくことが重要である。

また，ブルーム（Bloom, B.S.）は，評価の機能的分類として，教育評価を，①**診断的評価**（学習指導を行う前の評価≒実態把握），②**形成的評価**（学習指導の途中での評価），③**総括的評価**（学習指導の終了後の評価≒到達度評価）の3つに分類している。評価を行う際には，どうしても①保育実践前と③実践後の量的な評価（できたかできないか）を重視してしまうことが多いが，②形成的評価の視点も必要かつ，重要である。例えば，子どもが課題に取り組もうとしている姿勢や，できなかったとしても以前よりは進歩しているというようなプロセスの質的な評価を行うことも評価を行う上で大切な視点である。

このように，子どもを肯定的に捉える視点は，保育者と子どもとの良好な関係を築くことを可能にし，保育内容や保育実践の向上にも寄与することになるだろう。

保育の振り返り（省察）を行い，日々の保育や子どもの評価を行った結果については，保護者へ子どもの様子を伝える際や園内での保育者同士の共有するための情報として活用することができる。さらには，小学校や専門機関との連携の際に，就学や発達相談等の情報・資料とするなど，様々な場面で活用することも可能になることから，しっかりと記録として残しておくことも必要である。

（4）保育者の協働と対話

保育の評価について，保育所保育指針では，「保育所の自己評価」として以下の様に記述されている。

第1章　総則　3 保育の計画及び評価（4）保育内容等の評価

イ　保育所の自己評価

　（ア）　保育所は，保育の質の向上を図るため，保育の計画の展開や保育士等の自己評価を踏まえ，当該保育所の保育の内容等について，自ら評価を行い，その結果を公表するよう努めなければならない。

　（イ）　保育所が自己評価を行うに当たっては，地域の実情や保育所の実態に即

して，適切に評価の観点や項目等を設定し，全職員による共通理解をもって取り組むよう留意すること。

（ウ）　設備運営基準第 36 条の趣旨を踏まえ，保育の内容等の評価に関し，保護者及び地域住民等の意見を聴くことが望ましいこと。

出典　厚生労働省編『保育所保育指針解説』フレーベル館，p.55，2018 年

　複数の保育者や職員が共に働いている保育現場においては，保育の評価においても「全職員による共通理解」が求められている。これまで保育者の資質向上という際には，保育者個々人の専門性の向上について焦点が当たり言及されることが多かったが，2008（平成 20）年改定の保育所保育指針においては，「**協働性**」という言葉が初めて使用されて，保育者一人一人の専門性の向上だけでなく，組織の一員としての成長や，組織全体の組織性の向上が明確に求められるようになっている。保育者がお互いに協働し，組織の中の一員としての役割をしっかりと担っていくことが期待されている。

　また，保育現場においては，保育者が「共に学び合うこと」の重要性が注目されてきている。保育者の専門性の一つである判断や行為は，個々の保育者だけで完結するものではなく，保育者同士の交流や研鑽によって研ぎ澄まされるものであり，自らの日々の保育の「振り返り（reflection）」を行い，さらに保育者同士の「**対話**」を通した共通理解や協働の学びが求められている。このことは，先に取り上げた保育所保育指針の保育士等の自己評価の文中に，「職員相互の話し合い等を通じて，専門性の向上及び保育の質の向上のための課題を明確にする」とあることからもわかるだろう。

　こうした保育者同士で情報を共有し，「対話」を行う機会としては，日々の職員会議や「**カンファレンス**」がある。保育現場で行われているカンファレンスは「**保育カンファレンス（事例検討）**」（第 3 章 – 8 コラムも参照）とよばれ，保育者が同僚などとともに子どもの遊びの姿や保育者のかかわりと環境構成などについて意見を出し合い，子どもの理解を深め，保育実践を改善するために行われることが多く，先に述べた「共通理解」や「協働性」を高めるための園内研修の一環として行われることもある。複数の保育者による対話を通した保育カンファレンス（事例検討）を定期的に開催することで，その次の指導計画の立案や改善に生かすことにもつながっていく。

（三浦主博）

第 *4* 章

子どものこころの 健康と生活環境

この章では，子どものこころの健康について
学びます。生活環境との関連をはじめ，発達
障がいや児童虐待の問題も取りあげます。生
活環境としての家庭・家族を理解し，保護者
支援の在り方，そして地域との連携について
も考察していきます。

1 子どものこころの健康と生活環境

（1） 子どものこころの健康は身体に現れやすい

人前で話をしようとして，心臓がドキドキしたり，身体が震えたりしたことはないだろうか。また，イライラしているときに，外を歩いたり，走ったりすることで気分がスッキリということもあるだろう。このように，人間のこころと身体の状態は関連し合っている。これは**心身相関**といわれ，生活のなかで人が感じるストレスは，中枢神経系を介して，自律神経系，内分泌系，免疫系と身体に影響を及ぼしている。

これは子どもでも変わらない。大人でも，胃潰瘍や高血圧など，継続的なストレスの影響が原因の1つとなってかかる病気があるが，子どもの場合は，心身共に発達途上にあり，神経系や内分泌系，免疫系はいずれも機能的に不安定な状態にある。そのため，ストレスへの反応が身体や行動にあらわれやすい（竹内・大矢，2015）。例えば身体症状としては，嘔吐や下痢，腹痛，便秘，発熱などが，行動上の問題としては，摂食障害や排せつ障害，睡眠障害，緘黙，不登園などがあげられる。周囲の大人は，こういった身体症状や行動に出くわしたとき，子どもの外面的な変化に目を奪われがちであるが，特に繰り返すときは，それらの背景に心理的なストレスが隠れている場合が少なくないので，注意が必要である。

これに加えて，小さな子どもの場合は，自分の状態を概念的に捉えることが難しく，ことばで表現することが難しいため，むずかったり，機嫌が悪くなったりと，身体や行動で表現しやすくなる。また，我慢する習慣がついている子どもの場合は，不調を自覚しても周囲に気を遣って伝えないこともある。子どもの行動や表情がいつもと違うと思ったら，何かあるのでは，と考えることも必要であろう。大人は，子どもだから周囲の変化はわからないだろう，子どもだからすぐによくなるであろうと考えがちであるが，放っておくと悪循環に陥り，症状が悪化することもあるので，早めに気づくことを心がけたい。

（2） 子どものこころの健康と生活環境

表4-1-1は，子どもの成長発達段階別に生じやすいストレス性の身体症状と行動上の問題をまとめたものである。傾向としては，①低年齢ほど全身性の反応を起こしやすい，②環境，特に心理的環境としての養育者や保育者，仲間関係の影響を受けやすい，③環境状況の変化に応じて身体症状が変化しやすい。④3歳までは乳児と同様のパターンをとり，小学校高

自律神経系
内臓や血管に分布して呼吸や消化，吸収，循環，分泌などの活動を不随意的に調節する神経のこと。

内分泌系
下垂体や甲状腺，胸腺，副腎など，ホルモンを生成し，血液中に分泌する内分泌腺で構成される。

免疫系
体内で病原菌や異常な細胞を認識して殺滅することによって私たちの体を病気から守る防衛システム。

緘黙
発語に関する器官に器質的な障害がないのに，発語しないもの。特定の人とは話せるのに，それ以外の人とは話せないものを選択性緘黙，特定の場所に行くと話せないものを場面性緘黙という。

表4-1-1　子どもの成長発達段階別のストレス性身体症状と行動上の問題

	乳児期	幼児期	学童期	思春期
心理的課題	基本的信頼感	自律心	勤勉感	自我同一性の確立
特徴的なストレス要因	・不安定な愛着関係；情緒の応答やスキンシップの不足など ・養育の不備 ・子ども自身の素因や発達特徴	・不安定な愛着関係；分離不安，両親の不和や別離など ・不適切なしつけ ・きょうだいの葛藤	・家庭；両親との関係，家族関係など ・学校；友人や教師との関係，学業成績など	・家庭；親からの自立と依存の葛藤など ・学校；友人・異性や教師との関係，進学問題，部活動など ・社会；恋愛，就職など
症状の特徴	・全身症状が多い 「よく泣く」「寝ない」「吐く」「飲まない・食べない」などの心身反応	・軽微な症状を繰り返し訴える ・しつけと関連した症状や神経性習癖が多い 周期性嘔吐，反復性腹痛，下痢，腹痛，便秘，遺糞，遺尿，夜尿，気管支喘息，アトピー性皮膚炎，肥満，睡眠障害，緘黙，吃音，脱毛，抜毛，など	・生活行動上の問題を伴いやすい ・運動・筋肉系症状が多い （幼児期の症状に加えて）過敏性腸症候群，過換気症候群，糖尿病，頭痛，チック，摂食障害，起立性調節障害，心因性発熱，心因性咳嗽，など	・自律神経失調症や精神症状が増加する ・症状の極端化や遷延化が目立つ

出典　竹内義博・大矢紀昭　編著『よくわかる子どもの保健（第3版）』ミネルヴァ書房，p.77，2015年

学年以上は成人と同様のパターンをとる（鈴木，2018）。

　では，こういったストレス性の身体症状や行動上の問題はいったいどのようにして生じるのであろうか。まずストレス性といっても，環境や状況が同じであっても，そこにいる全員が同じ反応を示すとは限らない。全く何の反応も示さない子どももいるし，過敏に反応する子どももいる。こうした性格傾向の違いは出生後間もなくから存在しており，これは**気質**と呼ばれる。この気質に，家庭でのかかわり方や育てられ方，そして保育所・幼稚園などの生活環境が相互に絡み合うことにより，身体症状や行動上の問題が生じると考えられている。

　例として子どもの**統制不全型の問題行動**の発達プロセスを，母親の子どもへの否定的感情との関連から検討した菅原（2003）をみてみよう。統制不全型の問題行動とは，衝動エネルギーが強く，そのコントロール（統制）が上手ではないために起こるもので，カッとするとすぐキレてしまい攻撃的な行動が衝動的に出てしまう，あるいは好奇心が旺盛で注意の制御をうまくできずにあちこち行ってしまうなどの注意欠陥，攻撃的で反社会的な行動傾向を指している（菅原，2002）。この研究では，生後11年目の時点で統制不全型の問題行動が多く出現した子どもたち（High群）と，ほとんど出現しなかった子どもたち（Low群）の2つのグループについ

気質
第1章-1コラム参照。

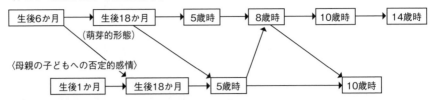

〈子どもの統制不全型の問題行動傾向〉

生後6か月 → 生後18か月 → 5歳時 → 8歳時 → 10歳時 → 14歳時
　　　　　　（萌芽的形態）

〈母親の子どもへの否定的感情〉

生後1か月 → 生後18か月 → 5歳時 → 10歳時

母親の子どもに対する否定的感情との時系列的関連。矢印は，パス解析の結果，統計学的に有意な水準に達した関連性を示している。

出典　菅原ますみ『個性はどう育つか』大修館書店，p.189，2003年

図4-1-1　統制不全型の問題行動の発達プロセス

て，まず母親の子どもに対する否定的感情が子どもの年齢によってどう変化するかが検討された。その結果，妊娠中から生後1か月目までは，両者に有意差はなく，有意差が現れるのは，生後18か月目，5年目，11年目であった。

　図4-1-1は，統制不全型の問題行動の発達プロセスと母親の子どもへの否定的感情との関連とを時系列的に検討したものである。これによると，子どもの側の生後6か月での統制不全型の問題行動傾向が生後18か月での母親の子どもへの否定的感情に影響を与え，同様の影響関係が生後18か月の子どもの問題行動傾向と5歳での母親の否定的感情間にもみられている。また，5歳での母親の否定的感情が8歳での子どもの問題行動傾向へ影響を与えている。これらの結果は，母親の子どもに対する否定的な感情は，最初，出生間もなく始まった子どもの問題行動傾向（これは気質によるもの）によって引き出されていること，母親の否定的な感情（これは子どもの育て方につながる）が子どもの問題行動を促進させるのは児童期になってからであることを示唆している（前川，2008）。

　次に国立教育政策研究所（2002）が実施した，幼稚園，保育所から高校における「キレる子ども」に関する研究もみてみよう。まず「キレた子ども」の性格傾向として，**耐性欠如**型，攻撃型，不満型の3つのタイプがあげられている。また，家庭要因として，1）家庭内での暴力・体罰，2）家庭の不適切な養育環境・養育態度，があげられ，さらに2）は①家庭内の暴力的雰囲気，②家庭内での緊張状態，③不適切な養育態度，そして④問題行動（非行等）への家庭の適切な対処の欠如，に分類されている。そして学校要因としては，1）友人からのいじめ，2）教師の不適切な対応，3）学業面の問題，4）友人関係の問題，および5）問題行動（非行等）に分類されている。このように，上であげた諸要因が相互に絡み合って，「キレる」という事象が生じていることが示されている。

　これらの研究からわかるように，子どものストレス性の身体症状や行動

耐性欠如
欲求不満に耐える力が不足していること。

170

上の問題を考える際は，子どもの気質というような性格面や，その子どもが家庭でどのようなかかわりを受け，どのように育てられてきたのかという**成育歴**，そして幼稚園や保育所，学校の状況など現在の生活環境を丁寧に捉える必要があることがわかる（第4章−12コラムも参照）。

（3）　園での生活と子どもの心の健康

　子どもは保育所・幼稚園に入ることにより，家庭とは異なる社会集団を経験する。第1章・第2章でも述べたように，子どもは園で保育者や友だちとかかわりながら，主体的，能動的に活動することで，さまざまな学びをし，特に**社会性**を発達させていく。この点で重要なのは，何より子どもにとって園や学校が安心できる空間であるということであろう（第2章−10参照）。そのために保育者は，まず受け持っている子どもにとって信頼できる存在となり，**安心の基地**になるように心がける必要がある（第1章−10参照）。特に友だちとのかかわりは楽しいことばかりではなく，**いざこざやトラブル**など**葛藤**が生じる場合も少なくないので，子どもがこれを自分で乗り越えるのを支えるためにも，そういった存在が重要となる。と同時に，子どもの安心の基地となる保育者を支えるという意味では，教職員同士のよりよい人間関係や園の雰囲気づくりも欠かせない。そしてそれは，園は楽しく，快適な場所であると子どもたちに感じてもらうことにもつながっていくだろう。（2）で，子どもの**ストレス性の身体症状**や行動上の問題には，保育所や幼稚園などの生活環境も絡んでいると述べたが，具体的には，保育者の不適切な対応をはじめ，子どもと保育者の相性，保育所・幼稚園の方針との相性，子ども同士の人間関係などがあげられる。さらに，園の方針や雰囲気，職員と保護者との人間関係などを左右するという点で，園がおかれている地域の状況も関連してくるだろう。もちろん，必ずしもこれら生活環境だけで症状や問題が生じるわけではないので，子どもの性格面や成育歴も含めて，考えていかなくてはならない。

　子どもの精神的な健康を維持していくうえで，特に重要なのは保育者と家庭との連携，そして保育者同士の連携である。というのも，家庭と保育所・幼稚園とで，もしくはどの先生が保育を担当しているかなど，生活場面の違いによって子どもの行動が変わることがあるからである。例えば，家庭ではしっかりした子が，園では落ち着きがなく，トラブルを起こしがち，あるいはその反対ということがありうる。互いに連携し，複数の場面における子どもの様子を把握することで，その子どもに関する理解が多面的になると考えられる。　　　　　　　　　　　　　　　　　（沼山　博）

> 安心の基地
> **安全基地**とも呼ばれる。

コラム　子どもの問題行動とどう向き合うか

　表 4-1-1 にあるように，時期によって生じやすい子どもの問題がある。それぞれの時期に，身につけるように，あるいはできるように期待される行動があるが，これにうまく応えられないときに問題行動とされることが多い。

　たとえば，離乳と摂食が期待される 1 歳前後には，偏食や拒食，小食が問題とされる。また，ことばの獲得が期待される 2 〜 3 歳では，ことばの遅れが問題とされる。友人関係ができ始める 2 歳ごろには，対人トラブルが問題とされる。

　しかし，こうした一見問題とされるような事柄も，発達的な見地からすると意味のあるものであることがある。たとえば，2 歳ころにみられる**第 1 次反抗期**（イヤイヤ期）も，大人側にしてみると大きな問題であるが，子どもにとっては，自我の芽生えとセルフコントロールの習得という大きな意味を持つ（第 2 章 -1 参照）。最初にあげた例でも，一山を越えると何事もなかったかのように推移する場合が意外に多く，後からみれば，それらは次に飛躍するために必要な回り道であったと考えられることも少なくない。

　また，表面上問題がないからといって大丈夫だとは限らない。たとえば，保育所では物静かで言うことをよく聞く子が，突然**不登園**になることがあるが，それは「物静かで言うことをよく聞く」のは実は仮の姿であって，それを演じるストレスに耐えきれずに不登園になったとみることもできる。このように問題行動が生じてはじめて，それまで問題がないと考えられていた行動に問題があったことがわかることもある。

　このように子どもが示す行動には，潜在的なものと顕現的なものとがあり，顕現化された行動だけがすべてではない点に注意しなくてはならない。ある時期に問題行動が現れ，発達が停滞しているように見えても，次の段階では，その問題行動は自然に消滅して，飛躍的に発達することもありうるし，その逆もある（伊藤，1987）。

　子どもの問題行動は，次の飛躍のために子どもが苦悩し，格闘している姿だとみることもできる。すなわち，精神的な成長・発達のために必要があって問題行動を引き起こしているとみることもできる。そのため，子どもとかかわる人々には，子どもの問題行動を長期的に捉え，子どもがよい方向へ向かって変化していく可能性を信じ，待つという姿勢も必要となる。

（沼山　博）

2 発達障がいとは？

（1）　発達障がいの定義

　発達障がいとは従来，子どもの発達上の機能の障がいや遅れについて使われる用語であり，知的障がいを含む広い概念であった。わが国では，平成 17（2005）年に施行された**発達障害者支援法**において，発達障がいとは「自閉症，アスペルガー症候群その他の広汎性発達障害，学習障害，注意欠陥多動性障害その他これに類する脳機能の障害であってその症状が通常低年齢において発現するものとして政令で定めるものをいう」と定義された。従来から教育や福祉について法的に整備されている身体障がいや知的障がいの範疇（はんちゅう）では規定されてこなかった自閉症，学習障がい（LD），注意欠陥多動性障がい（ADHD）等についても法的に定められたことになる。図４-２-１には，発達障害者支援法に規定されている発達障がいの概略図を示している。

　わが国の法律等で使われている「広汎性発達障害」や「自閉症」，「アスペルガー症候群」という診断名は，世界保健機関（WHO）の ICD‐10，及びアメリカ精神医学会（APA）の DSM‐Ⅳ‐TR に基づいて使用されてきたものであるが，平成 25（2013）年に DSM‐5，平成 30（2018）年には ICD‐11 と両者がそれぞれ改訂された。これらの新しい診断基準では，共に "Pervasive Developmental Disorder：PDD"（広汎性発達障がい）が "Autism Spectrum Disorder：ASD"（自閉スペクトラム症）に変

ICD‐10
国際疾病分類

DSM‐Ⅳ‐TR
精神疾患に関する診断と統計マニュアル

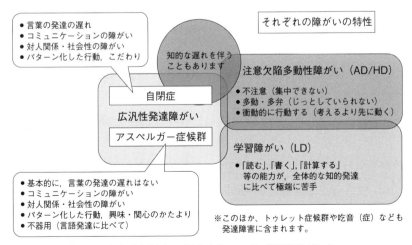

図４-２-１　「発達障害者支援法」で規定されている「発達障がい」

出典　政府広報オンライン「理解する〜発達障害って、なんだろう？〜」（http://www.gov-online.go.jp/featured/201104/contents/rikai.html）より（2019 年２月 15 日）

更されている。またDSM‐Ⅳ‐TRの自閉性障害（Autistic Disorder），アスペルガー障害（Asperger's Disorder）やICD‐10の小児自閉症（Childhood Autism），アスペルガー症候群（Asperger's Syndrome）といった下位分類が廃止されている。

　こうした世界的な動きをうけて，わが国の発達障がいに関する法律等の概念や定義も再考される可能性があるが，すぐには名称が切り替わることはなく，しばらくは従前の診断名（広汎性発達障がいやアスペルガー症候群）と新しい診断名（自閉スペクトラム症）の両方が使用されることになるだろう。本書では，DSM‐5とICD‐11の新しい用語である**自閉スペクトラム症**を用いて説明する。

（2）　広汎性発達障がい（PDD）から自閉スペクトラム症（ASD）へ
　広汎性発達障がいは，「相互的な社会関係とコミュニケーションのパターンにおける質的障害，および限局した常同的で反復的な関心と活動の幅によって特徴づけられる一群の障害（ICD‐10）」とされ，一般に自閉症の上位概念として認識されてきた。**中枢神経系**（脳や脊髄）が先天的にうまく機能していないことが原因であると考えられており，性格や病気ではなく，また親の育て方など環境が原因によるものではない。主要な症状として，自閉症の**三つ組の障がい**といわれる以下の特徴を挙げることができる。

　①社会性に関する障がい：人と上手につき合えない。目を合わせて会話できない。うれしさを表情や身振りなどで表現できない。同年齢の人と集団で遊べない。自然に決まっているルールに従えない。
　②コミュニケーションに関する障がい：コミュニケーションがうまく取れない。言葉を覚えて使ったり，相手の言ったことを理解できない。話しかけられたことに合った返事をすることができない（オウム返し，エコラリア，反響言語）。
　③想像力に関する障がい：想像力が乏しく，こだわり行動がある。ままごとなどのごっこ遊びができない。同じ遊びを繰り返す。決まったパターンでしか行動できない。

　以前の診断基準（DSM‐Ⅳ‐TR，ICD‐10）では，これらすべての特徴に当てはまるときに**自閉症**（カナー型）と診断され，いずれかの特徴が当てはまるときに広汎性発達障がいと診断されることが多く，知的発達や言語発達に遅れがない場合には**アスペルガー症候群**と診断されていた。
　DSM‐5では，自閉症やアスペルガー症候群のような下位分類を行わず，同じような障害の特徴をもつひとまとまりの連続体（spectrum）で

あると考えて，診断名を**自閉スペクトラム症**（または，自閉症スペクトラム障がい）とし，障がいの程度ではなく，日常生活での困難さの程度から診断するように変更されている。DSM‐5における自閉スペクトラム症の診断基準では，「社会的コミュニケーション」，「限局された反復的な行動」の２項目の特徴に基づき，日常生活に必要な支援を基準にして，自閉スペクトラム症の程度を分類している。

　①レベル１（軽度）：日常生活に支援を要する
　②レベル２（中度）：日常生活に十分な支援を要する
　③レベル３（重度）：日常生活に非常に十分な支援を要する

（3）　注意欠陥多動性障がい（ADHD）

　注意欠陥多動性障がい（ADHD：Attention Deficit/Hyperactivity Disorder）は，DSM‐5，ICD‐11の診断基準において，不注意，多動性，衝動性を特徴とする行動の障がいとされている。中枢神経系の機能不全が原因であり，DSM‐5の診断基準では，12歳以前に発症することと変更されている。

> DSM‐5のADHDは，「注意欠如・多動症／注意欠如・多動性障害」と訳されている。

　①**不注意**（Inattention）：１つの事をするのに集中を持続することが困難であったり，すぐに気がそれてしまったりして注意散漫な状態になる。しばしばケアレスミスをしたり，必要なものをなくしてしまったりする。人の話を聞いていないことが多く，順序立てて活動することが苦手である。

　②**多動性**（Hyperactivity）：一定の時間じっとしていることができずに，立ち歩いたり走り回ったりしてしまう。手足をそわそわ動かしたり，もじもじしたりする。ずっとしゃべり続ける。

　③**衝動性**（Impulsivity）：順番を待つことができなかったり，質問されて質問が終わる前に途中で答えてしまったりする。感情や思ったことをすぐに行動にしてしまう。他人の会話や遊びに割り込んだり邪魔をしたりする。

（4）　学習障がい（LD）

　学習障がい（LD：Learning Disabilities）とは，文部科学省（1999）の定義では，「学習障害とは，基本的には全般的な知的発達に遅れはないが，聞く，話す，読む，書く，計算する又は推論する能力のうち特定のものの習得と使用に著しい困難を示す様々な状態を指すものである」とされている。LDは，知的障がいとは異なり，６つの基本的学習能力のどこかに特異な困難をもっている。また，原因として**中枢神経系**に何らかの機能

> Learning Disabilitiesは教育用語として用いられており，医学的概念としての学習障がいは，DSM‐5では"Specific Learning Disorder"（限局性学習症／障害），ICD‐11では"Developmental Learning Disorder"（発達性学習症）と分類され，教育用語の学習障がいと比べて，困難や障がいをより特定・限定した概念と考えられる。

障がいがあると推定され，視覚障がい，聴覚障がい，知的障がい，情緒障がいなどの他の障がいが主因となる学習の困難ではない障がいである。

こうした学習障がいのタイプは，大きく次の3つに分類できる。

①**口頭言語のLD**：話し言葉の入出力に関する学習能力の障がい

　・聞いて理解する能力の障がい

　・話をする能力の障がい

②**書字言語のLD**：文字や文章の言語性情報の入出力に関する能力の障がい

　・読んで理解する能力の障がい

　・書き写しや表現して書く能力の障がい

③**算数のLD**：数概念の理解や推論する能力の障がい

（三浦主博）

コラム　発達障がいの子どもはどのくらいの割合で存在するの？

　平成24（2012）年12月5日，文部科学省初等中等教育局特別支援教育課から「通常の学級に在籍する発達障害の可能性のある特別な教育的支援を必要とする児童生徒に関する調査結果について」が公表された。この調査では，①学習面（聞く，話す，読む，書く，計算する，推論する），②行動面（不注意，または多動性－衝動性：AD/HD的側面），③行動面（対人関係やこだわり等：高機能自閉症的側面）について調べているが，学習や行動面で発達障がい的特徴を示すと判断される子どもが全体で6.5%（小学校7.7%，中学校4.0%）いるという結果が示されている。対象地域や学校や児童生徒のサンプル方法が異なることから単純な比較はできないが，この調査の10年前（2002年）に実施された「通常の学級に在籍する特別な教育的支援を必要とする児童生徒に関する全国実態調査」においても6.3%という数値が得られている。これらの調査は担任教師による回答に基づくものであり，専門家や医師による診断によるものではないことに留意しつつも，小・中学校ではクラスに2，3人こうした子どもが在籍しているという調査結果を事実として受けとめ，適切な教育的支援を行うことができるように努めていかなければならない。

（三浦主博）

3 気になる子どもとどうかかわるか？

（1）「気になる子ども」とは？

　20 年ほど前から，保育所や幼稚園の保育現場において**気になる子ども**ということばをよく耳にするようになった。また，書籍のタイトルにも気になる子どもが入っているのを見かけることが多い。とくに近年刊行された書籍では，気になる子ども ≒ 発達障がいという意味でこのことばを用いているものが多いように思う。

　しかしながら，保育所や幼稚園の保育者が，気になる子どもということばを使う場合，もちろんはっきりとした障がいの診断がついている子どもを指している場合もあるが，どちらかというと知的障がいや発達障がいなど明確な診断のついている子どもは気になる子どものことを指していないことも多い。それでは，明確な障がいの診断のついた子どもがなぜ気にならないのかというと，その障がいの特徴や，その子どもに対してどのような保育やかかわりをすればよいのかの一定程度の理解があるためだと考えられる。保育者が気になる子どもという場合は，障がいがあるかもしれないが診断がついていない場合や，子どもの行動が障がいによるものなのかどうか判断がつかない場合などであり，そして何よりどのようにかかわっていったらよいのかということに戸惑いがみられる場合に気になる子どもになるのではないだろうか。

（2）「気になる子ども」の行動とその原因や背景

　保育現場における気になる子どもの典型的な行動としては，①非常に落ち着きがない（じっとしていられない，保育室をとびだす），②感情のコントロールができない（衝動性，興奮するとなかなかおさまらない），③対人関係のトラブルが多い（けんか，乱暴，悪口，自己主張やこだわりが強い），④集団活動に適応・順応できない（友だちと同じ行動ができない），⑤ルールを守れない（順番を守れない，自分が常に一番になりたい）などがあげられる。久保山ら（2009）が幼稚園・保育所の保育者を対象に実施したアンケート調査結果では，保育者がとらえている気になる子どもとして，①発達上の問題（発達の遅れ，言語発達の遅れ，理解力がない，こだわりなどの特異な行動など），②コミュニケーション（音声言語の問題，視線が合わないなど），③落ち着きがない（落ち着きがない，集中力に欠ける）④乱暴（行動面やことば），⑤情緒面での問題（感情のコントロールができない，情緒不安定），⑥しようとしない（無気力，表現が乏しい），

⑦集団への参加（集団活動が苦手，集団行動ができない），⑧そのほか（生活基本動作，虐待，アレルギーなど）の８つの群が示されており，多岐にわたっていることがわかる。

　こうした気になる子どもの行動の原因や背景には，運動発達や知的発達の遅れといった知的障がいや，注意欠如・多動性障がい（ADHD）や自閉症スペクトラム障がい（ASD）といった発達障がい（第４章−２参照）の可能性も高く，また生活リズム，児童虐待，DV，文化の違いといった家庭環境の問題なども考えられ（第４章−５，第４章−７，第４章−11参照），気になる子どもの状況が多岐にわたっていることに伴い，その原因や背景も多くの要因が想定されるため，実際の支援や援助を行う際には一人ひとりの子どもの状況に応じて対応していく必要がある。

（3）「気になる子ども」を保育することの難しさ

　さて，こうした気になる子どもを保育所や幼稚園で保育する際には，いくつかの難しい点が想定される。１点目は，子どもの数と保育者の数の関係である。保育所での保育士の人員配置の基準では，３歳児クラスでは最大20名，４・５歳児クラスでは最大30名の子どもを保育士１人で保育し（児童福祉施設の設備及び運営に関する基準），また幼稚園では１クラス最大35名を幼稚園教諭１人で保育することになっている（幼稚園設置基準）。その上，クラスのなかにいる気になる子どもは１人とは限らないため，保育者１人でこうした子どもの対応を十分に行うことが難しくなっている。２点目は，職員間の役割分担や連携の難しさである。保育所の場合，明確な障がいの診断のある子どものいるクラスでは，**加配**により複数担任になっていたり（第４章−４参照），また３歳未満児クラス（１・２歳児クラス）では，保育者１人に子ども最大６名のため，複数担任になっていたりすることが多く，クラス内の保育者の数は多くなっているが，その分，保育者間での役割分担や連携をしっかりと行わなければいけないという課題がある。３点目は，保護者との関係の問題である。保護者にどのように気になる子どもの様子を伝えるかということは，重要なことであるが非常に難しいことである。集団生活を行う保育現場では気になっても，自宅では「気にならない」子どもの場合も多いのである。

（4）「気になる子ども」の保育についての基本的な考え方

　それでは，気になる子どもとどのようにかかわっていけばよいのだろうか。上述したように，こうした子どもの状態や状況はケースバイケースのため，ここでは，気になる子のいるクラス全体の保育について基本的な考

え方を概説していく。

①長い目で見守り，育ちを待つ―卒園までの見通しを立てる

　気になる子どもがいるクラスで保育を行う場合，その子どもの対応だけでなく，その子を含めたクラス全体についての配慮をしなければいけない。そのため，日々の保育に追われ，保育者自身が疲れてしまうことも考えられるので，目先のことだけにとらわれず，見通しを立てる必要がある。現状から，ある程度先（年度末や卒園時）の理想的な状態までの大まかな見通しを立て，子どもの発達過程（発達段階）や，それに応じた保育内容の流れを再確認する（その際に留意することは，その理想の状態は，クラスのなかに気になる子どもがまったくいないものをイメージしないということである）。そして，その見通しにそって，スモールステップの目標を設定し，今行うべきことを明確にしていく。決してあせらずに，長い目で見守り，子どもの育ちを待つことが大切である。次のステップに進むことよりも，現在できていることを維持することもとても重要なことである。

②クラスの１年の流れに沿って考える

　以下は，４・５歳児を想定して作成した気になる子どものいるクラスの１年間の流れ（表４-３-１）であり，こうした見通しを念頭において年間計画などを立てることが望ましい。ただし気になる子どもの場合，保育をしながら「気になる」ようになるので，その結果，当然のことながら，保育は試行錯誤的になる（決して悪いことではない）。その場合は，振り返りを行い，次年度以降の計画に生かしていけるようにすればよいのである。

表４-３-１　「気になる子ども」のいる４・５歳児クラスの１年の流れ

時期	クラス全体の状況	子どもの様子
４～５月	まだ集団がまとまらない時期 （個々がばらばらに行動している）	４月：新しい環境に戸惑い，ばらばらの行動 ５月：GW明けでまたばらばらになる
６～８月	少しずつまとまり始める時期 （漠然とクラスの雰囲気がつかめる。リーダー的存在の子と「気になる子」がわかるようになる）	６～７月：そろそろクラスの雰囲気に皆が慣れてきて落ち着く ８月：夏休みやお盆休み明けは，久しぶりの集団生活で，一時的にまたばらばらになる
９～10月	クラス全体がまとまる時期 （クラス全体の雰囲気を説明できる。「気になる子」がより明確になる）	運動会などの行事に向けて，集団での競技や演技などの練習をすることにより，クラスがまとまる
11～12月	クラス全体がさらにまとまる時期 （それぞれの子どもが成長し，クラス全体のレベルアップが期待できる）	クリスマス発表会などの行事に向けての練習を通して，さらにクラスがまとまる
１～３月	クラス全体のまとまりが強くなるが，一方でやや足並みがそろわなくなる時期 （子どもの成長の個人差が目立つ）	クラスの雰囲気や流れを十分に理解し，自分たちで行動してまとまることができるが，成長の個人差が目立ち，クラス全体としては足並みがそろっていないようにみえる

③クラス全体の子どもと均等にかかわる

　クラスのなかに気になる子どもがいる場合，保育者は無意識のうちに気になる子どもにかかわることが多くなり，ほかの子どもの甘えも強くなってクラス全体が落ち着かなくなるということが起こりがちである。とくに，年度初めで年齢が低いクラスほどその傾向が顕著（けんちょ）であるように思う。保育者は，意識してクラス全体の子どもに均等にバランスよくかかわれるように努めるようにすることが大切である。また，保育者の不安やいらだちは，どんなに繕（つくろ）っても子どもに伝わるため，それが原因でクラスの落ち着きがなくなることもあるので留意が必要である。

④クラス環境（保育室）の工夫は，クラス全体の子どものためにする

　発達障がいの子どもや，ことばでの指示が伝わりにくい子どものために，保育室内に視覚刺激を多く使用するという保育環境の工夫が行われることがある。こうした配慮は，気になる子どものためだけでなく，とくに低年齢のクラスであればあるほど，視覚刺激のほうがクラス全体の子どもにとってわかりやすいため有効な場合が多い。そして，こうしたことは気になる子どもを特別扱いしないための一つの配慮にもなるのである。

⑤保育現場全体での理解と職員の協力体制

　これは，保育所や幼稚園で**障がい児保育**（第4章‐4参照）を行う際にも重要なことであるが，クラス担任や担当者だけで問題を抱え込まないことや，クラス担任や担当者だけに責任を押しつけないことが大切である。よくある悪い例として，クラス担任や担当者だけが悲壮感いっぱいで気になる子どもを追いかけ回していたり，子どもが言うことをきかないのは，担当者の指導が悪いからと責められたりというようなことがある。保育現場の全職員が共通の認識に立ち，安全確保や健康管理，支援・援助や指導上の留意点などを共有し，皆で知恵や経験を出しあい協力するのが望ましい姿である。また気になる子どものなかには，保育者による保育方針やかかわり方の違いにより，混乱する子どももいることから，保育者の一貫性も大切なことである。

（三浦主博）

4 障がい児保育とは？

（1）　障がい児保育の理念

　保育・教育の現場では，健常児と障がい児が生活を共にする障がい児保育が実施されている。この背景には，**ノーマライゼーション**という理念がある。ノーマライゼーションとは，障がいがある人もない人と同じような生活と権利が保障されている社会を目指すという考え方である。デンマークの**バンク＝ミケルセン**（Bank-Mikkelsen, N. E.）によって提唱された後，スウェーデンの**ニリェ**（Nirje, B.）によって概念的に整理され，1960年代から1970年代にかけて，世界的に広められた。このノーマライゼーションの実現を目指して，それまで健常者とは離れて施設に生活していた障がい者が健常者と同じ場所で生活する**インテグレーション（統合）**が教育や福祉の分野で進められた。しかし，生活の場を同じくするだけでは障がい児が健常児に無理に合わせなくてはならなくなるなどの問題が生じてきた。そのため，1980年代ごろから障がい児，健常児にかかわらず，全ての子どものニーズに合わせて必要な支援や教育を行っていこうという**インクルージョン（包括）**が目指されるようになってきている。

　日本では，1974年の「障害児保育事業実施要綱」による障がい児保育制度の実施と1978年の改訂を受けて，中度の障がい（概ね**IQ**35〜50で生活上の支援が必要）のある児童（年齢制限なし）を対象として，全ての保育所が障がい児保育を実施することが可能となった。さらに現在までの間に対象となる障がいの程度や種類の範囲は広げられ，障がい児保育を実

障がいの程度
障がい者手帳の認定において，身体障がい者手帳では6等級，療育手帳（知的障がい）では3等級（軽度・中度・重度），精神障がい者手帳では3等級に分けられる。

障がいの種類
障害者総合支援法及び児童福祉法では，身体障がい，知的障がい，精神障がい（発達障がい含む），難病等に分類される。

IQ
知能指数。ビネー式知能検査では検査で算出された精神年齢と生活年齢が一致すればIQ100，ウェックスラー式知能検査では平均がIQ100となるようになっている。

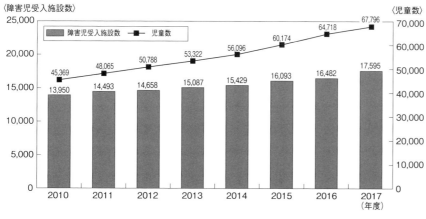

注）各年度3月31日時点

図４−４−１　障がい児保育の実施状況推移

出典　内閣府『令和元年版 障害者白書』p.50, 2019年

施する園は増加している（図4-4-1）。しかし，障がい児保育事業は市町村が実施主体となるため，受け入れ可能な障がいの程度や種類，受け入れた障がい児の障がいの程度や人数に対する保育者の**加配**（保育者が増員されること）や補助金の基準は市町村によって異なっている。そのため，全ての市町村で全ての障がい児が障がい児保育を受けられているとは限らず，**障害者の権利に関する条約**や障害を理由とする差別の解消の推進に関する法律（**障害者差別解消法**）に明記されている**合理的配慮の提供**やインクルージョンの理念に基づいた障がい児保育の推進が望まれている。

（2） 障がい児保育における工夫

　障がいの種類は様々であり，また同じ障がいであっても発達に個人差がある。そのため，入園にあたって，その子どもの成育歴やこれまでの発達の過程を確認することが必要である。保護者や専門の療育施設から得た情報を生かして家庭や療育施設から園への生活の移行をなるべくスムーズに行う必要がある。

　障がい児が入園する場合，障がいの種類，人数に応じて保育者が加配されることが多い。その加配された保育者と担任保育者が協力体制をとって，保育を進めていく（加配の保育者が障がい児担当となる，担任と副担任としてクラス全体の運営にあたる，等）。実際の保育では，かかわる時の声がけのしかたの基本原則を確認し，日々の日案における保育内容を健常児も障がい児も共に楽しめるものにするための工夫などを行う。またクラスのなかの机や椅子の配置，グループ編成，動きのある活動のなかの動線，保育者の立ち位置などの環境設定を工夫することで，たとえば落ち着きがないとみられていた子どもが落ち着いて活動に取り組むことができる場合もある。これらの保育内容の工夫，個別の教育及び保育支援計画・指導計画（後述）は園長や園長に指名された**特別支援教育コーディネーター**が園内及び関係機関との連絡調整を行うことで職員全体の連携と協力のもと，計画的・組織的に進めていく。

（3） 個別の教育及び保育支援計画・指導計画の作成

　平成30（2018）年度から施行された幼稚園教育要領，保育所保育指針，幼保連携型認定こども園教育・保育要領では，引き続き障がい児に対する**個別の教育及び保育支援計画**やそれをふまえた指導計画の作成が求められている。障がいをもつ子どもは，その発達の早さや進み方がほかの子どもと異なることが多い。また，一見保育者を困らせる行動が，実は発達が進んだ結果であることもある。これらの発達を冷静に見極め，次の支援につ

加配
第4章-3参照。

障害者の権利に関する条約
2006年に国連総会にて採択。2008年に発効した。わが国の署名は2007年。現在の批准国は177か国。

障害者差別解消法
2016年に施行。

合理的配慮の提供
障がい者一人ひとりの困りごとに合わせた合理的配慮をすることが行政機関や事業者の義務（事業者においては努力義務）とされている。障害者差別解消法で規定。

個別の教育及び保育支援計画
障がい児の生涯にわたる継続的な支援体制を整え，それぞれの年代における子どもの望ましい成長を促すために教育機関が中心となって作成する長期的な支援計画。園だけでなく家庭，関係機関の取り組みも含まれる。

なげるために個別の教育及び保育支援計画をふまえた指導計画が必要である。また，保育者の指導の姿勢がクラスの子どもに影響することを念頭に置きながら，互いに思いやり助け合う温かい人間関係が築かれるよう配慮すべきである。近年，集団生活で「気になる子ども」の存在がクローズアップされてきている（第4章-3参照）。**個別の指導計画**を作成し，より良いものにしていく努力をすることが障がい児だけでなくクラス全体の子どもの発達をしっかりととらえていくインクルーシブな保育につながるだろう（本項の事例を参照）。

（4）　保護者・専門機関・小学校との連携

　保育を進めるにあたって，保護者との連携は欠かすことができない。最初に述べた成育歴や家庭における子どもの様子などの情報収集のほかに，園と家庭での対応を共通のものにするために協力を依頼したり，子どもの成長について保護者の希望を聞いて，保育目標に生かしたりすることなどが考えられる。また，日々の生活で困ることや子どもの将来に対する不安について保育者が身近な相談相手となり，問題解決や保護者の情緒の安定をはかることもある。またそのことが，子どもの情緒の安定にもつながる（第4章-7も参照）。

　現在，多くの市町村で，発達の専門家が各園を回って，保育の相談を行う巡回相談支援を行っている。そのシステム（相談の回数や形態）は市町村によってさまざまだが，専門家が園を訪問し，保育について相談し，アドバイスを受けることができる。また，**児童相談所**（第4章-12参照），**保健所**（**保健センター**），**児童発達支援センター**等，地域の特別支援学校，医療機関との連携もありうる。住んでいる市町村で受けられる支援を把握して，必要に応じて利用することができる。

> 児童発達支援センター等
> 児童発達支援センターと児童発達支援事業所を含み，通所利用する障がい児やその家族に対する支援などを行う施設。

　最後に，就学に際しては，小学校との連携が必要になる。障がい児の保護者は，通常学級，**特別支援学級**，**特別支援学校**を選択することができ，就学時健診や教育委員会の就学相談で相談することができる。しかし，園と小学校の生活はかなり異なるため，子どもに合う就学先を選ぶことは保護者にとって容易なことではない。保護者の了解を得たうえで，個別の教育及び保育支援計画などでこれまでの発達の経過と保育の援助や環境構成の工夫などの情報を進学先の学校に伝達し，切れ目のない支援に生かすことが望ましい。

（鈴木智子）

事例 友だちと一緒に遊びを楽しむ工夫

　自閉傾向があるとされているＡ子ちゃんが入園してきて，４か月がたった。園での生活の流れや遊具，おもちゃ，新しい先生とのかかわりに慣れてきていた。徐々に友だちとのかかわりを増やしたいと担任，副担任が相談し，個別の指導計画の今月の目標は「友だちの行動や遊びに関心をもち，同じ遊びを楽しむ」とした。ある日の午前中の活動では，身体を使ったルール遊びを予定していた。内容は，ホールの四隅に子どもが好きなキャラクターの絵を目印に集まるスペースを用意し，保育者の合図に従って，キャラクターの名前，歌，ヒントなどで指定されたスペースにまちがわずに移動するという遊びだった。最初はあまり興味がない様子のＡ子ちゃんだったが，クラスの子どもが一斉に移動し始めると，その様子がおもしろいらしく，じっと見ている。副担任が誘うと，子どもたちと一緒に移動するようになった。また，キャラクターのうち２つはＡ子ちゃんがお気に入りのものを入れておいたため，そこに移動するときは，特別にうれしそうな様子を見せ，それを見ていた他児も「Ａ子ちゃん楽しそう」「次は○○だよ」と声をかけていた。その日の反省で，今後も何度か同じ遊びを続けていくこと，床にテープでスペースの範囲を指定すると，クラスの子どもにもＡ子ちゃんにもルールがわかりやすくすることなどが話しあわれた。とくに，Ａ子ちゃんについては，他児の様子に関心が向くような声がけや，クラスの友だちに一緒に移動してもらう機会をつくるなどの工夫をしていこうと話しあった。

（鈴木智子）

184

5　虐待を受けている子どもたち

（1）　虐待を受けている子どもたち

　2018 年度に全国の児童相談所で受けた**児童虐待**の相談件数は 15 万件を越え，統計を取り始めた 1990 年から 28 年連続の増加を記録した。虐待によって子どもが死亡した件数も，厚生労働省によるとりまとめが始まった 2003 年以降，年間数十件と高い水準で推移している。

　厚生労働省の定義では，児童虐待には，**身体的虐待**（殴る，蹴る，投げ落とす，激しく揺さぶる，やけどを負わせる，溺れさせる，首を絞める，縄などにより一室に拘束するなど），**性的虐待**（子どもへの性的行為，性的行為を見せる，性器を触る又は触らせる，ポルノグラフィの被写体にするなど），**ネグレクト**（家に閉じ込める，食事を与えない，ひどく不潔にする，自動車の中に放置する，重い病気になっても病院に連れて行かないなど），**心理的虐待**（言葉による脅し，無視，きょうだい間での差別的扱い，**ドメスティックバイオレンス**，**面前 DV** など）の 4 種類がある。児童相談所の相談対応件数では，多いほうから心理的虐待，身体的虐待，ネグレクト，性的虐待，の順となっているが，心理的虐待は他の 3 つと重複する場合が少なくない（第 4 章 - 12 も参照）。

　表 4 - 5 - 1 は，虐待を受けている子どもに見られる主な影響をまとめたものである。

> **ドメスティックバイオレンス**
> 家族に対して暴力をふるうこと。DV ともいう。
>
> **面前 DV**
> 子どもの目の前で家族に対して暴力をふるうこと。

表 4 - 5 - 1　児童虐待の子どもへの影響

①身体的影響
・打撲，切創，熱傷など外から見てわかる傷
・骨折，鼓膜穿孔，頭蓋内出血などの外から見えない傷
・栄養障害や体重増加不良，低身長，成長不全

②知的発達面への影響
・落ち着いて学習に向かうことができない
・不登校
・もともとの能力に比した知的発達が得られない

③心理的影響
ア　対人関係の障害
・保護者と基本的信頼関係がもてない
・不安定なアタッチメント（保護者に対する両価的［アンビヴァレント］な矛盾した態度，無差別的に薄いアタッチメント行動）
イ　低い自己評価・自己肯定感
・自分が悪いから虐待される，自分は愛情を受けるに値する存在ではないと感じる
ウ　行動コントロールの問題

・保護者から暴力を受けた子どもは暴力で問題を解決することを学習するため，攻撃的・衝動的な行動をとる場合がある

エ　多動

・刺激に対して過敏になるため，落ち着きがない行動を取ることがある
・ADHD（注意欠陥多動性障害）と似た症状を呈するので鑑別の必要がある

オ　心的外傷後ストレス障害

トラウマ
第4章-6参照。

・受けた心の傷（トラウマ）が適切な治療を受けないまま放置されると，将来にわたって心的外傷後ストレス障害（PTSD）となり，思春期等に至って問題行動として出現することがある

カ　偽成熟性

・大人の顔色を見ながら生活することから，大人の欲求に従って先取りした行動をとることがある
・保護者に代わって大人として役割分担を果たさなければならないことがあり，ある面では大人びた行動をとることがある
・一見よくできた子どもに思える一方で，思春期等に問題が表出してくる場合もある

キ　精神的症状

・反復性のトラウマにより，精神的に病的な症状（記憶障害，意識もうろう，離人感など）を呈することがある

注）上記のほか，虐待の影響は，虐待を受けた期間，虐待の態様，子どもの年齢や性格などにもよる。
出典：厚生労働省「子ども虐待対応の手引き（平成25年8月改正版）」pp.5-6, 2013年より作成

　1999年に施行された**児童虐待防止法**では，児童虐待を受けたと思われる児童を発見した者は，福祉事務所もしくは**児童相談所**へ通告しなくてはならないと定められている。また，児童の福祉に職務上関係のある者には，児童虐待の早期発見に努めなければならないという義務も課されている。保育士や教員など子どもとかかわる専門職は，児童虐待にいち早く気がつける立場でもあり，この表にあるような事項，特に身体的な症状を確認した場合は，まずは虐待を考える必要がある。厳しいしつけと虐待の区別など難しい問題はあるが，虐待の可能性が少なからずあると判断された場合は，**通告**も視野に入れたほうがよいだろう。なお，この通告の義務は，子どもの安全が第一との考えから，守秘義務やプライバシーの保護よりも優先されていることを付記しておく。

通告
児童虐待を通告・相談するための児童相談所全国共通ダイヤル189（いちはやく）がある。

　表4-5-2は，虐待が生じるリスク要因をまとめたものである。表にあるリスク要因のどれか1つでもあれば虐待が生じるというわけではなく，複数のリスク要因が絡みあうなかで生じている。この点に十分注意をしたうえで，不適切な養育をしている保護者で，こうしたリスク要因が複数存在すると考えられる場合は，その保護者に対する支援を行って，虐待の予防や早期発見を図っていく必要がある（第4章-7参照）。

　通告後について触れておこう。通告を受けた児童相談所は，まずその子どもの**安全確認**を実施する。虐待があると判断された場合で，かつ子ども

表４-５-２　児童虐待のリスク要因

	リスク要因
保護者側	・妊娠そのものを受容することが困難（望まない妊娠） ・若年の妊娠 ・子どもへの愛着形成が十分に行われていない。（妊娠中に早産等何らかの問題が発生したことで子どもへの受容に影響がある。子どもの長期入院など。） ・マタニティーブルーズや産後うつ病等精神的に不安定な状況 ・性格が攻撃的・衝動的，あるいはパーソナリティの障害 ・精神障害，知的障害，慢性疾患，アルコール依存，薬物依存等 ・保護者の被虐待経験 ・育児に対する不安（保護者が未熟等），育児の知識や技術の不足 ・体罰容認などの暴力への親和性 ・特異な育児観，脅迫的な育児，子どもの発達を無視した過度な要求 等
子ども側	・乳児期の子ども ・未熟児 ・障害児 ・多胎児 ・保護者にとって何らかの育てにくさを持っている子ども 等
養育環境	・経済的に不安定な家庭 ・親族や地域社会から孤立した家庭 ・未婚を含むひとり親家庭 ・内縁者や同居人がいる家庭 ・子連れの再婚家庭（ステップファミリー） ・転居を繰り返す家庭 ・保護者の不安定な就労や転職の繰り返し ・夫婦間不和，配偶者からの暴力（ＤＶ）等不安定な状況にある家庭 等
その他虐待のリスクが高いと想定される場合	・妊娠の届出が遅い，母子健康手帳未交付，妊婦健康診査未受診，乳幼児健康診査未受診 ・飛び込み出産，医師や助産師の立ち会いがない自宅等での分娩 ・きょうだいへの虐待歴 ・関係機関からの支援の拒否 等

注）この表で取り上げられている事項は，あくまで児童虐待のリスクを高めるものであり，あてはまるものがあるからといって必ず生じるというわけではない点に注意。

出典：厚生労働省「子ども虐待対応の手引き（平成 25 年 8 月 改正版）」p.29，2013 年より作成

マタニティーブルーズ
出産直後から数日後までの一時的な気分の変調とイライラや涙もろくなるなど精神的に不安定となることがある。全体の 25 ～ 30％の人が経験するといわれる。2 週間程度で改善する。

産後うつ
第 4 章 - 7 参照。

パーソナリティの障がい
境界性パーソナリティ障がいのこと（第 4 章 - 7 参照）。

ステップファミリー
第 4 章 - 8，第 4 章 - 10 も参照。

の状況から必要と判断された場合は**一時保護**を行うことがある。また，並行的に子どもの状況や家庭の状況に関する調査が実施され，その上で在宅指導や施設入所・里親委託などの対応が決定される。子どもの安全確認としては，最初に家庭訪問や保護者への出頭要求が行われる。そして緊急性が高い場合や出頭拒否の場合は立入調査が，立入調査を拒否した場合は再出頭要求が行われる。2008 年からは再出頭要求が拒否された場合に強制立入調査（臨検・捜査）が実施できるようになるなど，児童相談所の権限強化が図られており，また警察と児童相談所との連携や情報共有も行われるようになっている（児童相談所については，本項コラムおよび第 4 章 - 12 も参照）。

一時保護
虐待や家出などにより，生命や身体に危険が及ぶおそれがある子どもを一時保護施設などに短期間入所させること。期間は原則 2 か月以内。

（2） 虐待を受けた子どものその後

　児童虐待を受けた子どもは，生涯発達の基盤となる，乳幼児期の発達課題である**基本的信頼**（第3章-1参照）を達成できていないため，その後の発達に支障をきたす場合が少なくない。しかしその一方で，深刻な虐待を受けながらも，保護後，発達を補償するための教育を受けることで，同じ年代の子どもとほとんど変わらない成長・発達を遂げた例が存在する。第1章-10などで触れた姉弟の事例がそれである（藤永ら，1997；内田，2011）。

　この事例は1972年に分かったもので，6歳の女児と5歳の男児が，民家の戸外の小屋で放置されているのが見つかった。母親は，生まれてから2人の面倒をみた記憶がほとんどないと言い，2人は日に1回程度食事を与えられるだけで，たまにきょうだいがかまってくれる程度であり，今でいうネグレクトが生後5～6年続いていたというものである。

　発見当初は，2人とも身長約80cm，体重8～9kg，4頭身で二足歩行はできず，ことばもほとんど使えなかった。排泄や衣服の着脱の習慣もなく，各種発達検査を実施したところともに1歳児程度の水準で，心身ともに1歳児程度という状況であった。保護後2人は，まず乳児院へ収容され，後に児童養護施設へ入園した。そして，藤永らをはじめとする心理学研究者や児童相談所・施設職員がチームを編成し，2人の発達を補償するための教育プログラムが実行された。その結果，2人の身体は驚くべきスピードで成長し，10歳代の後半には身長が同年齢の平均の範囲内にまで達した。また，運動能力も，保護後まもなく二足歩行を開始，1年後には遊具で遊び，はしやはさみなど道具の使用もほぼできるようになった。

　その一方で，2人の間には社会性や言語の発達経過に違いがみられた。姉は保護後すぐに担当保育士になつき，他児が担当保育士の膝に座ると嫉妬するなどのアタッチメント行動を示し，また他児とのやりとりも行っていた。しかし，弟は当初は担当保育士になつかず，他児にも関心がほとんどなかった。その結果，社会性や言語の発達は姉のほうが順調に進み，弟は停滞した。これを受け，チームは弟の担当保育士を交替したところ，この保育士になつき，さらには他児とのやり取りも行われるようになり，社会性や言語も発達を見せるようになった。

　チームの人々の献身的な努力もあり，2人はともに高校を卒業し，就職して社会人生活を送っている。3つ子の魂百までといわれることもあり，虐待を受けた子どもの生涯を憂うる人々が少なくないだろうが，この事例はたとえ人生の初期に不遇な境遇にあっても，その後の環境や教育次第でやり直しがきくという希望を抱かせるものである。そして，発達のやり直

児童養護施設
保護者がいない，虐待されているなど，家庭における養育が困難で保護を必要としている，原則18歳未満の子どもを養育する。1歳未満の子どもの場合は乳児院で養育される。

しの鍵になっているのが**アタッチメント**であることなどが示唆されるなど，この事例には虐待を受けた子どものその後を考えていくうえで参考になる知見が数多く含まれている。児童虐待に関心のある方は，藤永保ら（1997）や内田（2011 ほか）をぜひ参照してほしい。

（沼山　博）

コラム　ある週末の児童相談所の一日

　「もしもし，所長，今からお時間よろしいですか！？　これから，虐待の緊急受理３件お願いしたいんですけど。」所長室に電話する担当課長の声が，事務室内に響き渡る。

　いつものこととはいえ，週末や長期休暇前の児童相談所の事務室は慌ただしい。平日には，保育所や学校に通ってきて元気な姿を確認できる子どもたちも，週末や長期休暇前となると，当然のことではあるが関係者の「週末や休み中は，子どもたちは元気に安全に過ごせるだろうか？」との不安は募る。そういった関係者からの虐待通告が週末に３件集中した。

　その対応に追われているなか，警察署の生活安全課の職員が来所し，ここ数日間におこった面前ＤＶの心理的虐待による通告書２件を持参し，とり急ぎ担当職員が受理印を押す。「すみません，課長，あと２件，受理追加お願いします！」

　10分後，所長室で，虐待通告の緊急受理会議が行われている。１件，１件報告を受けながら，虐待の重症度や緊急度を判断していく。通告受理から，48時間以内に安全確認を図らなければならないが，５件のうち２件は幼児で在宅ということであり，現時点で安全確認がとれていない。虐待対応チームを中心に，安全確認のための訪問体制を調整し，虐待対応班だけでは対応しきれない場合には，**児童心理司**等他の職員の協力も得ながら訪問体制を整える。「状況によっては，**緊急保護**も考えられるから，チャイルドシートも持って行ってね」と一声かけると，「わかっています。もう，積んでいます。それでは行ってきます」と足早に職員が事務室を出ていく。

　残された職員は，訪問後の連絡を待ちつつ，子どもの安全と職員のソーシャルワークがうまくいくことを願うばかりである。

（語注）児童心理司：児童相談所で心理判定業務に従事する者。

（大向幸男）

6 強いストレスにさらされた子どもたち

（1）　急激なストレスに際した子どもたち

　私たちは，日常生活の安全や安心が脅かされそうになると，本能的に自分を守ろうとする。呼吸や鼓動が早くなり，筋肉が緊張したりするのは，すぐに動いて逃げたり戦ったりできるような態勢である。しかし，自然災害，事件や事故，そしてそれによる身近な人の死など，身に迫る恐怖をあまりにも強く感じるような出来事が起こると，私たちはその現実に素早く対応することができず圧倒されてしまう（**トラウマ＝心的外傷**）。大人であれば，合理的な理由を考えて納得したり，自分の気持ちを少しずつ他者に話したりしながら，一時的に高まった感情や心身の状態を次第に落ち着かせようとするかもしれない。しかし子どもは，抽象的思考力が未熟なために，何が起こったのかということを十分に理解することが難しい。また，ことばによる表現力も未熟なために，自分の心身の状態をことばで整理したり，相手にわかるように説明することができない。そのため，心身を脅かす出来事に直面した子どもは，その"わからなさ"のなかで，漠然とした，しかし大きな不安や恐れを抱くことになる。そして，身体症状（腹痛，嘔吐，食欲不振，痛み，頻尿など）や，いつもとは違った行動（泣く，甘える，ふさぎ込む，落ち着きがなくなるなど）によって，その大きな不安をあらわすことが多い（図4-6-1）。

トラウマ＝心的外傷
死の危険や身体の保全に迫るような危険により，強い恐怖，無力感，絶望感など心理的に大きな打撃を受け，長くこころに傷となるような体験。

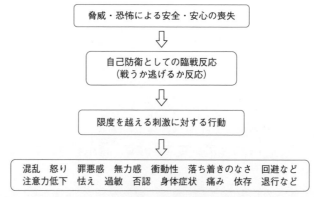

図4-6-1　強いストレスに際した子どもの行動・状態

戦うか逃げるか反応
人の身体が，ストレスの多い状況におかれると，自律神経系の働きによって，自動的にストレスに対処しようとすること。心拍数，呼吸数，血圧，代謝などが増加して，戦うか逃げるかに備える。これを緩和するのがリラクゼーションである。

（2）　身近な大人に求められる反応

　それでは，子どもがこうした**ストレス**にさらされた場合，身近にいる大人はどのように対応すればよいのだろうか。まず第一に，安全や安心が脅

かされれば，子どもにもストレスが生じ，身体症状や気になる行動が現れることは当然のことであることを理解しよう。そして，不安を感じている子どもを1人にしないようにしよう。抱いてあげたり，背中をさすったり，手をつないだりというように，スキンシップをとりながら，大人がそばにいることを繰り返し伝えて見守ってほしい。食事，睡眠，排泄などの生活習慣を守るようにこころがけ，無理のないところから日常生活の回復をめざすことによって，子ども自身に備わっている基本的な回復力が働くのを待つことも大切である。また，安全に遊べる場を確保したり，子どもが以前から続けていた日課を復活させるように支えることも大事な対応だろう。もし子どもにできることがあれば，手伝いをしてもらいながら"役立つ存在"であることを伝え，ほめてあげる機会をもつとよい。

　一般に，年齢が低い子どもほど急激な**ストレス反応**を起こしやすく，またおさまりやすい。しかし年齢の高い子どもは，周囲の大人の言動を観察し，大人の不安もよく察知して，自分を抑えても望ましい行動をとろうとすることがある。初めのうちは何事もなかったように大人を安心させていた子どもが，しばらくたってから何らかの症状や行動を見せることも少なくない。したがって周囲の大人は，長期にわたって子どもの変化に注意を向けておくこと，そして気になる状態が続いたりさらに悪化する場合には，専門的な対応につなげることが必要である。

　ところで，大人も子どもと一緒の出来事を体験していると，子どもに気を配らなければならないことはわかっていても，大人自身が動揺し弱っており，**悲嘆**（**グリーフ**）や疲労，不安や無力感が高まっているかもしれない。あるいは逆に，子どもを守ろうという使命感から，知らず知らずのうちに，当然感じるはずの哀しみや辛さを抑えこみ，自分を追い込んだりがんばりすぎてしまうこともある。自分自身の回復を目指しながら，子ども

悲嘆（グリーフ）
人が大切な人や物との絆を断ち切られ，大きな喪失を経験した際に，失ったものを求め，取り戻すことのできない哀しみを味わう。悲嘆の反応も現れ方も，また期間も多様である。

たちに特別の配慮を続けていくということは大変なことである。大人も自分を大事にして，体調管理に気をつけなければならない。

（3） 長期的なストレスにさらされた子どもたち

　これまでは，突然の出来事に伴うストレス体験について述べてきた。これに対して，いじめ，虐待，暴力による被害のように，不安や恐怖体験あるいはその目撃体験が，繰り返し長期的に続く場合も，やはり深刻なトラウマ体験となることを忘れてはならない。長期間，強い脅威にさらされると，子どもはいきいきとした感情を失い，自分の価値を感じられなくなり，他者との関係を築くことが難しくなる。低年齢であれば発育不良や発達の遅れにつながることもある。児童期以降であれば，環境面や対人面への適応能力が低下し，学業不振となり，ついには，自傷行為や自殺願望など，極めて深刻な問題につながる可能性も考えられる。

　本来，不安や恐怖を伝える相手であるはずの親からの虐待や，家庭内暴力の場合，子どもは強い孤独感と無力感で心身を硬直させている。慢性的なストレスにさらされながらも，子どもは自分から声をあげることができない。そうした子どもたちに少しでも早く気づき，適切な対応につなげるためには，社会全体が子どもたち一人ひとりをしっかり守り育てていこうとする強い決意が必要である。

（加藤道代）

コラム　東日本大震災直後の保育所の様子

　東日本大震災後，被災地の保育所や幼稚園では，余震に怯える，しがみつく，泣く，落ち着きがない，しゃべらない，洋服の袖を噛むなど，不安の反映と考えられるさまざまな行動がみられた。とくに音への過敏さが顕著であり，非常ベル，園内放送，緊急地震速報，救急車，ヘリコプターなどの音，上の階の足音，ドアの開閉や風の音などは，こころの準備のない状態のところに侵入する刺激となって，繰り返し子どもの警戒心や怯えを呼び起こしていた。地震発生時に午睡中だった子どもたちのなかには，登園拒否，午睡拒否など，震災と類似の状況を回避する行動もみられた。

　また，子どもたちの遊びには，"地震ごっこ"や"津波ごっこ"が頻繁に観察された。具体的には，「緊急地震速報の携帯音をまねる」「遊んでいるままごとのテーブルやジャングルジムなどをガタガタ揺らす」「人形を寝せながら激しく揺らし，『地震だ！』と言って，布団やベッドなどをぐちゃぐちゃにして遊ぶ」「1人が『津波が来たあ～!!』と大声で叫ぶと園庭で遊んでいた子どもたち全員が走り出し，一か所に集まる」「ミニカーを逆さまにしたり巻いたりして津波に見立てる」などである。目の前の子どもたちがこうした遊びを繰り返すことについて，大人にとってはただたんに見ていてよいのかということに戸惑ったり，なんとか止めさせたい気持ちになることも少なくなかった。

　子どもが自発的に行っている遊びは，子どもが表現する"ことば"である。子どもは，体験したことをそのままにまねて表現する遊び（再現遊び）を通して，出来事の"わからなさ"とそれに伴う不安等の感情を自分なりに表出しているのである。

　震災後，子どもにかかわる大人は，子どもの怯えや不安に対して，スキンシップを使いながら，繰り返しその場が安全であることを伝えた。また，遊びの場を子どもにとって安心できるものにするよう見守りながら，子どもがみずから落ち着きを取り戻すのにていねいに付きあい，子どもの日常を取り戻すことに力を注いだのである。

地震だ！

（加藤道代）

7 子どものこころの健康のために 保護者を支える

（1） 保育現場における保護者支援

保育所保育指針には保護者支援の重要性が明記されており，保育現場では子どもの発達保障だけでなく，保護者への支援も必要とされている。保育所における保護者支援には，「保育所を利用している保護者に対する子育て支援」と「地域の保護者等に対する子育て支援」の2つの側面がある。いずれの支援も，子どもの最善の利益を考慮して行う必要がある。具体的には，保護者の抱える養育問題に対して支援することによって，親子関係の安定や子どもの発達を促進していくことである。ここでは，「保育所を利用している保護者に対する支援」を中心に説明する。

（2） 保護者支援の困難さ

保護者支援の重要性については上述のとおりであるが，保育現場では保護者の対応・支援に困難を抱えているという報告が多い（たとえば，重田，2007；大豆生田，2008；藤後ら，2010 など）。これらの報告や保育現場からの相談などから，具体的な困難をまとめると以下のとおりとなる。

①**不適切な養育態度をとる保護者**：不適切な養育とは，子どもへの不適切なかかわり方がみられ，それによって子どもが苦痛を感じたり，子どもの心身に危険が生じることが予測されたり，現に心身に問題が生じているような状態をいう。子どもに無関心だったり，子どものいいなりだったり，生活習慣をうまく形成できていなかったりなどの養育態度を示すものから，子どもの身体に痣があったり，衣服がいつも同じで不清潔だったり，子どもへの声がけが乱暴でいつも叱ってばかりいるなど虐待が疑われる場合と範囲が広い。虐待が疑われる場合には，**児童相談所**や**児童発達支援センター**などの専門機関との連携をはかる（第4章-5及び第4章-12参照）。

②**育児不安・ストレスが高い保護者**：育児上の困りごとや心配ごとがあったり，育児でイライラしたり，精神的に落ち込んだりする。これらは子育て状況の社会的変化により養育者であれば誰しも経験する可能性がある（加藤・津田，1998）。対応としては，保護者の話を十分に聴いたり，育児に関するアドバイスをしたり，利用可能な**社会資源**（ソーシャル・リソース）を提示するなどがある（第5章-4参照）。

③**発達障がいなど子どもの気になる行動に気づいていない・認めたくない**

社会資源（ソーシャル・リソース）
人々の生活の諸要求や問題解決の目的に使われる各種の施設，制度，機関，知識や技術などの物的・人的資源の総称である。ここでは，子育てセンターや育児サークル，友人，近隣の人，祖父母（保護者の親）など育児を助けてくれるものや人を指す（第4章-8参照）。

保護者：保育所での集団のなかで示す子どもの姿と家庭での子どもの姿が違っていて，子どもの問題に気づきにくかったり，子どもの問題行動には気づいていても認めたくないといった場合。子どもの発達障がいを受容するまでには時間を要するので，保護者の気持ちに寄り添いながら，子どもの発達について共通理解をもてるようにする（第４章−２，第４章−４も参照）。

④精神的な問題を有する保護者：うつ病や**パニック障がい**など精神疾患を有し，通院し服薬している，または精神疾患が疑われる場合。うつ病では，育児期に発症しやすい**産後うつ**があり，8〜25％の母親で観察されるといわれている（O'Hara & Swain, 1996）。症状としては，抑うつ，集中力の低下，意欲減退，不眠，自信の喪失などがある。産後うつは，長期化する場合は子どもの発達にも影響を及ばす。この場合は医療機関や**保健所（保健センター）**など関係機関と連携をとっていく。

⑤過度のクレームをする保護者：「子どもが噛まれた」「発表会の劇で子どもが希望する役になれなかった」など，保育者や保育所の対応に過度の**クレーム**をする。強い口調で長い時間要求してくる場合も多い。このような態度をとる保護者は**境界性パーソナリティ障がい**である場合もあり，通常のクレーム対応では関係がかえって悪化することもある。この場合は，医療機関や**保健所（保健センター）**など専門機関との連携が必要である。

（3）　保護者支援の基本としての「保護者理解」

保育現場でみられる保護者対応・支援の困難さをまとめてきたが，このような問題を示す保護者には以下の共通点があり，それが対応・支援を難しくさせていると思われる。

1つは，保育者が問題視して支援が必要と感じても，保護者側にニーズがない場合（養育が不適切と認識していない，育児が困難だが子どもを問題視するようで保育者には指摘されたくないなど）である。この場合保育者が，保育所での子どもの姿を伝えたり，養育のアドバイスをしても，保護者側に「自分が責められている」「自分を理解してもらっていない」「自分に自信がもてない」などと受けとられ，保育者を避けるなど関係が悪化する場合が多い。一度関係が悪化してしまうと改善するのは容易ではなく，支援に結びつかなくなってしまう（第５章−４も参照）。

もう1つは，問題の原因が，さまざまな要因（表4−7−1）と絡みあっている場合が多いことである。たとえば，Ａさんは，小さいころ両親が不仲でけんかばかりしていて，十分に愛情を注がれないで育った。だからこ

パニック障がい
突然起こる激しい動悸や発汗，頻脈，震え，息苦しさ，胸部の不快感，めまいといった身体症状とともに，このままでは死んでしまうかもという強い不安や恐怖に襲われる障がい。

産後うつ
産後に発症するうつ病で，全体の約10〜20％に生じるといわれている。気分が沈む，食欲がない，体重が減る，睡眠障害などが症状で2週間以上続く場合をいう。

クレーム
原語は claim。もともとは広く要求や，正当性や権利の主張を意味しているが，ここでは苦情のことをいっており，非常識で理不尽なものや脅迫的なものも含まれる。クレーマーはそうした苦情を申し立てる人のこと。

境界性パーソナリティ障がい
もともと，神経症と統合失調症の境界という意味で境界例とよばれていた。症状のなかでも，感情が激しく揺れ動く，不安を感じる，不安定な人間関係などを特徴とする障がい。

表4-7-1　保護者の示す問題にかかわるさまざまな要因

保護者の個人的要因	保護者を取り巻く環境の要因	子どもの要因
生育歴　性格　育児観 育児知識　精神疾患 身体疾患　発達障がい	家族関係（夫婦関係，親子関係など） 職業関係 地域との関係 保育者との関係　経済状態 社会資源	発達状態　気質 発達障がい　身体疾患

著者作成

そ，自分は子どもと向きあい十分に愛情を注ぎたいと思っているが，子どもが自分の思いどおりにならないとすぐにイライラしてしまう。育児相談でよく相談されるケースである。これは育児ストレスが高く支援が必要とされるケースであるが，この問題の原因にはAさんの**生育歴**の問題が関係している。表面上の育児ストレスの問題に対応するだけでなく，生育環境からAさんのパーソナリティや育児観を理解したり，Aさんの育児への困難さの思いを聴くなど，問題の原因にかかわるさまざまな要因を整理して，問題の原因を推定し，Aさんを理解する必要がある。

　このように，ニーズがなく，問題の原因にさまざまな要因がかかわっている場合の保護者対応として，問題を直接支援する前に，保護者と信頼関係を築くことが大切である。信頼関係を築くことに関して本郷（2005）は，日常的な会話は弾むが，子どもや家庭の話題となるとコミュニケーションをとりにくいことがあり，保育者と保護者の日常の密な関係だけでなく，関係の質が問題であるとし，「ほめる」ことの重要性を指摘している。また，本郷は，たんにほめことばを保護者に向ければよいというわけではなく，育児を肯定的に受け止める気持ちを伝えることが大切である，と述べている。保護者対応の基本は**保護者理解**であり，保護者の困難さを受けとめながら，必要なときはいつでも支援するという保育者の保護者に対する**開かれた姿勢**が重要である。さらに，問題の原因となる情報を収集し，原因を推定し，保護者の困難さや思いに寄り添いながら信頼関係を築いていくことが必要である。信頼関係の形成がひいては保護者側のニーズに結びつき，保護者支援が展開されていくのだろう。

　保護者対応は，日々の保育のなかの送迎時や連絡帳，おたより，行事，懇談会などを通して行ったり，必要があれば個別面談を設定することもできる。また，保育所内での対応可能な範囲と限界を認識し，児童相談所や保健センターなどの専門機関と連携していくことも重要である（第4章－5及び第4章－12参照）。また，親として一人の人間として保護者を理解していくことも必要である（第5章参照）。

（津田千鶴）

コラム　保護者理解─保護者支援の始まり

　保育所に入所している2歳のY男くんは，給食をあまり食べない。とくに野菜はほとんど食べない。2歳はムラ食いが生じる場合もあるし，野菜嫌いの子は多いが，栄養面や生活習慣面を考えると保育者は何とかしてY男くんに給食を食べてほしいと思っていた。Y男くんのお母さんは，朝ごはんのあとにY男くんの要求するままにチョコレートなどの甘いお菓子を与え，給食を食べず夕方お腹がすくらしく，お迎えの車のなかで菓子パンなどを食べさせているようだ。また，「この間，○○菓子（スナック菓子）を1袋ほとんど全部食べることができたんです」とうれしそうに保育者に話す。保育者はY君のお母さんの養育の不適切さに悩んでいた。

　職員間でY男くんの事例を検討すると，1歳ころからY男くんは偏食がひどく，家でも保育所でも食事を食べないという姿が浮かび上がった。それまで保育者は困ったお母さんとしかみていなかったが，お母さんは，偏食だったY男くんに困って，食べてくれる物は何でもよいと思っているのではないか，養育の不適切さの背景には，離乳食もほぼ完了し，幼児食に移行するときのY男くんの偏食への対応の困難さがあったのではないかと，お母さんを理解し直した。そして，1歳ころのY男くんの食事の大変さに共感するような声がけをするようにした。すると，「1歳ころは食べてくれなくて本当に大変だったんです」「食べたい物は何でも与えることにしています。だって，食べないよりいいですもの」というお母さんの声が聞かれた。

　保育者は，お母さんの大変さを受けとめ，信頼関係を形成していった。支援はこれからである。2歳になり咀嚼力も増し，1歳よりいろいろな物が食べられるようになっていること，食事をとるためにも間食を減らすなど，発達や食事の与え方について，少しずつ話しあっていこうと思っている。

（津田千鶴）

8 社会システムとしての家族

（1） 社会の中の家族

　ある家族をイメージして欲しい。その家族は夫と妻と子どもから構成されている。夫は父親であると同時に，企業の社員でもあり，趣味サークルの会員で，町内会の会員で，かつ，実家の家族では次男でもある。このように，夫は同時期に複数の集団に所属し，各集団から与えられた**役割**を担って活動している。同様に，妻や子どもも複数の集団に所属して活動している。私たちは絶えず変化している社会の中で，いくつもの集団に所属しながら生活している。それらの集団はそれぞれ固有の目的やルールに基づいて機能しており，個人を挟んで相互に影響しあっている（第5章-8参照）。見落としがちであるが，家族もそういった集団のひとつなのである。

　「家族」はその構成員が相互に協力しあって生活しているが，構成員だけで対処できない問題を抱えることもある。例えば，育児や介護の問題が生じたときのように，家族外の個人や組織から**社会的支援**を得ることで，問題を解決したり，負担を軽減できることがある（第4章-7参照）。

社会的支援
ソーシャルサポートともいう。

　カーン（R.Khan）とアントヌッチ（T.C.Antonucci）らは，こうした社会的支援が得られる人的資源の推移をコンボイ（comboy）概念として生涯発達の観点から提示した（亀口，2000）。**コンボイ**とは，大型トラッ

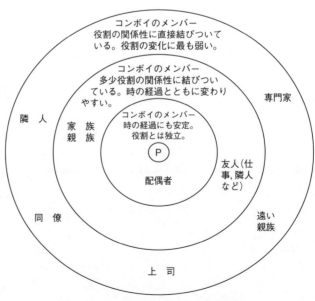

図4-8-1　ソーシャル・サポート的人々のコンボイ概念

出典　亀口憲治『家族臨床心理学：子どもの問題を家族で解決する』東京大学出版会，p.53，2000年

クが隊列を組んで移動するさまをいい，個人が利用できる**人的資源**にこれをたとえたのである。図4-8-1はこれを図示したものであるが，そのなかにある同心円は，個人の発達や社会的役割の推移にともなう関係性の変化を示している。また，飯島（2001）は発達とともに重要な役割を果たす他者の存在を提示し，家族内外の支援集団（コンボイ）の存在を示した（表4-8-1）。これらから，個人のいずれの発達段階においても，家族が重要な人的資源になっていること，そして社会的支援としての人的資源が各段階で変化する様子を理解できる。

（2）　システムとしての家族

　私たちが所属する「家族」は他の社会集団と同様に，固有の目的やルールに基づいて機能している。「家族」の機能には，子どもを生み育てる，親の世話をする，家事などの日常生活に必要なことをする，心の安らぎを得ることなどがあげられる（釜野，2011）。家族は円滑に機能しているときもあれば，問題を抱えて滞るときもある。特に，夫婦間暴力や親から子への暴力などの家庭内暴力（ドメスティック・バイオレンス：DV），離婚，不登校（園），非行は社会的な問題として関心が高く，問題解決には専門的な支援が必要なことが少なくない（第4章-5参照）。この専門的な支援のひとつに**家族療法**がある。

　家族療法は**一般システム理論**および**サイバネティクス理論**などを背景に，家族をひとまとまりの統合体として機能する組織として理解する。この組織はシステムの階層性（**境界**によって区分される独自性を持つ多層的に機能する上位／下位システム）と**円環的因果律**（物事が円環的・循環的に生起して，原因－結果関係で一方向的に説明できない）を特徴としている（中釜，2006）。そして，問題を示した構成員を **Identified Person**（IP）と呼び（平木，2006），これを家族や家族を取り巻く環境の機能不全に警鐘を鳴らす存在として位置づけている。

　例えば，子どもが不登校（園）になったとき，子どもに原因を求め，問題の解決を図ろうとしがちである（これを**直線的因果律**という）。家族療法は，家族の関係性をアセスメントし，その関係性を扱いながら家族が抱えている問題の解決に介入する方法である。上の例でいえば，子どもの不登校（園）を家族の機能不全を示すものとしてとらえ，子どもだけでなく，親，夫婦，そして親子の関係性を踏まえながら，家族の機能を回復していくための方法を検討していくのである。

一般システム理論
第4章-9コラム参照。

サイバネティクス理論
本項コラム参照。

境界
第4章-9コラム参照。

円環的因果律
本項コラム参照。

道づれ
ここでは家族内外の支援集団であるコンボイのこと。

表４-８-１　発達段階ごとのコンボイの役割を担う他者

発達段階とその特徴	生物学的要因	社会的要因	年齢に関する行事	道づれ（convoy）
	死		白寿	配偶者
			卒寿	子ども，きょうだい，孫，親戚
		配偶者の死	米寿	親しい友人，配偶者の対人関係
		きょうだいの死	喜寿	施設の職員，カウンセラー
		死	古稀	かかりつけの医師，近隣の人
老年期（65～） 成人後期（55～65） 人生の受容	身体機能の老化 運動機能の老化	施設入居 再就職 定年 親の死	還暦	配偶者 子ども，きょうだい，親戚 友人：先輩・同輩・後輩 上司
成人中期（30～55） 自己の再吟味	閉経	孫の誕生 子どもの独立	男性の厄年 女性の厄年	子どもの友人の親 配偶者の対人関係 カウンセラー かかりつけの医師，近隣の人
成人前期（22～30） 両性具有性の発達		祖父母の死 子どもの誕生 結婚		配偶者 親，きょうだい，親戚 友人：先輩・同輩・後輩 上司＊，子どもの教師 配偶者の対人関係 子どもの友人の親 カウンセラー かかりつけの医師，近隣の人
青年後期（18～22） 生き方の選択		就職 大学・短大・専門学校への入学	成人式	親，祖父母，きょうだい，親戚 友人：先輩・同輩・後輩 上司，配偶者の対人関係 カウンセラー かかりつけの医師，近隣の人
青年前期（12～18） 計画的有能感	第二次性徴の出現	高校への入学 中学への入学		親，祖父母，きょうだい，親戚 特定の異性 友人：先輩・同輩・後輩 親の友人，友人の親 教師，塾教師 カウンセラー かかりつけの医師，近隣の人
児童期（6～12） 自己効力感		塾への参加 地域の活動への参加 小学校への入学		親，祖父母，きょうだい，親戚 友達 教師，塾教師 親の友人，友達の親 かかりつけの医師，近隣の人
幼児期（2～6） 自己主張・自己実現・自己抑制	身体・運動機能の発達	幼稚園への入園 保育園への入園 お稽古事への参加 公園デビュー	七五三 誕生日	親，祖父母，きょうだい，親戚 友達 保育者，塾教師 親の友人，友達の親 かかりつけの医師，近隣の人
乳児期（0～2） 胎児期 愛着の形成	誕生 受精			親，祖父母，きょうだい，親戚 親の友人 産科医，看護婦，近隣の人

＊メンターからの自立。友人：学校・余暇活動・職場の友人。毎年の誕生日による自己認知は自己の発達を規定する。
個人別に非標準的な生活出来事（家族の死，病気，事故，再婚など）がある。
人生の選択には個人差があるのでコンボイ，生活出来事などここに記入されていないものもある。
子どもの誕生，親の死などは役割の変化という視点から社会的出来事に入れた。誕生日：毎年ある生活出来事。

出典　飯島婦左子「発達段階」齋藤耕二・本多時雄（編）『ライフコースの心理学』金子書房, p.157, 2001 年

メンター
仕事や人生における助言者，支援者のこと。

（3）これからの家族

　家族はごく身近な存在であり，日常的に使われ，誰でも理解できることばである。しかし，「家族」ということばが伝える内容の理解は簡単ではない。

　釜野（2011）は第4回全国家庭動向調査（国立社会保障・人口問題研究所，2008）のデータを用いて，既婚女性の家族像を検討した。この検討では，対象者が認識している「家族の要件」（何をもって家族と判断するのか），「家族の機能」（「子どもを生み育てる」，「親の世話をする」，「家事などの日常生活に必要なことをする」，「心の安らぎを得る」），「家族の構成」（誰を家族とみなすか）の3つの観点から家族像を調べた。

　その結果，既婚女性の家族像（家族の定義）が，回答している個人の生活状況に影響されている可能性が示唆された。つまり，「家族」ということばに含まれる内容は，ことばを発する人のその時々の生活状態や社会的状況に影響を受けて変化しているのである。これは私たち自身にもあてはまるだろう。

　ここから言えるのは，私たちが自分の生育歴からつくりあげている家族像と他者の家族像が同じとは限らないということである。現代社会は多様な価値観を認め合い，少子高齢化社会を突き進んでいる。従前から設定されている標準世帯（勤労者とその配偶者及びふたりの子どもの4人家族）に加えて，現代は若年／高齢の単身者，**シングルマザー／ファーザー**，**ステップファミリー**など多様な「家族」が混在する社会となっている。私たちは自分の価値観に囚われずに，相手の生活や社会的状況を正しく把握することによって，「家族」ということばの内容を理解していくことが求められている（この点については第4章-10及び第4章-11も参照）。

（中谷敬明）

シングルマザー／ファーザー
ひとり親もしくは単親ともいう。

ステップファミリー
夫婦どちらかに子どもがいて再婚することで築かれる家庭。

コラム　原因は特定できるの？

　次の問題を考えてほしい。
　「あるデパートで幼児期の子どもに玩具をねだられる若夫婦の問題だ。母親は『デパートに来る前にねだらない約束をしたでしょう』と言うが子どもはフロアーへ寝転がってせがむ。みかねた父親が『何か安いものを買っておけ。家へ帰ってから叱るから』というわけだ。さていったい，これはどこに問題があるだろう？」（長谷川，1987）
　この問題について答えを求めると，たいていは「父親が悪い」ということになる。または，「約束をしたのに守らない子どもが悪い」という答えがあがるかも

しれないし，「きちんと約束を守るようにしつけていない母親が悪い」と考える人もいるだろう。いずれにしても，「誰それが悪い」，そう言いきれるだろうか。

　父親の立場からしてみれば，とりあえず何かを買い与え，子どもを静かにさせることで他人に迷惑をかけないようにしたとも考えられる。また，約束を守らない子どもにしても，自分の欲求に素直で自己主張が強い子どもだといえなくもない。母親については，買い物前に約束をしたことは正しいことと考えられるし，しつけの問題があったにせよ，それが母親だけの責任だとはいえないだろう。このように考えると，誰もがこの問題を自分なりに解こうとしており，誰が悪い，と決めることはできない。つまり，何が原因か，誰が原因かは特定することはできないのである。

　このように，問題とは一連の事柄の一部分であり，ある原因のために問題が直線的に生じるのではなく，そこには多くの人々が直接的にも間接的にも関与していると考えられる。すなわち，一方向的で直線的に問題が生じているというよりはむしろ，問題にかかわる事象が相互に影響を及ぼしあって円環的なパターンを形成しているといえる。こういった見方を**円環的因果律（循環的因果律）**といい，これに対して原因→結果というように一方向的に捉えることを**直線的因果律**という（図参照）。人間の行動や問題を理解し，支援していくためには，その問題にかかわる事象がどのように作用しあっているかを把握しなくてはならないのである。

　なお，このような因果関係の捉え方は，ウィーナー（1948）が提唱したコミュニケーションと情報に関する科学に端を発する**サイバネティクス理論**によるものである（下村，1993）。

（田上恭子）

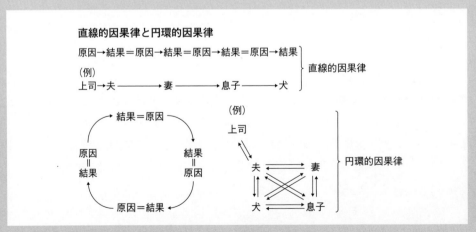

出典　遊佐安一郎『家族療法入門』星和書店．p.27．1984年

9 家族にもライフサイクルがある

（1）　家族の発達

エリクソン（E.H.Erikson）は，個人の発達段階と**発達課題**を示した**ライフサイクル論**を提唱した。ライフサイクル論は，個人の発達を理解する鍵概念として今も重要視されている（第3章–1参照）。

発達課題
第3章–1も参照。

家族も，個人と同様に，時間の経過とともに変化していくものである。家族支援に使われる方法のひとつである**家族療法**（第4章–8参照）は，家族にもライフサイクルのあることを指摘している。これを家族ライフサイクル論というが，ここでは個人の場合と同じように，「家族」がその構成員を変化させながら一定の段階を辿り（**家族の発達段階**），各段階で達成すべき課題（**家族の発達課題**）があることが提示されている。

例えば，子どもの就園や就学を迎える時期は，家族が次の段階へ移行するために新しい課題へ取り組まなくてはならなくなり，緊張の高まる時期である。これは子どもだけの課題ではない。親も，保護者として園や学校と新しい関係性を築く課題に挑まなければいけない。もしこれらの課題をうまく達成できなければ，新たな環境への不適応という**危機**を迎える。子どもや親にとって新しい課題への一歩は，思った以上に複雑な作業であり，それは「家族」全体についてもいえることである。

このように，家族の発達段階には，その段階特有の生活現象があり，すべての構成員に適応と変化を求める新しい課題がある。そして家族は新しい課題に向き合うことで緊張と組織の動揺を示しながら，再組織化し，成長できる方向へと安定化を図る（岡堂，1999）。また，上位の段階に進むには，その下位段階の課題を解決しておく必要がある。「家族」という集団は，構成員個々の発達と全体としての「家族」の発達を同時に包含しながら，ふたつの発達が双方向に影響しあって進むことに特徴がある。

（2）　家族のライフサイクル

異なる家族に所属していた息子と娘が結婚して夫婦となり，子どもの誕生，子育て，家族からの子どもの自立，そして配偶者や自分の死を迎えるという定型の流れが家族にはあり，世代を超えて繰り返されている（第5章–8参照）。

家族のライフサイクル論は，1973年にハーレー（J.Haley）が6段階の家族発達段階論を示したことに始まり，その後，ローズ（S.L.Rhodes）やカーター（E.A.Cater），マクゴールドリック（M.McGoldrick）が続い

表4-9-1　初期研究者による家族のライフコース

	Haley,J.（1973）	Rhodes,S.L.（1977）	Cater,E.A.&McGoldrick,M.（1980）
第1段階	婚約期	結婚から子どもの出生までの時期	親元を離れて独立して生活しているが，まだ結婚していない若い成人の時期
第2段階	新婚期	子どもの出生から末子の入学までの時期	結婚による両家族のジョイニング，新婚の夫婦の時期
第3段階	子の誕生・育児期	子どもが小学校に通う時期	幼児を育てる時期
第4段階	中年夫婦期	子どもが10代になる時期	青年期の子どもをもつ家族の時期
第5段階	親子分離期	子どもが家を出る時期	子どもの出立ちと移行が起こる時期
第6段階	老年夫婦期	親のつとめが終わる時期	老年期の家族
第7段階		夫婦関係が終わる時期	

出典　岡堂哲雄「家族のライフ・コースと発達段階」岡堂哲雄 編『家族心理学入門』培風館，pp.87-90，1999年より作成

た（岡堂，1999）。彼らが提唱した家族発達段階論を表4-9-1に示す。ほぼ同時期に提唱された発達段階論であるが，家族を観る視点の違いが読み取れる。

　日本においても家族のライフサイクルがいくつか提案されており，ここでは平木（2006）の家族ライフサイクルと発達課題を示す（表4-9-2）。平木は，非婚を選択する家族や子どものいない家族，離婚・再婚を経験する家族など，現代の多様な生き方を反映させたライフサイクル論作成の必要性も指摘している（表4-9-3）。

　ある発達課題の達成に失敗した家族は危機を迎え，何らかの問題を抱えていることが多い。家族ライフサイクル論を通してみることで，家族の状況を捉え，問題点を明らかにし，子どもとのかかわりや保護者の支援の仕方などが考えやすくなる。また，こうした理論的な枠組みを支援者が持っていることで，落ち着いた対応にもつながるだろう。

（3）　家族のライフサイクル理解の留意点

　これまで家族のライフサイクル論を説明してきた。「家族」は社会を構成する集団のひとつであり，絶えず社会変化の影響を受けるダイナミックな集団である。今後の社会情勢や経済状況の変化によって，今まで想定されていない姿の家族がうまれる可能性もある。

　例えば，子どもの育児と親の介護に同時進行で対応するダブルケアが，社会的な関心を高めている。これは，**晩婚化**と**晩産化**（第5章-2参照）に起因するものではないかと考えられており，近年実態調査が始まったばかりである（NTTデータ経営研究所，2016）。「家族」を支援する専門職

表4-9-2　平木による家族ライフサイクル

ステージ	家族システムの発達課題	個人の発達課題
1. 家からの巣立ち（独身の若い成人期）	源家族からの自己分化	親密性 vs 孤立 職業における自己確立
2. 結婚による両家族の結合（新婚期・家族の成立期）	夫婦システムの形成 実家の親とのつきあい 子どもを持つ決心	友人関係の再編成
3. 子どもの出生から末子の小学校入学までの時期	親役割への適応 養育のためのシステムづくり 実家との新しい関係の確立	世代性 vs 停滞 第2世代 基本的信頼 vs 不信 自律性 vs 恥・疑惑 自主性 vs 罪悪感
4. 子どもが小学校に通う時期	親役割の変化への適応 子どもを包んだシステムの再調整 成員の個性化	世代性 vs 停滞 第2世代 勤勉さ vs 劣等感
5. 思春期・青年期の子どもがいる時期	柔軟な家族境界 中年期の課題達成 祖父母世代の世話	第2世代 同一性確立 vs 同一性拡散
6. 子どもの巣立ちとそれに続く時期：家族の回帰期	夫婦システムの再編成 成人した子どもとの関係 祖父母世代の老化・死への対処	第2世代 親密性 vs 孤立 （家族ライフサイクルの第一段階）
7. 老年期の家族の時期：家族の交替期	第2世代に中心的な役割を譲る 老年の知恵と経験を包含	統合 vs 絶望 配偶者・友人の喪失 自分の死への準備

出典　平木典子・中釜洋子 共著『家族の心理：家族への理解を深めるために』サイエンス社，p.27，2006年

には，こうした時代を反映した家族の発達課題の変化に対応できる技量が求められている。本項目に提示された理論をただ鵜呑みにするのでなく，現実社会の中で生活している「家族」の変化を鋭敏に感受しながら向き合う態度が重要である。

表4-9-3　離婚・再婚する家族の発達課題

段階	課題	前もって必要となる態度の変遷	発達上の論点
離婚	離婚の決心	問題は解決できず，関係を続けることはできないことを受け入れる。	結婚に失敗したことについて，自分自身の責任を認める。
	家族システムを解消する計画を立てる。	できるだけ，家族システムが担っていた機能を維持する。	a. 親権・面会権・財産の問題において協力する。 b. 離婚について親族と対応をする。
	別居	a. 協力して育児をする関係の維持と，子どもへの経済的な援助をいとわない。 b. 配偶者との愛着を解消するよう努める。	a. もともとの家族を失うことを悲しむ。 b. 婚姻関係・親子関係・財産を再構築する。離れて暮らすことへの適応。 c. 親族との関係を再調整して，配偶者の親族との関係を続ける。
	離婚	情緒面で離婚できるように努め，傷・怒り・罪悪感などを克服する。	a. もともとの家族を失うことを悲しみ，そして再構築を諦める。 b. 結婚への希望・夢・期待を取り戻す。 c. 親族との関係を続ける。
離婚後の家族	一人親 （子どもを養育している家庭，またはもともとの住居に住む）	経済的な責任を継続し，元配偶者と親としての接触を続け，元配偶者やその家族と子どもとの接触を援助することをいとわない。	a. 元配偶者やその家族との面会に柔軟に対応する。 b. 自分自身の収入源を再建する。 c. 自分自身の社会的ネットワークを再建する。
	一人親 （子どもを養育していない）	経済的な責任を継続し，元配偶者と親として接し，子どもに親権者として援助することをいとわない。	a. 効果的な子育ての方法を探す。 b. 元配偶者と子どもに対する経済的な責任を果たし続ける。 c. 自分自身の社会的ネットワークを再建する。
再婚	新しい関係を始める。	最初の結婚の喪失から回復する。（情緒面で離婚がうまくいく）	結婚をふたたび目指し，複雑さや曖昧さに迅速に対応する家庭を作る。
	新しい結婚と家族をイメージし，計画を立てる。	新しい家族を作ることに対する，自分自身・子ども・新しい配偶者の不安を受け入れる。以下の複雑さや曖昧さに適応する時間と根気の必要性を受けいれる。 1. いろいろな新しい役割。 2. さまざまな線引き：空間，時間，関係性，権限。 3. 感情面の問題：罪悪感，忠誠葛藤，関係性への希望，解決できていない過去の傷。	a. 見せ掛けの関係を避けるために，新しい関係をオープンにする。 b. 元配偶者との経済面での協力や，協力して育児をする関係の継続について計画する。 c. 不安・忠誠葛藤やふたつの家族の関係性について子どもを援助する計画を立てる。 d. 新しい配偶者や子どもを加えた，親族との関係を再調整する。 e. 元配偶者の親族と子どもの接触を保つよう計画する。
	再婚と家族の再構築。	元配偶者ともともとの家族の理想への愛着の解決；すなわち，お互いに関われる異なる家族モデルを受けいれる。	新しい配偶者・義理の親の受入を考慮して，家族の境界を再構成する。 それぞれのやりかたでできるよう，関係や経済面を再調整する。 すべての子どもが，すべての親・祖父母・その他の親族と関われる余地を作る。 再婚家族をひとつにするために思い出と家族歴を共有する。
	将来のすべてのライフサイクルの移り変わりでの再婚家族の再交渉。	変容する再婚家庭の，進展する関係性を受け入れる。	それぞれの子どもの卒業，結婚，死，病気にともなう変化。 それぞれの配偶者が二人の関係を形成し，再婚し，転居し，病気になり，死ぬということに応じた変化。

出典　McGoldrick & Carter (2015) "The remarriage cycle: divorced, multi-nuclear and recoupled families" in McGoldrick, Carter, & Preto (Ed.) The expanding familylife cycle: individual, family, and social perspectives. pp.413-414 より，平木典子・中釜洋子 共著『家族の心理：家族への理解を深めるために』サイエンス社，2006 年を参考に著者訳。

（中谷敬明）

206

コラム　システムとしての家族（家族システム論）

　第4章-8及び本項でも取り上げられているように，近年発展してきた家族心理学や家族療法では，家族関係を包括的に1つのシステムとしてとらえようとする**家族システム論**が主流となってきている。これは原因を1つに絞って考えるのではなく，家族構成員間の相互作用に着目し，家族システムの問題として理解しようとするものである。

　この家族システム論の考え方のもとになっているのは，ベルタランフィの**一般システム理論**である。これによれば，一般にシステムは，変換性，全体性，自己制御性という3つの性質をもっている（長谷川，1987）。変換性とは，外的条件に合わせてシステム自体を変化させていく能力をいう。自らを変化させることでシステムとしての生命を持続させるのである。全体性とは，部分部分の集まり以上の力をシステムはもち，全体としての性質をもつことを意味する。自己制御性とは，システム内に何かが生じた場合にそのままの状態にしておくのではなく，安定した状態を維持するためにシステム自体の力で何とかしようとすることである。家族システム論では，家族もこうしたシステムの1つであり，基本的に上であげた3つの性質をもつと考えられている。

　このほか，あらゆるシステムには境界が存在するという特徴がある。家族システムの場合は全体としてのシステム（上位システム）だけではなく，夫婦や親子，きょうだいといったサブシステム（下位システム）がある。これらのシステムやサブシステムを他から区切る概念を**境界**といい，家族構成員間のコミュニケーションのあり様で境界は定まっていく。家族や個人が健康であるためには，境界がはっきりしていて，しかも柔軟であることが必要であるなど，家族の健康性と境界との関係が知られている。家族心理学や家族療法で家族内コミュニケーションが重視されているのはこのためである。

（田上恭子）

10 変わりゆく家族（1）
──さまざまな家族とその支援

（1）　さまざまな家族のカタチ

　あなたの「家族」は何人いますか，誰々ですか，と聞かれたら，どう答えるだろうか。一般に「家族」とは，夫婦とその血縁者を中心に構成され，共同生活の単位となる（つまり生活を共にする）集団と考えられている。広辞苑（第7版）でも，『夫婦の配偶関係や親子・兄弟などの血縁関係によって結ばれた親族関係を基礎にして成立する小集団・社会構成の基礎単位』とされている。

　歴史的にみてみると，戦前のわが国では，家族は「家」を中心とし，結婚した長男が親と同居を続ける直系家族制が多かった（岡崎，1990）。1940年における**完結出生児数**（1900年頃に生まれた夫婦が最終的に持つ子どもの数）は4.27人と，夫婦1組あたりの子どもの数も多く，多世代で大人数の家族が一般的であったといえる。

　しかし，第二次世界大戦後の民主化と高度経済成長のなかで，家族の単位が夫婦と子どもからなる**核家族**となっていった（釜野，2011）。**生涯未婚率**も90年代までは10%未満，完結出生児数も2005年までは2人台で推移しており，大半の人々が結婚して，2〜3名の子どもがいるのが一般的であった。TVコマーシャルで，夫婦と子ども二人という家族構成のものが多く見られるのはこのためであろう。

　しかし，近年この傾向に変化が生じてくる。まず2000年代に入り，生涯未婚率が上昇し，2010年に男女とも10%を越え，2015年には男性23.37%，女性14.06%となっている。また，完結出生児数も2010年以降2人を割り込むようになるなど，夫婦1組あたりの子どもの数も減少し，子どもを持たない夫婦も増加しつつある（第5章-1コラム参照）。これは，未婚者が増加し，子どものいる家庭でも子どもの数が減り，夫婦2人だけの家族も増えているということである。

　これに加えて，近年の離婚率の上昇に伴い，**ひとり親家庭**が増加している。父子家庭・母子家庭の数（推計値）は1993年に94.7万世帯だったものが2017年には146.1万世帯となっている（平成28年度全国ひとり親世帯等調査）。また，**ステップファミリー**も増加している。さらには，定住外国人の増加や国際結婚の増加もあり，国籍や人種，民族，宗教など家族の構成員の多様化も進んでいる（第4章-11参照）。

　このように，家族の単位や構成員は歴史的にみると変化しており，家族のカタチもさまざまなものになっている。教育や保育などの現場において

完結出生児数
夫婦の最終的な平均出生子ども数。

生涯未婚率
50歳になったときに婚姻歴のない人の割合。45〜49歳の未婚率と，50〜54歳の未婚率の平均で算出される。

ひとり親
シングルファーザー／マザーともいう。

ステップファミリー
第4章-8参照。

も，こうした家族の多様化に対応することが求められてきている。

（2）　ひとり親家庭の問題と支援

　上でみてきたように，近年わが国では「ひとり親家庭（単親世帯ともいう）」が増加しているが，この現状について，もう少し詳しく見てみよう。

　厚生労働省（2017）の調査によると，一人親世帯になった原因は，母子世帯・父子世帯ともに離婚が7～8割程度と最も多く，死別が約1～2割程度であった（表4-10-1）。また，母子世帯・父子世帯の8割以上が何らかの仕事を持っているにもかかわらず，平均年間収入は母子世帯で291万円，父子世帯でも455万円となっている。夫婦と子ども世帯の平均年収は約600万円程度といわれており，ひとり親世帯については，特に母子世帯において，その収入の低さによる**貧困**が社会問題となりつつある。ひとり親で子どもを育てている場合，採用する側からすると，子どもに時間や労力を取られ，充分に従事できるのかなどの不安要素もあって，採用に慎重となる傾向があり，ひとり親家庭（特に母子世帯）の親が安定した仕事を得ることを難しくしている。このような世帯に対する就労支援や経済支援をどうしていくかは，社会的に重要な問題となっている。

　もう一つ，ひとり親世帯が直面する重要な課題は，社会的な偏見である。小田切（2003）や武田・李・上野（2011）の大学生を対象とした調査によると，離婚家庭やひとり親家庭の子どもに対して少なからず否定的な認識（非行にはしりやすい，しつけがいきとどかない，など）をもつことが指摘されている。しかし，最近ではこのような意識にも変化の兆しが認められ，中道（2018）の大学生・保育者・小学校教員を対象とした調

表4-10-1　ひとり親家庭の状況（推計値）

		母子世帯	父子世帯
1	世帯数	123.8万世帯	22.3万世帯
2	ひとり親世帯になった理由	離婚80.8% 死別7.5%	離婚74.3% 死別16.8%
3	就業状況	80.6%	91.3%
	うち 正規の職員・従業員	39.4%	67.2%
	うち 自営業	2.6%	15.6%
	うち パート・アルバイト等	47.4%	8.0%
4	平均年間収入（母又は父自身の収入）	223万円	380万円
5	平均年間就労収入（母又は父自身の就労収入）	181万円	360万円
6	平均年間収入（同居親族を含む世帯全員の収入）	291万円	455万円

出典　厚生労働省「平成28年度 全国ひとり親世帯等調査結果報告」2017年
https://www.mhlw.go.jp/file/04-Houdouhappyou-11923000-Kodomokateikyoku-
　　Kateifukishika/0000188136.pdf　（2019.2.14）

査では，ひとり親家庭の子どもに対する肯定的な認識（粘り強い，親思いであるなど）の高さが示されている。

（3）「ひとり親家庭」への生活面への支援
　加藤ら（2011）は，母子家庭と両親家庭それぞれの母親の自己肯定感を比較し，母子家庭の母親の自己肯定感が低いとの結果を得ている。これを受けて清水（2015）は，母子家庭の母親の自己肯定感に関連する要因を分析し，母親自身の健康度，子どもの育ち，別れる際の暴力の有無，サポートしてくれる人の存在，そして就労の有無や収入が自己肯定感に影響していることを見いだした。対象者のサンプリングや研究方法の点で，上の2つの研究結果がどの程度一般性をもつものであるかについては今後の検討が待たれる。そして，従来母子家庭への支援といえば，就労支援や経済支援に関心が注がれてきたが，それだけではなく，周囲からの生活面への支援も，母子家庭の母親の自己肯定感を高めるには必要であることが見てとれる。
　冒頭にも述べたように，日本でも家族のカタチは多様化しつつある。いろいろな家族のカタチを受け入れつつ，ともに支えあっていく社会づくりが，いま，教育や福祉の現場のみならず社会全体で求められている。

（福島朋子）

11 変わりゆく家族（2）
──異なる文化的背景のある子どもとその家族

（1）　日本国内における外国人の増加

　日本における在留外国人数は平成 29 年末現在 2,561,848 人（法務省入国管理局，2018）で，統計記録上最多を更新している（図 4 - 11 - 1 参照）。永住者の増加傾向をみても，一時滞在ではない在留外国人が増えていることがわかる。また，2015 年の 1 年間に日本国内で生まれた新生児約 102 万人のうち 3.27%，つまり 30 人に 1 人の乳児は両親またはどちらかの親が外国人だったという（田中，2016）。

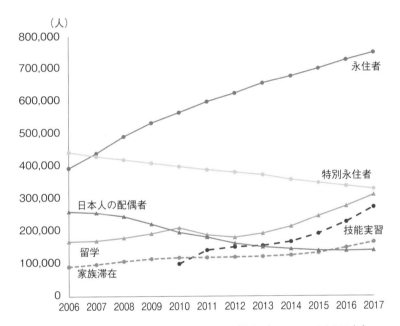

図 4 - 11 - 1　主要な在留資格別在留外国人数の推移（2006 - 2017 年）

出典　法務省在留外国人統計をもとに筆者作成
法務省在留外国人統計
http://www.moj.go.jp/housei/toukei/toukei_ichiran_touroku.html（2019.2.18）

　ここでいう**在留外国人**とは，外国人（日本国籍を有しない）として登録されている人を指しており，**帰化**した人，日本国籍であるが**外国にルーツがある人**[注1] も含めると，文化的背景が異なる人々が国内に数多くいることが推定される。なお，本項では国籍に関わらず日本と異なる文化的背景や関わりをもつ人全般を便宜的に「外国人」と呼ぶこととする。

（2）　異なる文化的背景のある家族

　日本以外の文化的背景をもつ夫婦にも，日本人（夫）と外国人（妻）の

帰化
帰化とは，外国籍を有する人がその国籍を放棄し，日本国籍を取得することである。

注1）
日本人と外国人の間に生まれた子どもは 2 つの国籍を有することができるが，日本では二重国籍を認めていないため，22 歳までに国籍を選択する必要がある。

夫婦，外国人（夫）と日本人（妻）の夫婦，外国人同士（夫婦とも同じ国籍あるいは文化的背景），外国人同士（夫婦それぞれに異なる国籍あるいは文化的背景）と様々な組み合わせがある。

　夫婦各々の文化的背景が異なる場合，家庭内の役割期待にズレがあったり，子どもの教育方針が大きく異なることもあり，その都度夫婦間で話し合って折り合いをつけていく必要がある。しかし，言語が異なることでコミュニケーションがうまく取れない場合には，互いの理解が進展せずに不満を持ち続け，家庭の維持が困難になることもある。

　日本人と外国人の夫婦の場合は，外国人同士の夫婦の場合よりも，外国人が日本社会に適応するのが早いといわれている（竹下，1997）。それは，日本人と外国人の夫婦の場合，家庭内で日本の文化を採用することが多く[注2]，家庭外とのやりとりに日本人の夫／妻が通訳や仲介に入ることができるためであると考えられる。しかしその一方，日本人の夫／妻にとって子育てや日本社会とのやりとりが過剰な負担になったり，逆にその日本人の夫／妻が子育てに非協力的な場合は外国人の夫／妻が日本社会においても家庭内においても孤立する可能性がある。

（3）　外国人の日本での子育て

　外国人が日本で生活する際，言語の違いだけでなく，慣習・宗教の違い，価値観の違いなどから様々な困難を経験する。そのような状況の中，子育てをするとなるとさらに難しさもある。

　日本語能力が不十分な場合，出産・育児に関わる様々な諸手続き（乳児健診，保育所の入所手続きなど）は非常に複雑でわかりにくく，日本の事情がわかる人のサポートが必要である。また，広報での子育て関連情報（予防接種，子育てサークルなど）や，幼稚園・保育所・学校からの連絡なども日本語で提供される場合がほとんどであるため，情報が伝わりにくい[注3]。

　子育て文化や環境の違いから，子育てに戸惑うこともある。フィリピン人の母親の子育てを例に挙げてみよう。フィリピンでは日本のように離乳食を段階的に与える習慣はなく，乳幼児にジュース類を与えることが一般的で，たくさん食べるほうが健康的だという認識があるという（歌川，2014）。また，実母や近親者による多大なサポートを受けながら子育てするのが一般的であるが，日本ではそういった手厚いサポートを期待できないことも指摘されている（大野ら，2009）。

　また，外国人の親は言語の不自由さから友だちがつくれなかったり，実母や親戚から遠く離れていたりすることから，周囲とのつながりが希薄

注2)
妻が非欧米系の外国人である場合，母語が日本社会や家庭で積極的に使用される環境になく，日本語・日本文化の強制や同化，周囲の非欧米諸国蔑視などが相俟って，両親のもつ2つの言語・文化を継承させる視点で子どもを育てることが難しい現状にあるという（伊藤，2007）。

注3)
近年，自治体や国際交流協会のホームページで多言語で情報提供する動きが広がっている。

で，孤独感や孤立感をもつことも指摘されている（橋本ら，2011）。身近なところに親身になってくれる人がいることは，特に子育て中の親のメンタルヘルスにとっては重要と考えられる。

さらに，子育て自体に不安を感じることも多いようである。学習環境や教育制度，時間遵守の考え方などが自身の育った環境と異なるためわからないことも多く，子どものしつけや教育を十分できないことに悔しい思いをし，子どもが一人前になれないのではないかといった不安を抱くという（歌川，2014）。また，病院に行く時に日本語ができる我が子に通訳者として付き添ってもらうなど，親子の役割が逆転することによって，親が子どもに頼りにされないといった屈辱を味わうこともある。

また，外国人であることや外見の違いから子どもが友だちにいじめられるのではないか，複数の文化的背景を持つ中で子どもがどういう性格になっていくか（今村ら，2004），子どもの**文化的アイデンティティ**はどうなるのかといった不安を抱く親もいるという。

（4）異なる文化的背景をもつ人とともに生活するということ

様々な文化的背景をもつ家族が日本で生活する上で抱く不安や困難について，これまで述べてきたことはほんの一部にすぎない。日本人にとっての常識が，外国人にとっては常識とは限らない。そういった異なる文化的背景をもつ人々が日本に数多くいること，そして特別な存在ではなく一住民として私たちと同じように生活しているということを，私たちは認識する必要がある。当然のことではあるが，人種や国籍，文化の違いなどによって異なる扱いをすることは偏見・差別につながる。文化の違いを理解し，特別扱いではなく対等な立場として関わっていくことが求められる。

外国人と関わるのは難しいと感じるかもしれないが，その不安の大部分はコミュニケーションの難しさにあるだろう。しかし，相手の母語がわからなくても，簡単な日本語と身振り手振りで対応できることも多い。文書の漢字に読み仮名をつけたり，**やさしい日本語**で伝えることは大いに役立つだろう。まずは相手を理解しようとすること，そして相手に伝えようと行動で示すことが大切である。

外国人との交流や外国人への支援に関心があれば，地元の**国際交流協会**を訪れてみたり，その協会のホームページを閲覧してみるといいだろう。日本語や日本での生活に不慣れな人に対して，各市町村国際交流協会が支援していることが多く，的確な情報や助言を提供してもらえるだろう。

（細越久美子）

文化的アイデンティティ
文化的アイデンティティとは，自分がある文化に所属しているという感覚（文化的帰属感），あるいは意識（文化的帰属意識）である（鈴木，2008）。

やさしい日本語
「やさしい日本語」は子どもでもわかるような平易な単語や短い文章で表現する日本語のことである。（例えば「避難」ではなく「にげる」など）。弘前大学の佐藤和之教授により研究・考案され，災害時の外国人への支援マニュアルなどが作成されている。（参考：「やさしい日本語」ウェブサイト http://human.cc.hirosaki-u.ac.jp/kokugo/EJ1a.htm）

国際交流協会
多くの都道府県，市町村にあり，主に各自治体からの支援を受けながら国際交流活動を行なっている団体。国際交流，国際協力，在住外国人支援など活動内容は多岐に渡り，協会によってその主な活動も異なる。

12 子どもの問題を地域機関につなぐ

（1）児童相談所における子どもの問題

自分がかかわっている子どもに何か問題や心配ごとがあるとき，どうするだろうか。幼稚園・保育所や学校であれば，まずは職員間で話し合いがもたれるであろうが，それでも理解や対応がうまく定まらないときは地域の専門機関につなぐことになるだろう。

児童相談所はそういった地域の専門機関の１つで，児童福祉法第12条によって設置されている，子ども（0〜18歳未満）および子育てに関する福祉全般に対応する，公的相談機関である。**児童福祉司**や**児童心理司**，保健師，医師などが配置され，内容に応じて調査や判定を行い，助言やカウンセリング，あるいは子どもを一時的に保護するなどして，子どもが心身ともに健全に育つよう支援する役割を担っている。

児童相談所に寄せられた子どもの相談は，相談受付の際に，「不登校」や「性格行動」，「養護」，「触法」など16の**主訴**によって分けられる。児童相談所における子ども問題と言った場合，まずはこの相談受付時の主訴分類が参考となると思われるので，表4-12-1に紹介する。

児童福祉司
子ども，保護者などからの子どもの福祉に関する相談に応じたり，必要な調査を行ったりするケースワーカー。

児童心理司
第4章-5コラム参照。

表4-12-1　児童相談所における相談受付時の主訴分類

区　　　分		説　　明　　例　　示
養護相談	1. 児童虐待相談	児童虐待の防止等に関する法律の第2条に規定する次の行為に関する相談 （1）身体的虐待 　　生命・健康に危険のある身体的な暴行 （2）性的虐待 　　性交，性的暴行，性的行為の強要 （3）心理的虐待 　　暴言や差別など心理的外傷を与える行為，児童が同居する家庭における配偶者，家族に対する暴力 （4）保護の怠慢，拒否（ネグレクト） 　　保護の怠慢や拒否により健康状態や安全を損なう行為及び棄児
	2. その他の相談	父又は母等保護者の家出，失踪，死亡，離婚，入院，稼働及び服役等による養育困難児，迷子，親権を喪失・停止した親の子，後見人を持たぬ児童等環境的問題を有する子ども，養子縁組に関する相談。
保健相談	3. 保健相談	未熟児，虚弱児，ツベルクリン反応陽転児，内部機能障がい，小児喘息，その他の疾患（精神疾患を含む）等を有する子どもに関する相談
障がい相談	4. 肢体不自由相談	肢体不自由児，運動発達の遅れに関する相談。

	5. 視聴覚障害相談	盲（弱視を含む），ろう（難聴を含む）等視聴覚障がい児に関する相談
障がい相談	6. 言語発達障がい等相談	構音障がい，吃音，失語等音声や言語の機能障がいをもつ子ども，言語発達遅滞を有する子ども等に関する相談。ことばの遅れの原因が知的障がい，自閉症，しつけ上の問題等他の相談種別に分類される場合は該当の種別として取り扱う。
	7. 重症心身障がい相談	重症心身障がい児（者）に関する相談。
	8. 知的障がい相談	知的障がい児に関する相談。
	9. 発達障がい相談	自閉症，アスペルガー症候群，その他の広汎性発達障がい，学習障がい，注意欠陥多動性障がい等の子どもに関する相談。
非行相談	10. ぐ犯等相談	虚言癖，浪費癖，家出，浮浪，乱暴，性的逸脱等のぐ犯行為若しくは飲酒，喫煙等の問題行動のある子ども，警察署からぐ犯少年として通告のあった子ども，又は触法行為があったと思料されても警察署から法第25条による通告のない子どもに関する相談。
	11. 触法行為等相談	触法行為があったとして警察署から法第25条による通告のあった子ども，犯罪少年に関して家庭裁判所から送致のあった子どもに関する相談。受け付けた時には通告がなくとも調査の結果，通告が予定されている子どもに関する相談についてもこれに該当する。
育成相談	12. 性格行動相談	子どもの人格の発達上問題となる反抗，友達と遊べない，落ち着きがない，内気，緘黙，不活発，家庭内暴力，生活習慣の著しい逸脱等性格もしくは行動上の問題を有する子どもに関する相談。
	13. 不登校相談	学校及び幼稚園並びに保育所に在籍中で，登校（園）していない状態にある子どもに関する相談。非行や精神疾患，養護問題が主である場合等には該当の種別として取り扱う。
	14. 適性相談	進学適性，職業適性，学業不振等に関する相談。
	15. 育児・しつけ相談	家庭内における幼児の育児・しつけ，子どもの性教育，遊び等に関する相談。
	16. その他の相談	1〜15のいずれにも該当しない相談。

出典　厚生労働省「児童相談所運営指針（子発1025第1号）」2018年より一部抜粋

ぐ犯
性格や環境から，将来罪を犯したり法律に違反したりするおそれのある20歳未満の者をぐ犯少年という。

（2）相談受理の状況

　では児童相談所における相談受理の状況はどのようになっているだろうか。筆者が勤務する岩手県福祉総合相談センターでの過去10年の状況を図4-12-1にあげる。

　児童相談所では，固有の業務として，児童心理司による知的障がい児のための，療育手帳（注：自治体によっては，「愛の手帳」「愛護手帳」との名称となっている）判定の業務を有していることから，知的障がい相談の比率が高かったが，近年の**虐待**相談対応の増加，特に夫婦の争いに子どもを巻き込む**面前DV**による子どもたちへの心理的虐待に関する**警察通告**の増加の影響で，平成26年度以降，養護相談の占める割合が急増している。

　児童相談所の相談内容は，時代のニーズを反映するともいわれており，児童相談所の体制強化が必要といわれている。

面前DV
子どもの目の前で家族に対して暴力をふるうこと（第4章-5参照）。

警察通告
児童虐待の疑いがあるとして，警察が児童相談所へ通告すること。市民による警察への通報がきっかけとなる場合がほとんどである。

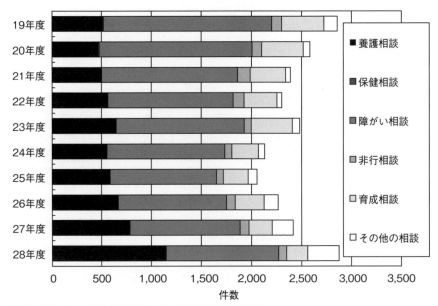

相談種別受付状況

凡例:
- ■ 養護相談
- ■ 保健相談
- ■ 障がい相談
- ▦ 非行相談
- □ 育成相談
- □ その他の相談

図4‐12‐1　児童相談所における相談受理の状況

出典　岩手県福祉総合相談センターでの過去10年の相談受理状況を基に著者作成

（3）　地域としての子どもの問題への対応

　児童相談所への虐待相談が急増するにつれ，児童相談所だけでは虐待の問題に対応することが困難な状況が生じ，平成17年から市町村においても子ども相談の窓口を設置するように国の方針が定められている。また，市町村ごとに，支援を要する児童を，①要保護児童，②要支援児童，③特定妊婦（「以下，要支援児童等」とする）として把握し，関係機関が定期的に集まり，支援状況を相互に確認し合う仕組み，いわゆる**要保護児童対策地域協議会**がつくられている。

　要保護児童対策地域協議会は，①代表者会議，②実務者会議，③ケース検討会議からなっている。運営イメージを図4‐12‐2にあげておく。

　要保護児童対策地域協議会には，調整担当機関が設けられることとなっており，主として市町村がその役割を担っている。調整機関の担当者としては，平成28年の児童福祉法の改正で児童福祉司等の専門職が配置されることとなったほか，調整担当者としての研修も義務づけられるなど，少しずつではあるが市町村の児童相談対応部門の強化が図られている。

　なお，実際に，保育所で心配な子どもがいた場合の対応フローチャートを図4‐12‐3にあげた。また，要保護児童対策地域協議会実務者会議の様子をコラムに記載したので，参考にして欲しい。

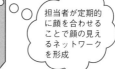

○代表者会議
協議会の構成員の代表者による会議。年1～2回の開催。①要保護児童等の支援に関するシステム全体の検討②実務者会議からの協議会の活動状況の報告等を実施。

○実務者会議
3か月に1回程度，実際に活動する実務者が集まり，①定例的な情報交換や個別ケース検討会議で課題となった点の検討，②全ての虐待ケースの進捗管理，③要保護児童対策推進のための啓発活動等を行う。全国的には，内容は多様。

○個別ケース検討会議
個別の要保護児童の関係者が一堂に集まり，①情報の共有（推測や伝聞での情報が多い時，関係者間の情報交換の機会が欲しい時など），②援助方針の決定（情報が混乱している時，援助が煮詰まった時など）等を話し合う。必要なときに，随時開催。

担当者が定期的に顔を合わせることで顔の見えるネットワークを形成

図4-12-2　要保護児童対策地域協議会の運営イメージ

出典　厚生労働省「児童相談所運営指針（子発1025第1号）」20118年を基に著者作成

（4）　これからの地域支援に求められるもの

　少子高齢化の現代社会の中で，子どもの数が減っているのに，虐待相談は増加している。あるベテランの職員は，児童虐待の一番の背景は「余裕のなさ」と話した。子どもの数は少なくても，子どもに手をかける大人の数が減り，何とか保護者だけで子育てをしなくてはと思い込み，心の余裕を失ってきている保護者が増えてきているのかもしれない。

　一方，当センターにおいて虐待相談（正確には虐待が疑われる相談）に対応していると，一言で虐待相談と言っても，その重症度や緊急度は様々である。ただ，程度の違いさえあれ，そこには子育てに困った保護者と，その保護者に育てられている子どもの姿があることには違いない。

　当センター（児童相談所）の役割としては，虐待相談は，子育てに行き詰っている親子のSOSのサインと受け止め，寄り添い方の支援を前提にしつつ，虐待相談の内容を踏まえ，一時保護の必要性等を慎重にアセスメントし，必要に応じ緊急保護等の介入的な支援を実施している。

　もちろん，一時保護や児童福祉施設入所等，子どもを保護者から分離保護して全てが解決するわけではなく，虐待をせざるを得ないような状況に追い込まれた要因を，**生物・心理・社会的な視点**等から評価し，虐待が繰り返されないような支援プランを作成していくことが求められる。それには，当センター（児童相談所）のみならず，市町村児童福祉担当課，母子保健担当課，保育所，学校，医療機関等と連携しながら，保護者と子どもの在宅生活を支える地域ネットワークの形成が求められる。そして，その中心的な役割を果たす仕組みとして，要保護児童対策地域協議会が位置づ

一時保護
第4章-5参照。

生物・心理・社会的な視点
本項コラム参照。

1 保育所におけるフローチャート

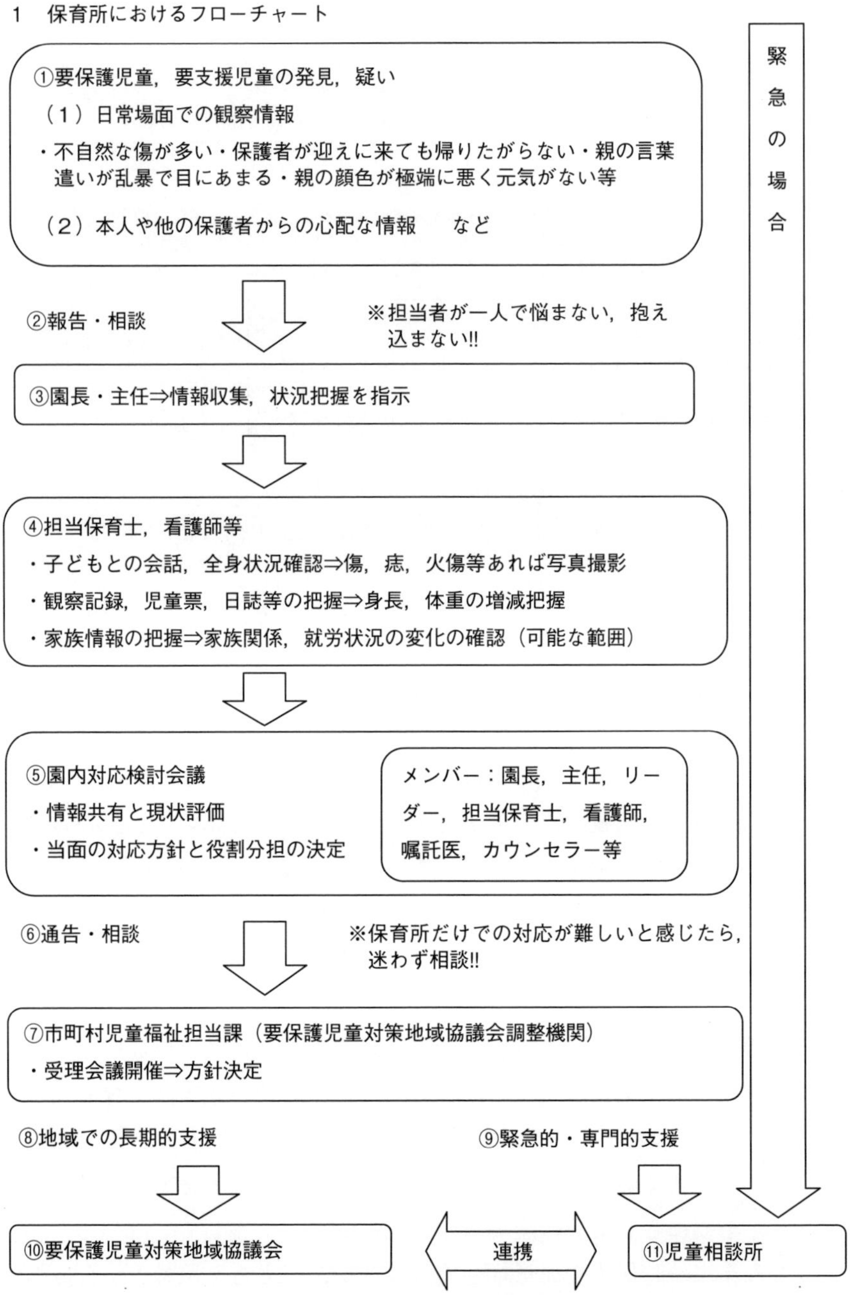

①要保護児童，要支援児童の発見，疑い

（1）日常場面での観察情報

・不自然な傷が多い・保護者が迎えに来ても帰りたがらない・親の言葉
遣いが乱暴で目にあまる・親の顔色が極端に悪く元気がない等

（2）本人や他の保護者からの心配な情報　　など

②報告・相談　　　　　　　　　　※担当者が一人で悩まない，抱え
　　　　　　　　　　　　　　　　　　込まない!!

③園長・主任⇒情報収集，状況把握を指示

④担当保育士，看護師等

・子どもとの会話，全身状況確認⇒傷，痣，火傷等あれば写真撮影

・観察記録，児童票，日誌等の把握⇒身長，体重の増減把握

・家族情報の把握⇒家族関係，就労状況の変化の確認（可能な範囲）

⑤園内対応検討会議　　　　　　メンバー：園長，主任，リー
　　　　　　　　　　　　　　　　ダー，担当保育士，看護師，
・情報共有と現状評価　　　　　　嘱託医，カウンセラー等

・当面の対応方針と役割分担の決定

⑥通告・相談　　　　　　　　　　※保育所だけでの対応が難しいと感じたら，
　　　　　　　　　　　　　　　迷わず相談!!

⑦市町村児童福祉担当課（要保護児童対策地域協議会調整機関）

・受理会議開催⇒方針決定

⑧地域での長期的支援　　　　　　　　⑨緊急的・専門的支援

⑩要保護児童対策地域協議会　　　　連携　　　　⑪児童相談所

緊
急
の
場
合

図4-12-3　保育所で心配な子どもがいた場合の対応フローチャート

出典　目黒区「めぐろ児童虐待防止マニュアル改定版」2009年を筆者一部改変

218

けられているのである。

　最後に，平成 28（2016）年の児童福祉法の改正等により，子どもの養育の責任は一義的には保護者であるものの，国や地方公共団体がその保護者が養育できるように支援するとともに，うまく育てられない場合には家庭的な環境で養育されるよう必要な措置を講ずる責務を負うことが明記された。一人でも多くの子どもが安心・安全な生活を送れるよう，当センター（児童相談所）としても児童福祉の公的相談機関として専門性の向上に努めていきたいと考えている。　　　　　　　　　　　　　　（大向幸男）

コラム　A市要保護児童対策地域協議会の実務者会議の様子について

　A市の実務者会議の構成員は，市保健師1名，中学校教員1名（生活指導担当），小学校副校長1名，保育所主任2名，民生・児童委員2名，人権擁護委員1名，教育相談員1名と比較的バランスのとれた構成となっている。

　初めに，市の担当ケース（市町村の規模等に応じてその数にはばらつきがあり，A市の場合は約30ケース）について報告があり，各参加者から意見が述べられた後，市としての支援方針を各機関の役割分担も含めて決定する。その後，児童相談所が担当しているケースに関して報告，検討を実施し，援助方針を各関係機関で共有する。

　実務者会議は年に3～4回，ほぼ同一のメンバーで開催されることから，回を重ねるごとに関係機関の役割の理解が深まるほか，メンバー同士も顔見知りとなり，実務者会議以外の場面でも連携がスムーズになるなど，いわゆる顔の見えるネットワークとなっていくことも一つの大きな役割となっている。

　また，きょうだいケースなどで，所属機関（例えば学校と保育所）によって保護者が異なる姿を見せている場合などは，実務者会議の場で，それぞれの機関から保護者の様子が報告されること，保護者の困り感や養育態度を複数の視点からアセスメントでき，より適切な形で保護者への子育て支援を考えていくことができることも，要保護児童対策地域協議会の欠かせない役割の一つである。

　なお，このコラムは複数の実務者会議の様子を踏まえ，架空の実務者会議を想定したものである。

（大向幸男）

コラム 問題のある子どもを理解するための生物・心理・社会的視点

　精神医学の領域で生物・心理・社会モデル（bio-psycho-social model）が提唱されている。これは Engel（1980）が提唱した概念で，医療において生物医学的な理解は必要だが，同時に人としての側面，かかわる他人との関係や家族，コミュニティといった側面も理解していこう（和田・松下，2018）というもので，現代医療に必要な観点だと考えられている。

　その一方で，このモデルが保育や教育，福祉の領域に与えた影響も見逃せない。従来これらの領域では，心理・社会的な理解が中心的に行われてきたが，近年，特に発達障がいの医学的な解明が進んだこともあり，生物医学的な理解も含めながら，問題のある子どもを捉えるようになってきている。

　たとえば，コミュニケーションがうまく取れない子どもや落ち着きのない子どもは，かつては養育者の育て方や家庭環境といった心理・社会的な要因を中心に捉えられてきたが，それぞれ自閉症スペクトラム障がい（ASD）や注意欠如・多動性障がい（ADHD）という概念が医学的に確立され，そういった生物医学的な傾向に，心理・社会的な要因が絡んで，さまざまな支障が生じてくると考えられている（第4章-2参照）。

　子どもの問題行動というと，育てられ方や家庭環境・生活環境に関心が向きやすいが，第4章-1でも触れたように，子どもの問題行動は，子どもがもつ**気質**など性格的な傾向に，心理・社会的な要因が絡んで生じると捉えられるようになってきている。気質は生物的な要因を反映していると考えられ，気質など性格的な傾向も含めながら，子どもの問題行動を捉えようとすることも，生物・心理・社会モデルを用いた理解であるといえる。

（沼山　博）

第 5 章

子どもにかかわる
大人のこころ

この章では，子育て家庭の現状と子育てにか
かわる親のこころについて学びます。子育て
を取り巻く社会的状況や，女性の社会進出に
伴う問題，父親の問題を取りあげます。親の
こころの発達については，生涯発達の視点か
ら考察していきます。

1　親にとって子どもとは？

（1）　終戦直後よりも子どもの数が半分に

　この数十年，日本は今までにない少子高齢社会を迎えている。厚生労働省発表による出生数の年次推移（図5-1-1）を見ると，2000年代後半からは比較的ゆるやかになっているものの1975年以降，毎年一貫して出生数が減少し続けている。出産可能な15～49歳の女性が生涯に産む子どもの数を計算上示した**合計特殊出生率**も，過去最低の1.26を記録した。2005年以降微増傾向にあるものの，1.4程度となっており，人口を維持するのに必要な2.1を大きく下まわっている。このように，生まれる子どもの数そのものも，1人の女性が産む子どもの数も減ってきている。また，それと同時に科学技術の進歩や子どもを取り巻く社会状況も変化し，子どもに対する親の側の意識にも変化が生じているといわれている。では，どのように変化したのだろうか。

合計特殊出生率
1人の女性が生涯に産むと推定される子どもの数を示す指標である。その年の15～49歳までの女性の年齢別出生率を合計して算出される。人口水準を維持するには，2.1前後の出生率が必要とされている。

（2）　「お金をかせげる存在」から「お金がかかる存在」へ

　産業が近代化する以前，子どもは今より早い年齢から家のなかでの貴重な労働力であった（弟妹の子守りや家事・農作業の手伝いなど）。しかし，科学技術が発達し，産業が高度化してくると，それを使いこなす人間の側には，より高度な知識と技術が要求されるようになり，子どもは単純な労働力とはなりにくくなってきた。そして，子どもがそういった知識と技術を身につけるために「教育を受ける（学校に通う）」ことが必要となった。高等教育を受けるためにはお金がかかる。つまり，親にとって子どもは「お金をかせげる」存在から「お金がかかる」存在へと変化してきたのである。近年は子ども一人世帯の割合も増加しており（第5章-2のコラムを参照），1つの家庭のなかでの子どもの数も非常に少なくなっている。そのため子どもにお金をかけ，よい環境よい教育を，と考える親も少なくない。実際に，平成17年版国民生活白書でも，子どもを1人育てるのにかかる費用はおよそ1300万円と算出されている（内閣府，2005）。また，各種保険会社によると，子ども1人あたりの養育費・教育費は2000万円～3000万円と推計されており，お金のかかる存在としての子どもの実態がみえてくる。

（3）　子どもはつくるもの？　それとも授かるもの？

　また中山（1992）は，子どもをもつことについて，女性がどのような

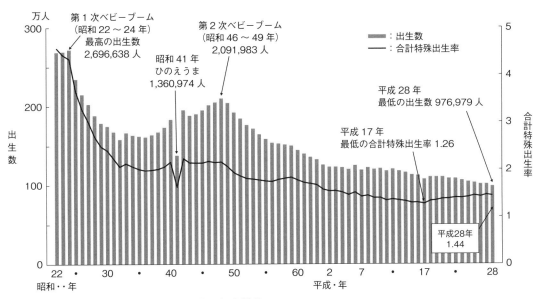

図 5 - 1 - 1　出生数及び合計特殊出生率の年次推移

出典　厚生労働省「平成 28 年人口動態統計月報年計（概数）の概況」p.4, 2017 年

意識をもっているかの調査を行っている。インタビュー調査から，子ども
を"授かる""つくる"ということばがどのような意味をもち，いかに使
用されているかを分析し，民俗学的資料と照らしあわせて次のようにまと
めている。**民俗学**の知見によると，生命の誕生には超自然の力が働いてい
ると人々は考えていた。超自然の世界に属している神仏や大いなる力が人
間の社会に作用し，特定の人々に"授かる"子どもは，人間の力の及ばな
い世界から次元を超えてきた"授かりもの"であったわけである。ところ
が，家族計画の浸透（しんとう）や医療技術の進歩などにより，今の女性の意識のなか
では，子どもは"つくる"ものとなっている。それと同時に，"つくる"
自己コントロールには限界があるという意味での"授かる"意識が共存し
ている。この意識は，妊娠しにくい女性，もしくは不妊の女性においては
さらにいっそう顕著（けんちょ）であり，超自然の世界ではなく，生殖に関する医療技
術・科学の領域を"授けてくれる"存在としてみているのである。つまり，
現代の日本社会では，子どもは未知の世界からやってくるものではなく，
あくまで人間がつくりだし人間の手によってコントロールしうる存在と
なっているのである。

　近年の生殖補助医療の技術進歩はめざましく，その恩恵にあずかる夫婦
も少なくない。しかし不妊治療は夫婦にとっては精神的・肉体的・金銭的
に非常に負担のかかるものである。それだけに，治療の結果得られた子ど
もは，自分が身を削って獲得した分身としての感覚をいっそう強くする可

民俗学
民間社会に残存してい
る風俗習慣に着目し，
その民族独自の文化体
系と民族性を明らかに
しようとする学問。民
間伝承という文字記録
に残されていない行事
や口碑，信仰などを資
料とする点が特徴的で
ある。

能性もあるだろう。

　このような**子どもの価値**の変化は，「子どもは，自分（親）とは違う別々の存在である」と考えることを難しくしている。親が計画し努力してつくり，自分のおなかのなかから出てきたとなれば，みずからの分身も同然である。しかも，子ども1人育てるのに莫大（ばくだい）なお金と時間を費やさなければならない。その結果，どのような現象が起こっているのだろうか。親の価値観で子どもの人生を決めようとしたり，親の満足のために洋服を着せ，通う学校も親自身が決めたりもする。しかも，1人の子どもにとても手をかけ，成長後の子どもから見返りを期待する親もいるのである。

　その一方で，近年女性においては人生の選択肢が広がったことで，子どもだけが「人生」ではないと考える女性も増えている。また，長い人生のなかで，結婚・出産はあくまでオプションの一つではないか，と考える女性もいるのである。しかも，寿命が伸びて子育てを終了したあとの人生がこれまた長い（第5章-2の図5-2-1を参照）。子どもを産み育てることだけが自分の幸せに直結するわけではないという認識も，またもたれつつあるのである（第5章-2参照）。

（福島朋子）

コラム　子どもがいない人生は不幸せなの？

　一昔前までは，女性は結婚して子どもを生み育てるのが幸せであると考えられており，実際に日本では多くの男女がある程度の年齢になると結婚し子どもを育ててきた。しかし，近年，わが国においても生涯未婚率が男性で2割，女性で1割を越え，子ども0人の夫婦も約20年前の3.7％から6.2％と倍近くに増えている（第5章-2コラムの図を参照）。結婚せず子どもをもたない，もしくは結婚するが子どもはもたない（もてない）大人が増えているのである。もし子どもを生み育てることが幸せにつながるのであれば，そうではない大人が増えているということなのだろうか？

　特に欧米を中心に，1970年代ごろから実子をもたない成人の幸福感に関する研究が行われ，少しずつ知見が積み重ねられてきた。そして，「親になることは幸せなことである」という通俗的・一般的な意識に反し，実子をもつことは成人の幸福感をそれほど高めていない，という驚くべき結果が出されている（Hansen, 2012 ; Stanca, 2012）。日本においても中年期にある成人を対象として調査を行ったところ，子どもの有無で幸福感に違いはみられなかった（福島・沼山, 2015）。幸福感に違いが認められなかった背景として次のようなことが考えられるだろう。まず，どのような人生に幸せを感じるかはその人の価値観によりさまざまであるため，子どもの有無のみで人の幸福感が決まるわけではないのではないだろうか。また，子育てや子どもの養育は，楽しいこと，良いことばかりではない。子どもが嫌になることもあるし，お金もかかる，また親の考えた方向に順調に育つ子どもばかりではない。子どもがいることで幸福感は良い方にも悪い方にも大きく揺れ，総合すると子どもを持たない人と同じ程度におさまるのかもしれない。少なくとも，子どもがいれば幸せ，といえるほどに人生は単純ではない，ということなのだろう。

（福島朋子）

2 女性のライフコースとワークライフバランス

（1） 女性のライフコースの多様化

　この100年ほどで日本女性の人生は大きく変化した。図5-2-1を見てほしい。この平均モデルによると，1905年生まれの女性は，約23歳で結婚し子どもを出産，約63歳で末子が結婚するとしばらくして寿命がつきている。これに対し，その70年後に生まれた（1974年生まれ）女性の人生は，約27歳で結婚・出産，末子が大学を卒業するのが53歳ごろ，その後も人生が続き本人が死亡するのは約85歳と推測されている。20世紀の初めに出生した女性は人生の大部分を子育てに費やしていた。しかし，その後**長寿化**が進み，女性の**ライフコース**が多様化して**晩婚化**，**未婚化**が進み，1人の女性が産む子どもの数が減った。その結果，人生のなかでの子育て期間が相対的に減少することとなり，子育てを終わったあとの時間が30年近くも残されることとなったのである。

　男性の場合も，とくに2000年代に入って，**非正規雇用**の増加やリストラ，晩婚化や非婚化などもあいまってライフコースの多様化の傾向が出てきたものの，女性と比べると，学校を卒業すると就職して定年まで勤め上げ，そして，その途中で結婚し子どもをもうけるというのが，まだまだ一般的なコースと捉えられている。

長寿化
平成30年簡易生命表によると，平均寿命は，1960年で男65.32歳，女70.19歳だったものが，2018年では男81.25歳，女87.32歳となっている。

ライフコース
life course。人生行路と訳されることもある。人生の道筋のこと。

晩婚化
人口統計資料集（2018年）によると，平均初婚年齢は，1960年で男27.2歳，女24.4歳だったものが，2016年では男31.1歳，女29.4歳となっている。

未婚化
人口統計資料集（2018年）によると，生涯未婚率は，1960年で男1.26%，女1.88%だったものが，2015年では男23.37%，女14.06%となっている。

非正規雇用
季節雇用や契約社員，派遣社員，嘱託雇用，パートタイム・アルバイトなどの臨時雇用などのこと。

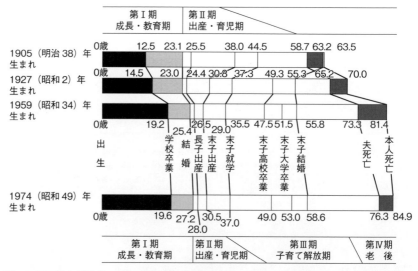

注）　このモデルの出生年は，1928年，1950年，1984年，2001年の平均初婚年齢から逆算して設定した。学校卒業時は初婚年齢の人が実際に進学する年の進学率を用いた。他のライフステージは婚姻時における平均値。

図5-2-1　女性のライフサイクルのモデル

出典　井上輝子・江原由美子『女性のデータブック〔第4版〕』有斐閣，p.3，2005年

　しかし，女性の場合は男性のようにはいかない。学校を卒業したあと，就職するのかしないのか，「家事手伝い」という身分が存在するように，就職しない道だってある。結婚するかしないのか。結婚したら仕事を続けるのかやめるのか。出産はするのかしないのか。出産したら仕事を続けるのかやめるのか。最近は結婚をせずに出産したり，出産後に離婚してシングルマザーの道を選ぶ人も，他国に比べて少ないものの，増加しつつある。

（2）　伝統的性役割観のゆらぎ

　一昔前までは，女性は，学校卒業後いったん就職はしても，結婚もしくは出産と同時に仕事をやめ，その後は専業主婦となって家事と育児にいそしむというのが一般的なライフコースであった。しかし，女性の意識や社会的状況が変化してくると，**伝統的性役割観**による**性別役割分業**も変化しはじめ，もはやそういった単一のライフコースだけではなくなってきた。内閣府（2017）の調査でも，「夫は外で働き，妻は家庭を守るべきである」という質問に対して賛成する割合は，1992 年で男性 65.7%，女性 55.6% であったが 2016 年は男性 44.7%，女性 37.0% とこの 20 年で約 2 割ほども減少し，逆に反対する割合が男性で半数程度，女性では 6 割近くまで増えてきている。この背景には，女性に対する伝統的性役割観が変化したことと，日本では 1990 年代初頭のバブル経済崩壊以降，賃金上昇が抑えられて男性一人の収入だけでは足りず，余裕をもった生活をするにはパートナーも働かなければならないという現実的な状況もあると思われる。

> **伝統的性役割観**
> いわゆる「男は外で仕事，女は内で家事・育児」とする見方。
>
> **性別役割分業**
> 第 5 章 - 6 参照。

（3）　役割葛藤とワークライフバランス

　一方で，このような状況の変化が女性にこころの葛藤をもたらす結果となっている。仕事や出産などをめぐって多様な生き方が選択できるため，女性はみずから主体性をもって，自分の責任でどのような人生を歩むのか，自己のライフコースの選択をしなくてはならなくなった。将来後悔しないためにはどのコースを選ぶべきか，迷ってしまう女性も少なくないだろう。また，女性が結婚・出産後も外で働くことによって，妻としての役割・母としての役割に加えて社会人（職業人）としての役割が加わることとなり（**多重役割**），それぞれの役割について，どのように時間とエネルギーを配分するのかも問題となっている。これは女性に限ったことではないが，仕事役割を重視して時間とエネルギーを割けば，子どもの世話や家事労働に費やす時間が減り，配偶者との関係に問題が生じてくるかもしれない。逆に家庭に時間とエネルギーを割きすぎると職場の人たちに迷惑をかけることになりかねない（第 5 章 - 8 も参照）。さらに，女性が働き続

> **多重役割**
> 人の人生のなかには，子ども役割・親役割・職業人としての役割などいくつかの役割が存在するという見方。さまざまな役割のなかでも仕事役割と家庭役割の両立が問題となることが多い。

けるには男性の理解と分担が必要となってくる。

　そこで提唱されているのが，**ワークライフバランス**という考え方である。これは，仕事と生活の調和を目指すものであり，内閣府では「国民一人ひとりがやりがいや充実感を感じながら働き，仕事上の責任を果たすとともに，家庭や地域生活などにおいても，子育て期，中高年期といった人生の各段階に応じて多様な生き方が選択・実現できる社会」と定義している。最近では，こうした考えを踏まえた政策が展開され，各企業での取り組みも始まっているが，まだまだ課題も少なくない。

　以上みてきたように，今の日本の女性は人生の節目節目でさまざまな選択を迫られ，選択した後の生活のありようやさまざまな役割との兼ねあいをも考えていかなければならない。それだけに，未来に対して長期的な展望をもつこと，自分が何に価値をおいているのかをしっかりと見据えること，自分の人生の選択に自信をもつことが，以前にも増して重要となってきている。自分の幸せはあくまで自分のものであり，他人が評価できるものではない。自分の責任で生き方を考えていくしかないのである。

（福島朋子）

コラム　一人っ子が増えている？

　第 5 章 - 1 で，全国で生まれてくる子どもの数も，一人の女性が産む子どもの数（合計特殊出生率）も減っているというデータをみてきた。ここ十数年の合計特殊出生率は 1.4 前後となっており，2 を大きく下回っている。この数字だけみると，一人っ子がかなり増えているのではないかという印象を受ける人も多いであろう。

　では実際はどうなのだろうか。図 5 - 2 - 2 は，国立社会保障・人口問題研究所による調査で，結婚持続期間が 15 ～ 19 年の夫婦における**出生子ども数**分布の年次推移をみたものである。この図を見ると，この 30 年間，基本的に子ども 2 人家庭は 55 ％前後となっており，約半数の夫婦が 2 人の子どもを生んでいる傾向は変わらない。子どもが 0 人もしくは 1 人の夫婦の割合も，1982 年から 2002 年の 20 年間はあまり変化がないが，2005 年以降わずかずつ増え，2015 年の調査では 25 ％近くにまで増えている。夫婦の完結出生児数も 2010 年調査・2015 年調査ともに 2 人を切る 1.9 人程度となっている（国立社会保障・人口問題研究所，2017）。

　晩婚化・晩産化が続く限り，このような傾向は今後も続くと予想される。夫婦の子どもの数の変化は，今後，子どもの価値や存在意義に変化をもたらし，また当の親たちのライフコースや老後にも影響を与える可能性が十分考えられるだろう。

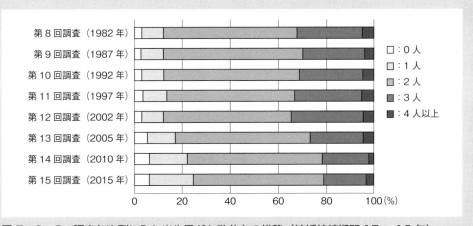

図 5 - 2 - 2　調査年次別にみた出生子ども数分布の推移（結婚持続期間 15 ～ 19 年）

出典　国立社会保障・人口問題研究所『第 15 回出生動向基本調査（結婚と出産に関する全国調査）現代日本の結婚と出産　第Ⅱ部　夫婦の結果概要』p.40，2017 より作成

（福島朋子）

3 親も子どもと共に育つ

（1） 赤ちゃん誕生を待ち望むプレパパママたち

　保健センターや市民センター，病院などでは，妊娠中の生活や出産に関する知識，育児方法の実習などを扱うマタニティ講座やセミナーが行われている。かつては「母親教室」「妊婦教室」とよばれていたこれらの取り組みも，現在では「両親教室」「プレパパママ講座」とよび名を変え，若い夫婦が2人そろって参加し学ぶようになった。新生児の大きさの赤ちゃん人形を使った“抱っこ”“着替え”“おしめ替え”，そしてベビーバスでの“沐浴”などの実習を通じて，率先して学んでいるのは父親である。その真剣な姿を，傍らで母親が頼もしげに見守る。こうした機会は，同じ地域で同時期に出産を迎えることになる親同士の交流にも役立つと好評であり，夫婦が一緒に赤ちゃんを迎える準備を進めようとしているのがわかる。

（2） 子育ての現実

　それでは実際の育児はどうだろうか。両親対象の育児講座で尋ねてみると，乳幼児をもつ父親や母親はいずれも，実際の育児が妊娠中に考えていた育児とは違うと感じていた。父親からは，「今までの2人の生活に子どもが加わり，安易に楽しくなると考えていたが，生まれてみると生活の中心がすべて子どもになり，自分の好きなことができない」「子どもと一緒にいる時間があまり多くないせいか，私があやしてもなかなか落ち着かない」「夜泣きで起こされて寝不足気味。昼間，会社でも頭がすっきりしないのが大変」といった声があがる。母親からも，「まとめて4時間くらいは寝たい」「運動不足。一気に体力が低下した」「常に子どものそばにいないと泣きだしたり叫んだり。家事がほとんど手につかない」「子育ては教科書どおりにはいかない」「自分の時間がほとんどないのは予想外だった」など，現実の子育ては事前に準備した知識をはるかに越えているという感想が多い。

　泣き，ぐずり，反抗，主張など，子どもというものは，なかなか親の思うとおりにはならない存在である。親は，目の前のわが子の振る舞いの一つひとつに対して，その場で考え，判断して行動しなければならない。十分に配慮したつもりでも，思いがけないけがや病気になることもある。しつけに努力していても，思うとおりにならず，感情的に子どもを叱ってしまうこともある。子どもが成長して行動範囲が広がれば，親はまた次の対処を迫られる。その過程はまさに息つく暇もない。

　しかしその一方で，親は，子どもの笑顔やしぐさ一つひとつの愛らし

さ，成長の喜び，そしてどこまでも自分を必要としてくれるかけがえのなさも感じている。子育ての大変さを語った上述の母親は，同時に「いつのまにか指しゃぶりをしていたり，首を左右に振ったり，喃語（乳児が言語習得前に発する意味のない語，第1章-13も参照）を言ったりと，毎日が新発見の連続。わが子ながら赤ちゃんはすごいと思う」と語った。

（3）親になることによる発達

変わっていく目の前の子どもに引っ張られるように親が発達し，親からの応答と働きかけのなかで子どもはさらに発達していく。親子という相互関係は，変容する子どもと変容する親の間に起こる，これで終わりということのない道のりである。したがってこうした体験の蓄積は，**成人期**の人格発達にも大きな影響を与えることになる。柏木・若松（1994）は，幼稚園・保育園児の両親を対象に調査を行った結果，親になることによって

表5-3-1　「親となる」ことによる成長・発達

項目（主なもの）		
柔軟さ	角がとれて丸くなった 考え方が柔軟になった 他人に対して寛大になった 精神的にタフになった 度胸がついた	
自己制御	他人の迷惑にならないように心がけるようになった 自分の欲しいものなどが我慢できるようになった 他人の立場や気もちを汲み取るようになった 人との和を大事にするようになった 自分本位の考えや行動をしなくなった	
視野の広がり	日本や世界の将来について関心が増した 環境問題（大気汚染・食品公害など）に関心が増した 児童福祉や教育問題に関心をもつようになった 一人ひとりがかけがえのない存在だと思うようになった 日本の政治に関心が増した	
運命・信仰・伝統の受容	物事を運命だと受け入れるようになった 運や巡り合わせを考えるようになった 長幼の序は大切だと思うようになった 伝統や文化の大切さを思うようになった 人間の力を超えたものがあることを信じるようになった	
生き甲斐・存在感	生きている張りが増した 長生きしなければと思うようになった 自分がなくてはならない存在だと思うようになった 子どもへの関心が強くなった	
自己の強さ	自分の健康に気をつけるようになった 多少ほかの人と摩擦があっても自分の主義は通すようになった 自分の立場や考え方はちゃんと主張しなければと思うようになった	

出典　柏木惠子・若松素子「「親となる」ことによる人格発達：生涯発達的視点から親を研究する試み」『発達心理学研究』5(1)，pp.72-83，1994年より作成

「柔軟さ」「自己制御」「視野の広がり」「運命・信仰・伝統の受容」「生き甲斐・存在感」「自己の強さ」の6領域において，父親よりも母親の人格発達が有意に高いことを示した（表5-3-1）。また森下（2006）は，父親になることによる発達として，「家族への愛情」「責任感や冷静さ」「子どもを通しての視野の広がり」「過去と未来への展望」「自由の喪失」の5側面を見出した。たとえば，「過去と未来への展望」は自分の親が自分を育ててくれたことを考えたり感謝したりするような側面であり，「自由の喪失」は行動範囲の狭まり，時間や経済的制約などの側面である。親になることによる発達は，何らかの喪失を伴いながら獲得されていくものであること，その範囲は実に幅広いものであるということがわかる（表5-3-2）。

　時間もエネルギーも含めて，自分を投入する度あいが多いからこそ，子育てにはいらだちや辛さがあり，ほかに替えられない充実があるのだろう。子育て生活が思うとおりにならず答えが1つではないからこそ，さまざまな手段や経路で問題を乗り越えようとする親の行動が促進される。そして，子どもの視線で社会をみるようになったり関心が広がることで，それまでとは違う価値観や考え方にも目を向けることになる。こうした人格

表5-3-2　父親になることによる発達

項目（主なもの）	
家族への愛情	家族への愛情が深まった 家族の中で幸せだと感じるようになった 家族のことを考えるようになった 過程で安らぎを感じるようになった 子どもをもつ親の気もちがわかるようになった
責任感や冷静さ	仕事に積極的に取り組むようになった 仕事への責任感が増した 甘えがなくなった 突発的に異変が生じてもあまり動じなくなった 時間を大切にするようになった
子どもを通しての 視野の広がり	親子連れに関心を向けるようになった 自分の子ども以外の子どもに感心を向けるようになった 子どもを通して付き合いの幅が広がった 地域活動・ボランティアに積極的に参加したいと思うようになった 寛大になった
過去と未来への展望	自分の親が自分をどのように育ててくれたのか考えるようになった 自分と親の関わりを思い出し，将来の自分と子どもの関わりを想像するようになった 自分が子どもの頃を思い出すようになった
自由の喪失	時間的余裕がなくなった 行動範囲が狭まった 経済的な余裕がなくなった

出典　森下葉子「父親になることによる発達とそれに関わる要因」『発達心理学研究』17(2)，pp.182-192，2006年より作成

変化は，知識やスキルの蓄積とともに，子育てを巡るさまざまな経験を通じてもたらされるのである。

スキル
第2章-10参照。

（加藤道代）

コラム　子育ての経験を生かす
――一時預かりでボランティアを行う中高年女性たち

　地域における子育て支援の場には，中高年女性ボランティアが多く活躍しており，若い母親にとって頼もしい存在となっている。このコラムでは，一時預かりに携わる中高年女性ボランティアにとって，子育て支援活動がどのような意味をもつ体験となっているのかをみてみよう（加藤，2010）。

　中高年の女性たちが一時預かりボランティアを始めようとした最初の動機は，子どもが自立したあと，自分が体力的にも経済的にもまだ余裕のある年齢であることを感じ，「何かしたい」「子どもの世話なら（経験があるので）できる」「地域に貢献できれば」と考えたことであった。少々のためらいはあったが，市民センターの講座やボランティア研修があと押しとなった。ところが，実際に乳幼児の親子と触れあううちに，単なる「何かしたい」を越えて，“後輩”の母親たちに対する教育的な配慮と励まし（はげ）の気持ち（「余裕さえできれば子どもにやさしくできるよ」「辛かったけれども私もやってきたからやれるよ。がんばれるよ」）を感じるようになる。また，自身の子育てではいらいらして叱ってばかりいたが，預かった子どもに対しては自分が落ち着いて対応していること，子どもという存在を無条件に愛おしく思うことに気づいた。そして，個人的な行為であった子育てが社会的支援活動に生かされることによって，自分が“現役であること”“必要とされていること”を実感するようになった。自身の子育てへのこころ残りを認めながらも，「この年齢になったからやれる子育てがある」と，人生における新たな立ち位置を再認識していた。

　自分の子どもを育てる子育てだけではなく，社会のなかにも「育み」の力がある。それぞれの世代がそれぞれの役割で力を生かしあい，子どもたちを育てていく社会でありたい。

（加藤道代）

4 母親の育児不安・ストレス

出産後の母親が，一時的に涙もろくなり不安感を感じるような抑うつ状態は，**マタニティ・ブルーズ**とよばれ，急激なホルモンバランスの崩れから起こるとされている。しかし，マタニティ・ブルーズの時期をすぎても，疲労，不安，いらだちや自信の低下を訴える母親は少なくない。母親の**育児不安・ストレス**について考えるためには，産後の生理的現象だけではなく，子どもの特性，母親自身のパーソナリティや母親を取り巻く周囲の環境との関係を考えなければならない。ここでは，これまでの研究や筆者が行ってきた相談事例（図5-4-1）を踏まえて，母親の育児不安やストレスに関連する諸要因について整理する（第2章-7参照）。

（1）子どもの特性や成長・発達に関する要因（発達・疾患・気質・習癖など）

発達の遅れや特徴，慢性疾患などにより，子どもに特別の配慮が必要であるということは，母親にとって容易には受けとめにくいことである。「自分の子どもなのにわかってあげられない」「何もしてあげられない」「思うとおりにならない」など，対応への戸惑い，落胆や疲れを感じている。「自分が育てなければ」という思いから，周囲の理解のなさに傷つき，子どもの将来を悲観することも少なくない。子どもへの適切な治療や発達支援とともに，母親の孤立感や無力感を踏まえた保護者支援が必要である（第2章-7参照）。

また，生まれた時点からみられる行動特徴（**気質**）により**扱いにくい子ども**は，機嫌や反応の激しさがあり環境に慣れにくいため，親には忍耐と一貫性が要求される。**気後れする子ども**（何をするにも時間のかかる子ども）は，活動水準は低いが環境には慣れにくく，やはり忍耐強く対応することが必要となる（第1章-1コラムも参照）。

指しゃぶり，爪かみなどの習癖は，子どもの発達に伴った一過性のものも多いのだが，母親は「私が叱ったせいかもしれない」「かかわりが足りないせいかもしれない」と心配しがちである。また，「ぐずりや甘え」，「わがままな行動やかんしゃく」，「きょうだいげんかにどう対応すればよいのか」，「しつけがうまくいかない」という訴えも多い。入園時期になると，基本的な生活習慣（食事，睡眠，排泄など）の課題とともに，遊びや対人関係の心配もあげられ，「ほかの子どもについていけないのではないか」という不安をもちやすい（第4章-1も参照）。

マタニティ・ブルーズ
第2章-5，第2章-7を参照。

扱いにくい子ども
difficult child. 変化の回避，生理機能周期の不規則性，順応の遅さ，非親和的行動，反応表出の激しさなどの行動で特徴づけられる。

気後れする子ども
slow-to-warm-up child. 初めての状況に消極的で尻込みしやすく，環境変化に慣れにくいなどの行動で特徴づけられる。何をするにもエンジンがかかりにくいタイプともいわれる。

0歳児

体重増減，頭のかたち，母乳不足，哺乳瓶を嫌がる，音に敏感，寝つきが悪い，人見知り，後追い，夜泣き，指しゃぶり，アレルギー，他児ととりあい，他児をたたく

1，2歳児

言葉の遅れ，テレビの見せ方，しつけ，入眠，起床時のぐずり，ぐずぐずする，まとわりつき，ひとりで遊ばない，他児と貸し借りができない，抱っこをせがむ，後追いされて（母は）トイレに行けないし入浴もできない，祖父母に預けられない，いたずら，かんしゃく，物を投げる，かみつき，たたく，活発で動きが多い，制止がきかない，どこまで叱ったらいいのか，どう叱ったらよいのか，叱るとチック，かんしゃくで壁や床に頭をぶつける，親の顔をうかがう，思わず叩いてしまう，思わず叱ってしまう，何回言っても駄目なのでいらいらする，叱ってばかりで嫌になる，父親は甘くて叱らない，父親はかんしゃくが苦手で子どもをみていてくれない

3，4歳児

言葉の遅れ，長い会話がまだ出来ない，発音が気になる，落ち着きがない，言うことをきかない，何回言っても駄目なのでいらいらする，集団の中で一緒に行動できない，集団の中で座っていられず立ち歩く，入園予定だが生活習慣が身につかない（トイレットトレーニング，食事など）

年齢に限らない相談例

同居の祖父母や家族関係，夫婦関係，きょうだいげんかや赤ちゃん返りの扱い方，育児・家事の負担，自分の時間がない，ママ友だち関係，転入・引越しによる不適応

図5-4-1　子育て相談に寄せられた相談例

（2）母親の特性・生育歴・仕事

　子どもにけがをさせないように注意を払っても不慮の事故は起こり，子どもの泣きやぐずりに忍耐強く対応しても機嫌が直らないなど，子育てにはあらかじめ準備した知識が実際には当てはまらないこともある。そうした状況におかれたとき，母親の感じ方やとらえ方，パーソナリティ，**ソーシャルスキル**によって，育児生活への適応は異なる。自尊心の低さ，神経症傾向，悲観的な考え方，完全主義や人づきあいの苦手さなどがあると，育児に対しても不安を引き起こしやすい。

　また，職業，社会参加，趣味，生きがいなど，子育てと子育て以外の活動のバランスの問題もあげられる。結婚以前には何らかの形で積極的に社

生育歴
問題行動や障がい状況の形成過程を知るために作成される資料。生まれてから現在に至るまでの発達状況や被養育状況，既往歴・家族歴などが含まれる。

ソーシャルスキル
社会のなかで他者との対人関係を適切に築き維持するために必要な社会的技能。言語的・非言語的なコミュニケーション力や問題解決力などを指す。

会に参加していた女性が，出産後の育児生活に閉塞感（へいそく）を覚えることは少なくない。子育てに追われる生活のなかで自分の生き方に迷ったり，子どもを抱えた再就職の困難さから，社会から取り残されるような孤立感と抑うつ感を高めることもある。また，仕事を継続する場合も，子育てとの両立に悩むことは多い。

（3） 子育てを取り巻く人間関係

　多くの母親は，結婚で見知らぬ土地に住むようになり，まもなく初めての子育てにむかうことになる。乳幼児を抱えた母親は行動範囲が狭く，時間の使い方も自由にならないため，新しい人間関係をつくることが容易ではない。とくに，第1子が就園前の時期は，就園後に比べてその傾向が強くなる。この時期は，慣れない育児に奮闘する時期とも重なることから，母親の孤立感や負担感はさらに高まりやすい。育児の先輩としての祖母や，同年齢の子どもをもつ友人などの身近な人の存在は，母親にとって大きな助けとなるが，なかでも，もっとも重要なのは夫（子どもの父親）との関係である。夫婦が共に育児の責任を共有しているという家族のつながりを実感できるか否かが，子育てに向かう母親の気持ちを支える大きな鍵となる。

（4） 生活環境

　騒音・日照・空間・交通の便・地域文化・安全性・子育て支援施設の有無など，育児を行う生活環境も，母親のストレスに影響する。たとえば，騒音のせいで子どもの寝つきが悪いと感じる，日当たりが悪いために洗濯物が乾かない，買い物が不便，子どもを遊ばせる場所がない，近くに病院がない，交通が不便，逆に交通量が多く危険など，生活環境への不満足感が，育児ストレスの背後にある憂鬱（ゆううつ）な気分を引き起こしていることがある。

（5） 子育てと社会をつなぐ

　母親が抱く育児ストレスを緩和するために，さまざまな子育て支援サービスが用意されている。どこにどのようなサービスがあり，どのように使えるのかという情報が子育て家庭に行きわたること，そして実際に母子にとって使いやすいサービスとなることによって，子育て支援は，母子と社会をつなぐ役割を果たすことができるだろう。（なお，ストレスへの対処法については第5章−8コラムを参照。）

（加藤道代）

事例　孤軍奮闘の子育て―Aさんの場合

　Aさんは，2人の子どもを保育所に預けて子育てをしながら仕事を続けていた。夫は寝る時間も惜しんで仕事をしている状態であり，頻繁（ひんぱん）な出張で家にいることが少ない。それでも，「やっぱり子どもの顔を見たい」と家庭を励（はげ）みにしているのだった。夫の事情をよく知っていたAさんは，子育てでたまってくるストレスを夫にぶつけることもできず，日々の子育てを1人で切り盛りするしかなかった。実家は同じ県内ではあったがAさんの暮らす住居からは遠く離れている。またAさんの実母は，寝たきりの祖母の介護で家をあけることができない。Aさんにとっては，出産時に上の子どもの世話を頼むのが精いっぱいの実母への甘えであった。第3子の妊娠がわかったとき，今のままでは子育てと仕事の両立をがんばりきれないと痛感して，Aさんは退職を決心した。子育てに専念することを選んだAさんだったが，第1子の登園しぶり，第2子の夜泣きや中耳炎での入院，自身の妊娠中毒症などが相次ぎ，決して楽な毎日にはならなかった。住居は新興住宅地の一戸建てであり，退職したばかりで妊娠中のAさんには，近所に親しい友人もいない。以下は，第3子が生まれたあと，子育てに奮闘するAさんのことばである（加藤，2007）。

　　毎日，あまりにも，ぎゃあぎゃあ，ものすごいことになっているんですよ。夜であろうと日中であろうと，大騒ぎなんですよ。そうやって騒がれちゃうと，「ママはね，あんたたちのために！！」って言っちゃって，おとなげないんですけど…。今，トイレが私の唯一の憩いの場なんですね。1人で鍵かけるじゃないですか，そうすると「はあっ」って落ち着ける場所が1つはあるんで，まだいいかなって思ってるんです。

　ほかのお母さんたち，どうしてるのかなあって思うんですよ，こんなにね，爆発したりとか，きっとしてないだろうなあって思うんですよ。でも，表面しか見てないのかもしれないし。皆にもあるのかなって思ったり…。

（加藤道代）

5　子どもを預けるっていけないこと？

（1）　女性の就業状況と子育て

　かつて，わが国の女性就業状況は，20歳代前半と40歳代後半が2つの
ピークとなりその間が低迷する，いわゆる**M字カーブ**を描いていた。そ
こには，出産・子育てに専念するために就業をひかえ，育児を終えて再び
働きだすという女性の姿がうかがえた。現在，そのカーブは以前に比べて
浅くなり，M字の底となる年齢階級も上昇している。昭和53（1978）年
にM字の底にあたっていたのは，25〜29歳の46.6%であった。しかし，
平成30（2018）年では25〜29歳の就業率は83.9%であり，年齢階級別
では最も高く，35〜39歳の74.8%がM字の底となっている（図5-5-1）。
こうしたM字の底となる年齢階級の上昇には，晩婚化（未婚就労女性数）
の反映も指摘されている。一方，女性就業率は，未婚女性よりも既婚女
性，子どもがいない女性よりも子どものいる女性，特に末子年齢が低い子
育て世代の女性ほど低いことも示されており（厚生労働省，平成30年度
版　働く女性の実情），仕事と家庭・育児の両立は未だ課題と言わざるを
得ない。

　母親が子育てをしながら働き続けるには，安心して子どもを預けられる
ことが大前提となる。その際，祖父母などの身近な手助けが得られるよう

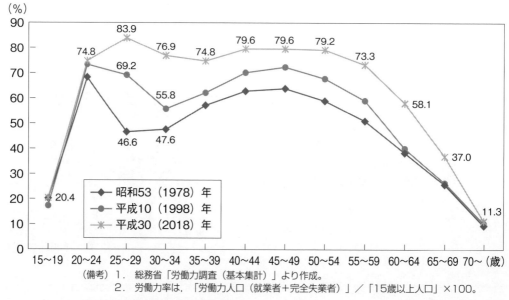

（備考）1．総務省「労働力調査（基本集計）」より作成。
　　　　2．労働力率は，「労働力人口（就業者＋完全失業者）」／「15歳以上人口」×100。

図5-5-1　女性の年齢階級別労働力率の推移

出典　内閣府男女共同参画局『男女共同参画白書 令和元年版』，p.106，2019年

238

であれば心強いだろう。しかし，家事も子育ても夫婦2人で行わなければならない核家族にとっては，保育の受け皿の拡大と**保育所待機児童**解消の取組みが不可欠といえる。

（2）　子どもを預けることと子どもの成長・発達

　それでは，女性の就労支援という視点を離れて，子どもの成長・発達という視点からすると，「子どもを預ける」ということはどう考えられるだろうか。この点については，母親が働くことそれ自体が子どもの発達に悪影響を与えるというデータは報告されていない。子どもの発達に関する懸念（けねん）にはフルタイム，パートタイム，専業主婦による有意な差はみられず，その仕事あるいは専業主婦であることに満足しているかどうかということが子どもとの関係満足に影響している（小坂，2004）。母親が働いていない家庭に比べて働いている場合は，父親がより多く子どもにかかわっているという報告（Gottfried & Gottfried, 1988）や，働く母親の日常は時間との闘いであり身体的疲労は強いが，「子どもにかかわる時間がない」という自覚がむしろ，子どもと一緒の時間を短いながら充実させようという努力に繋（つな）がるのではないかという指摘もある（服部・原田，1991）。また，保育所における子ども同士のかかわりが，子どもの発達によい影響を与えているのではないかとも考えられている（原田，2006）。

　一方，次頁の図5-5-2を見ると，夫婦の役割分担や母親の役割についての考え方には，母親の就業状態により顕著な違いがある。「結婚後は，夫は外で働き，妻は主婦業に専念すべきだ」への賛成割合は，常勤職では19.5%であるのに対して，専業主婦では51.2%，「子どもが3才くらいまでは，母親は仕事を持たず育児に専念したほうがよい」では，常勤職の母親が51.6%なのに対して，専業主婦では80.7%である。この結果から，女性における性別役割観の多様性がうかがえると同時に，常に子どもを預けて働く有職の母親と，日常育児の中で一時的に預ける専業主婦の母親とでは，子どもを預ける意識やニーズが異なるという可能性も考えておくことが必要だろう。

（3）　一時預かりと子育て支援

　日常育児の中で一時的に子どもを預ける方法の一つとして“一時預かり”がある。一時預かりを利用したことのない母親に，「子どもを預けることにどのようなためらいがあるか」を尋ねると，父親や祖父母からの反応を気にする母親はほとんどみられず，子どもの反応への心配と預けることへの母親自身の抵抗が大きいことがわかった。また，子どもを預けるこ

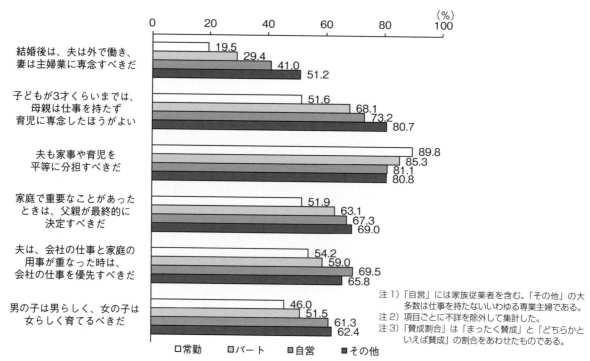

図５−５−２　母親の就業状態による性別役割についての各項目への賛成割合

出典　国立社会保障・人口問題研究所『第６回全国家庭動向調査 結果の概要』，p.54，2019年

とへのためらいが高い母親は低い母親に比べて，育児生活へのストレスが高かった。一方，一時預かりを利用したことのある母親は，利用前までは同様のためらいをもっていたが，利用後は，母親のいない時間をおくることのできた子どもの成長を感じ，自分自身もリフレッシュできたと感じていた。そして利用後は，一時預かりに対するためらいが減り，日々の子育てに向かう気持ちがよい方向に変化している（加藤，2011）。

　子どもが母親から離れても楽しく遊んでくれる場合と泣きじゃくる場合では，母親の反応は変わらざるをえない。子どもの反応を考えて預けるのをためらう母親の気持ちは当然であろう。しかし，母親の"ためらい"が"あきらめ"となり，結果的に子育てを１人で"抱え込む"ようになることは望ましくない。支援者としてできることは，子どもが落ち着いてすごすための工夫を母親と一緒に考えながら，「いざとなったら預けることができる」という安心感を母親に伝えていくことである。そして，母子が一緒に楽しめる場をステップとしながら，母子を孤立させない柔軟なアプローチを用意することが大切である。

（加藤道代）

240

6　父親の育児参加は増えているの？

（1）　父親は子どもとかかわっている？

イクメン（育児を積極的にする男性）ということばが取りざたされ，2010年には厚生労働省の事業として，男性の育児参加を促進させるための啓発活動である「イクメン・プロジェクト」がスタートするなど，近年，子育てを積極的に行う父親の姿がよく取り上げられている。しかし，本当に父親の育児参加は増えているのだろうか？

確かに，「男は仕事，女は家庭」とされていた1970年代に比べれば，子どもと連れだって出かける父親の姿を多く見かけるようになったのだろう。しかし，2005年・2009年・2014年の父親の家事・育児へのかかわりについての調査をみてみると（図5-6-1），「食事のあと片づけ」や「食事のしたく」はやや増加しているものの，「子どもを叱ったり，ほめたりする」「子どもをお風呂に入れる」「子どもと一緒に室内で遊ぶ」などは減少しており，その割合も「風呂」や「一緒に室内で遊ぶ」はいずれの年も50%以下となっている（ベネッセ，2015）。また，1998年からの変化に着目しても，父親が子どもの世話をしたり，一緒に遊んだりする頻度はいずれも増加しておらず，近年ではむしろ減ってきている可能性すら指摘されている[注]。その理由としてあげられているのは，①父親の労働時間が長いこと，②「男は仕事，女は家庭」とする**性別役割分業**の考え方が根深いこと，の2点である（松田，2011）。

注)
これらの調査は，0歳から6歳（就学前）までの子どもをもつ父親を対象としている。一方，母親を対象として「子どもの面倒を見てくれる人」に「父親」を選んでいる割合は，4歳未満児を持つ母親で，2010年から2015年にかけて増加しており（田村，2016）近年の父親の育児参加の増減は，子どもの人数や年齢などによって異なる様相を示しているものと推察される。

性別役割分業
第5章-2参照。

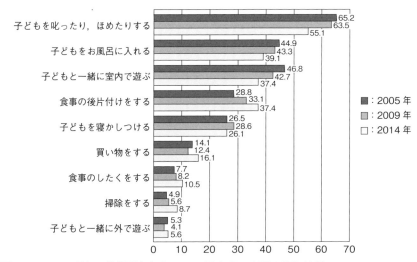

図5-6-1　現在，父親がかかわっている家事・育児の経年比較

出典　ベネッセ教育総合研究所『第3回乳幼児の父親についての調査 速報版』，p.7, 2015年（https://berd.benesse.jp/up_images/research/Father_03-ALL2.pdf）

（2） 父親の労働時間の長さ

　父親の労働時間の長さについては，未就学児を抱える父親が，職場ではみずからの地位を維持・確立するために息を抜けない状態となっていることとも関連している。2018年4月の労働力調査によると，未就学児の父親が多く該当すると考えられる25歳以上40歳未満の世代の約85%が週40時間以上，さらにおよそ14%程度が週60時間以上働いており，いずれも40歳以上よりも高い割合を示している（40歳以上で週40時間以上は78%，週60時間以上は11%）。実は，こうした週あたりの平均労働時間について，1985年以降の推移をみてみると，もっとも高いのは，「24時間戦えますか」というキャッチコピーで知られたドリンク剤のCMが流行していた1980年代後半であり，その後1990年代にバブル崩壊とともに週あたり平均48時間程度まで落ち込み，その後2000年代に再び上昇してきたのであり，2000年代が特別に高いわけではない（黒田，2011）。しかし，黒田によると，1日あたりの労働時間は，1976年に8.02時間，バブル期の1986年に8.70時間であったのに対し，2006年では9.12時間と増加の一途をたどっており，また1日あたり10時間以上働く人の割合も，1976年に17%，1986年に31%であったのに対し，2006年には43%にまで増加しているという。また，2007年の総務省のデータでは，これらの子育て世代については，10年前に比べて平均年収も大きく減少していることが指摘されており（内閣府，2012），2000年代の構造改革において若年層の非正規雇用が拡大されたなかで，経済的にも不安定になってきている。すなわち，1990年代に週休2日制が定着するなかで，週あたりの就業時間は減ったものの，その後，2000年代に経済が低迷するなかで，週休2日のまま，平日に低賃金で長時間働くことを余儀なくされているのである。こうした時間配分の変化が，「過労死」や「中年男性の自殺」などの問題で注目を浴びた労働者の健康問題に影響を及ぼしている可能性も示唆されている（黒田，2011）。

（3） 性別役割分業についての考え方

　「男は仕事，女は家庭」とする性別役割分業の考え方について，内閣府（2009）の「男女共同参画社会に関する世論調査」をみてみると，1992年には賛成（「どちらかといえば賛成」を含む）が60%，反対（「どちらかといえば反対」を含む）が34%であったのが，2009年には賛成が41.3%，反対が55.1%，2016年の調査でも，賛成が40.5%，反対が59.3%であり，全体的には「反対」とする考え方に流れてきている。しかし，2016年の調査について，特に（「どちらかといえば賛成」を含まない）「賛成」に着

目してみると，40 歳代では 5.4% だが，30 歳代で 7.8%，29 歳以下で 7.1%であるなど（内閣府，2016），若年層を中心にいわゆる「保守化」の傾向も指摘されている（松田，2011）。また，90 年代では性別役割分業意識は，父親の育児参加の頻度（ひんど）と関連がみられていなかったが，近年ではそこに関連がみられるようになってきているという（松田，2011）。仕事が忙しく，家庭に帰れない現状のなかで，父親たちはみずからがおかれている現状に即（そく）した分業意識をもつようになっているのではないだろうか（第 5 章 - 2 参照）。

（4）　保守化傾向の実体

　こうした性別役割分業への回帰，保守化の傾向については，たとえば，これまで「反対派」の主流であった高学歴女性の間にも，隠れた専業主婦志向が強くなっていることが指摘されている（白河，2014）。白河によると，現代の女子大生にとって，専業主婦とは，「自ら専業主婦であることを選択して幸福だった自分の母親」の姿であり，上述のような就業時間の長さに見られるような過酷な状況で一生働くよりは，「若いうちはそうした働き方もよいけれど，子育てを考えたら，夫に養ってもらうのが最良」という，富裕層の特権となった「専業主婦」への憧れを有しているという。**男女共同参画社会**は，「男は仕事，女は家庭」から「男も女も，仕事も家庭も」を目指したものであったといえるが，この「男も女も，仕事も家庭も」というスローガンは，少子化が進行する一方で不足している労働力を補うために子育て期の女性にも働いてもらうためのものであり，つまるところ，合理主義，生産力重視といった経済至上主義の社会を維持するためのものであったとする主張もある（池本，2003）。このことを踏まえると，保守化傾向は，経済至上主義社会からの逃げ道として「専業主婦」を志向しているだけであり，父親の育児参加を阻む理由としてあげられていた，①長時間労働と②根強い性別役割分業という 2 点とも，性別役割分業によって高度経済成長を支えてきた日本の社会経済システムが硬直化しているなかで生じている問題であるといえるだろう。

（5）　父親も子育てをしたがっている

　父親の育児休業の実態についてみてみると，2017 年の雇用均等基本調査（厚生労働省，2018）では，母親の育児休業取得率が 83.2% に対して，父親では 5.1% にしかすぎない。父親が育児休暇を取得しない理由としては，「忙しくて取れそうもないから」（28.1%），「職場に迷惑をかけるから」（26.7%）が高く，さらに妻の出産前後には 5 割程度の父親が，有給休暇

や特別休暇を利用しているという（ベネッセ，2015）。また，同調査において，「今以上に家事・育児にかかわりたい」とする父親は2005年の47.9％から，2009年の54.2％，2014年の58.2％へと上昇しており，子育て世代にある多くの男性は，みずからもっと子どもにかかわりたいと考えていることが示されている。

　経済が低迷を極めるなか，経済至上主義の社会を変えようとするのは非常に難しいことではある。しかし，子育てが次にこの国を支える世代を育む営みであることを考えれば，男女共に，より子育て世代がゆとりをもって子どもに向かえるようにする必要があろう。そのためには，単なる父母の育児分担という問題だけではなく，彼らの**ワークライフバランス**（第5章−2参照）にも目を向けつつ，保育所や育児サークルなど家族外の機能をも含めた地域コミュニティ再興の中で，「地域みんなで子育てを」実践できる方策を考える必要があろう（神谷，2015）。そのためにも，これまでにも**新エンゼルプラン**以降繰り返し掲げられてきた「働き方改革」の現実に即した取り組みが望まれるところである。

（神谷哲司）

新エンゼルプラン
1999年12月に決定された政府による少子化対策。正式名称は「重点的に推進すべき少子化対策の具体的実施計画について」である。

✽ 事例 ✽ ある父親のインタビュー調査から ●●●●●●●●●●●●●●

　最近「父親の子育て」とかってよくいわれるけれど，私の場合，特別な思いがあって子どもの世話をしているというわけではないですね。休みの日に公園に行ったりして一緒に遊ぶなんていうのは，親にとっても子どもにとっても楽しいことだから自発的にやろうと思うけれど，たとえばオムツ換えとかは，自分が求めているものではなく，子どもから求めてくるものですね。そのとき，子どものそばにいたら対応するって感じです。たとえば，オムツを換えなければいけないことに気づいて，妻が食器を洗っているとなると，「じゃあ，私が換えるか」と。そして，「ぐじゃぐじゃしてるなぁ」とか思いながら開けたら，「あぁやっちゃってるよぉ。しまった，うんち引いちゃった」とか（笑）。

　神谷（2010）より転載・抜粋。

（神谷哲司）

7　男性は本当に育児に向いていないの？

（1）三歳児神話を考える

　「男が仕事，女が家庭」という性別役割分業には，「3歳くらいまでの小さな子どもの養育には母親が一番である」とする，**三歳児神話**が広く信じられているという背景がある。三歳児神話には科学的な根拠がないことは明らかであるが（厚生省，1998），一般にはこの三歳児神話は，さまざまな意味で用いられており，いまだに混乱しているようである。大日向（2000）も指摘するように，その混乱は，このことばのなかに「発達初期に適切な養育がなされるべきであることの重要性」と「その時期には母親にしかできないことがある」ことが混在しているところにある。発達初期における養育者の重要性については，科学的に否定されるものではないが，それでは「母親にしかできない」ことについてはどうだろうか。

　いうまでもなく，妊娠・出産は男性ではできないことであり，また，子どもが生まれたあとも，男性では母乳を出すことができない。しかし，そのことを理由として男性には子育ての**適性**がないといえるのだろうか。そういってしまうと，なんらかの理由で出産を選択できない女性や，母乳が出にくくて悩んでいる女性も同様に「適性」がないことになってしまう。しかし，現代社会においては，みずからの出産を選択できずとも，養子や里親として子育てをしている（母）親は多く存在し，また，母乳についても，子どもの免疫力を高めるために推奨されるものとしても，出が悪いときにミルクを哺乳瓶で与えることはそれほど珍しいことではない。とすると，「父親にはできないこと」というのは何かあるだろうか。

> **適性**
> ある一定の技能や知識，活動を遂行する際に必要と想定される基礎的な能力や特性のこと。一般的には「向き不向き」のこと。

（2）父親と母親は違うのか？

　「いや，できないわけではないが，父親と母親では求められる役割が質的に異なるのだ」という声も聞こえてくるだろう。たとえば，「厳しくしつけるのが父親で，優しく包むのが母親だ」というような精神分析的な考え方もこれに含まれる。しかし，そうした伝統的な**性別役割分業**がもっとも根強かった1970年代の調査においても，現実の母親は父親よりも「しつけ」をしている存在として認識されており，また，子どもが理想とする役割も，必ずしも父親に「しつけ」，母親に「情緒的かかわり」というような異なる役割を求めているわけではないことが示されている（図5-7-1）。

　また確かに，実際の子どもとのかかわりと父母差についてみた研究で

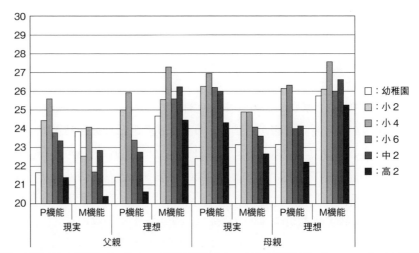

注) PM理論による両親のリーダーシップ機能を測定したものであり，P機能が「performance（しつけ・訓練）」を，M機能が「maintenance（情緒的相互作用）」を示している。

図5-7-1　1970年代の子どもが認識する親の行動の現実と理想の認知

出典　古川綾子「両親のリーダーシップ行動認知に関する発達心理学的研究：子どもからみた理想像と現実像の変化について」『教育心理学研究』22(2)，p.71 表，1974年をもとに筆者作成

は，一般に，母親のほうが赤ちゃんにほほえみかけたり，声かけを頻繁に行うが，父親はそれほど声をかけることなく，むしろ身体的な遊びやかかわりが多いといわれている。しかし，日常的に子どもの世話をしている父親は，母親のようにほほえみかけや声かけの頻度が高く，高い声で語りかけることが明らかになっており（Field,1978），上記のような父母の役割の違いが，日常的な子どもとのかかわりのなかで形成されることが明らかになっている。さらに，母親は初めての妊娠のときから，乳児の泣き声に対する弁別力を有しており，妊娠期より**親となる準備性**を高めていることが指摘されているが（足立ほか，1985），同様に男性においても妻の初めての妊娠期より泣き声に対する認知的な枠組みを形成することが示唆されている（神谷，2002）。さらに近年では，母子の絆を強める「愛情ホルモン」として知られている**オキシトシン**について，母親だけでなく父親においても，生後6か月の間に増加すること，また，その量は夫婦間で相関がみられていることが明らかにされている（Gordon et al., 2010）。これらの知見をみるかぎり，少なくとも，母親の代わりは父親にはできないと結論づけることはできないといえるだろう。

（3）　ジェンダーに固定されない子育て社会を

　保育所保育指針にも，「子どもの性差や個人差にも留意しつつ，性別などによる固定的な意識を植え付けることがないようにすること」とあるよ

ジェンダー
性別に基づいて社会的・文化的に要求される役割のこと。

うに，性別役割分業を肯定してはならない。もとより，保育者は一般的に，**母性観**が強いことが知られており，送り迎えの際に「やっぱりママがいいよね」などといったことばかけをしがちである。しかし，そうした声かけによって，無意図的であっても，性に関する固定的な意識を醸成してしまう可能性は否定できない。実際，父母のもつ性別役割分業観は，その子どもが通う保育所の保育士がもつ性別役割分業観と関連しているのである（神田ほか，2007）。

　「男は仕事，女は家庭」とする性別役割分業意識は，必ずしも古来から不変のものではなく，日本では高度経済成長期に核家族で**職住分離**がすすむとともに，政治的な戦略とともに浸透したものである（大日向，2000；小沢，1989）。しかし，1980 年代以降の女性の社会進出とその後のバブル経済崩壊のなか，現代では「性差」ではなく，世代や貧富の「格差」によって経済システムが維持されているようになっており，性別役割分業は，すでに過去の社会システムであると言わざるをえない。だとすると，過去のシステムに依存するよりも，新たな社会のあり方を構築していかなければならないであろう。とくに現代は，母子家庭の増加など，家族の規模が極小化し，母親のみに子育て役割が集中することで，さまざまな問題が生じている。そのため，父母の性差に目を奪われることなく，父親の育児参加を促すのはもとより，「地域皆で子育てを」という考え方を広めていくことが必要であるといえるだろう。

（神谷哲司）

母性観
子育ては女性が向いており，子どもも母親と一緒に過ごしたほうが幸せで，生育にもよい影響を与えるという考え方。

職住分離
高度経済成長下において第 3 次産業（サービス業）が主流となっていくなかで仕事をする場所（会社）と安息・消費の場所（家庭）とが別々に離れるようになったことをいう。

コラム　生物としての親の性別をどのように考えるか

　本項のように，「母親の役割を父親も担うことができる」という話をすると非常に多くの人たちから，「動物としてのヒトのオスとメスが同じはずがない」という素朴な反応が返ってくる。気をつけてほしいのは，ここでは，「男性と女性が同じだ」とか，「男女において子育ての生物的な機能は変わらない」といっているわけではないことである。生物学的なメカニズムを考えれば，男と女は異なる機能をもつものと考えられるし，それは子育てにおいても同様であろう。しかし，異なる機能や適性を有しているからといって，そのとおりにしなければならない理由はどこにもない。

　社会生物学や**進化心理学**など，配偶者選択や子殺しといった私たちの社会生活の仕組みを，性差に基づいた進化の過程として解き明かそうとする学問分野もある。しかし，そこで説明されるのは，「なぜこのようになってきたか」であって，「そのようにしなければならない」わけではない。進化心理学者みずからがいうように，生物学的な説明をすることによって，遺伝決定論的に受けとったり，「こうすべきだ」（あるいは「変えるべきだ」）という価値判断にすり替えてしまう人が少なくない。しかし，「人間行動の生物学を探求しようとしている人々は，人間の行動の進化的基盤を説明しようとしているが，決して，だから人間はこのままでよいのだというメッセージを送っているのではない」のである（長谷川・長谷川，2000）。現在の形は進化の産物としてとらえるものであるとしても，それに従わなくてはならない理由はない。われわれは，いま目の前にある「道具」を使って，新たな進化の過程を始められるのかもしれないのである。

（神谷哲司）

248

8　人生の先の先

（1）　生涯発達

　人は**成人期**以降も生涯発達し続ける。子どもが新しい経験や**役割**に出会うなかで，認知・人格・社会的あらゆる面で発達していくのと同様に，大人もまた，新しい経験に出会い，新しい役割をとることのなかで発達する。**バルテス**（Baltes,P.B.）は，**生涯発達**について，"発達は生涯にわたる過程であり，多方向性をもつ"，"発達のいかなる過程も，**獲得と喪失**（成長と衰退）という側面を伴う"，"生涯発達を通して大きな**可塑性**が存在する"，"発達は多様な影響システムによって複合的に規定される"という。

　発達への影響力をもつ経験は，**年齢標準的経験**（一定の年齢・時期にほとんどの人が経験する，たとえば義務教育など），**歴史標準的経験**（同じ時代を生きた人が共通に経験する，たとえば戦争，流行など），**非標準的経験**（人それぞれに経験する，経験の時期も内容も違う）の３つに分けられる。非標準的経験は，生涯の後半に影響力を強くするものであり，個人個人がその時々にいかなる経験を積み重ねていくかがかかわってくる。また，その経験は，その人の生きた社会・文化的コンテクスト（役割，地位，組織，制度，規範，社会変動…）による。発達は，その人の生きてきた時代，おかれた社会・文化と切り離せないのである。第４章－8であげた表４－8－1は生涯発達段階を示すものであるが，ここにある「生活出来事（**ライフイベント**）」をみると，その内容が年齢標準的なものから非標準的なものへと変わっていくのがわかる。重要なのは，非標準的な出来事は，個人的で，それぞれの選択や決定によるものであることである。個人の発達はこのようにその人の選択・決定によって形成されるのであり，その意味で，人は自分の「発達のプロデューサー」である。

（2）　キャリア発達

　発達は生涯にわたる変化の過程であり，人が環境に適応する，より高次の能力を獲得していく過程である。人は誕生から乳幼児期，児童期，青年期，成人期，そして老年期のなかで，その時期時期にふさわしい**適応**，つまり環境と効果的で有能に相互交渉する能力や態度を形成していく。そのなかで社会との相互関係を保ちつつ自分らしい生き方を展望し実現していく過程が**キャリア発達**である。社会との相互関係を保つとは，言い換えれば，社会における自己の立場に応じて役割を果たすということである。人

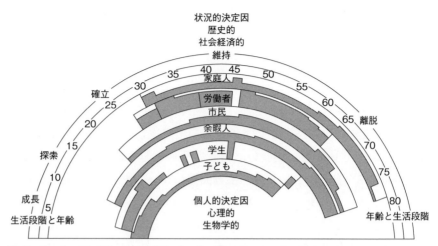

図5-8-1　ライフ・キャリア・レインボー（Super, Savickas & Super, 1996, p.127 を改変）

出典　菊池武剋「キャリア教育とは何か」日本キャリア教育学会 編『キャリア教育概説』東洋館出版社，p.15，2008年

は生涯のなかでのさまざまな役割をすべて同じように果たすのではなく，その時々の自分にとっての重要性や意味に応じて果たしていこうとする。それが「自分らしい生き方」である。**スーパー**（Super,D.E.）らは，この過程を生涯における役割，**ライフ・ロール**の分化と統合の過程として示している（図5-8-1）。自分に期待される複数の役割をどのようにして統合し自分らしい生き方を展望し実現していくかは，**アイデンティティ**の確立として**青年期の発達課題**とされてきたが（第3章-1参照），生涯にわたっての課題ととらえるべきである。なぜなら，人は生涯のそれぞれの時期において，社会との相互関係の中で自分らしく生きようとするものだからである。

（3）　人生の重なりと循環

　成人期は，大人として，職業人として，市民として，夫・妻として，親として，そして自分の親に対しては子どもとして，という多様な役割を果たすことになる。成人は子どもを産み育てる過程に入ることで，子どもとして親に対する存在から，親として子どもに対する存在へと転換する。子どもはそこで乳幼児からの発達を始め，親は子どもに対する親としての発達を開始する。一方，親となった成人も自分の親が健在であれば，大人でありながら自分自身は親に対して子どもであり続ける。上からいえば親・子・孫，下からいえば子・親・祖父母という3世代が共存する状態となる（第4章-9参照）。人は生涯のなかで，対人的な自己の役割を重ねあいながら移行して人生を経過する。矢野（1991）は，これを**対人的自己のサ**

イクルとよぶ。第1のサイクルは「親や大人に対する自己（子ども）」であり，第2のサイクルは「同輩に対する自己（若い大人）」，第3のサイクルは「子どもに対する自己（親・大人）」，第4のサイクルは「孫や若い人に対する自己（老人）」である（図5-8-2）。

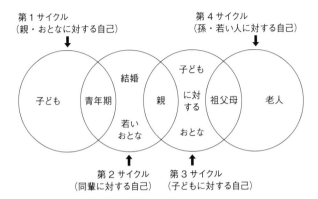

図5-8-2　生涯発達における対人的自己のサイクル（Schutz, 1960：春日，1975に基づいて修正作図）

出典　矢野喜夫「12. 生涯発達の過程」矢野喜夫・落合正行『発達心理学への招待：人間発達の全体像をさぐる』サイエンス社，p.266，1991年

　鯨岡（2002）は，「育てられる者から育てる者へ」という生涯過程について，**世代間リサイクル**の概念図（図5-8-3）を示し，以下のように説明している。

　この図5-8-3には親の世代を中心に，子どもの世代，親の親の世代の3世代の生涯過程が，出発点を異にしながらも，右方向に同時進行して

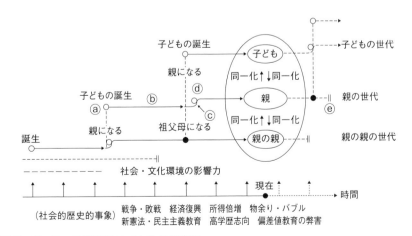

図5-8-3　世代間リサイクルの概念図

出典　鯨岡峻『「育てられる者」から「育てる者」へ』日本放送出版協会，p.99，2002年

いる様子が示されている。この図の中心に位置する親の世代に注目してみると，前の世代から命を引き継ぐ形で誕生した子どもは（ⓐ），まずは"育てられる者"としてその人生を開始し，"育てる者"の養育や教育のもとで成長を遂げ，**社会化**，文化化されて能力的に完成した大人になる（ⓑ）。そしてたいていの場合，いつしかカップルをなして次の世代に新しい命を引き継ぎ（ⓒ），子育てを通してそれまでの〈育てられる者〉から〈育てる者〉に一大転換を成し遂げる（ⓓ）。そしてさらに〈育てる者〉として成熟し，一段深い**社会性**を身につけ，真の意味で社会の一員になり，次の世代が命を繋ぐころに再び土へ帰っていくことになる（ⓔ）。このようにみてくると，ⓐからⓔに至る人間の一生涯は，過去から未来へと営々と続く命のリサイクル過程のひとコマだということになる。

（菊池武剋）

コラム　柔軟さ，しなやかさがストレス対処の鍵

　「ストレスに対処する」ための2つのやり方として，**問題中心対処**と**情動中心対処**がある。前者は「問題となっている状況自体を変えようとする」ものであり，後者は「自分のなかに生じた不快な状態を変えようとする」ものである。そしてこれらのうちどちらかがとくに有効だというものではない。それはいったいどういうことだろうか。

　一見，「ストレスの原因（ストレッサー）をなくそうとする」問題中心対処こそが有効な対処のやり方であるように思えるかもしれない。しかし，「がんばってもなかなか変わらない」ような事柄をずっと「変えようと努力し続ける」ことをしても，「なかなか変わらない」のであるから，「いつまでたっても不快でつらい状態は解消しない」ということにもなるだろう。では「まずは不快な気持ちを解消する」ことだけをとにかく優先するのはどうだろうか。「気持ちの解消」だけを重視して，それだけ行う場合には逆に「ストレスの原因には手をつけず，そのまま放置」することになるので，これもまた「いつまでたっても不快でつらい状態は解消しない」ことになるのである。つまり，「自分の力で変えられることは変えようとし，簡単に変えられないときには気持ちの面を重視して，状況の変化を待つ」という「2つの対処の使い分け」もまた必要になるのである。

　これは逆にいえば，「いつものやり方でどんなストレッサーにも立ち向かう」ことの危うさを表しているといってよいだろう。たとえば，「アルコール依存症」を考えてみよう。この1つの側面には，「つらいことがあったら，とにかくお酒を飲んで解消しようとする」ことを度を越して繰り返すことから生じる。そのうち，ストレス解消の手段であった「飲酒」そのものが「つらさを生みだす問題」になり，「飲むことで問題が生まれるから，その解消に飲む」という悪循環となっていくのである。

　ストレスに立ち向かうための手段は，いくつもっていてもよい。自分の力で何とかしようとしたり，ときには逃げたり，人の力を借りたり，ときと場合に応じて柔軟に，しなやかに対応するのが利口なやり方といえるだろう。

（中村　修）

文献

1-1

青柳肇・杉山憲司・滝本孝雄・矢沢圭介 編著『トピックス こころのサイエンス』福村出版，1989 年

Bremner, J. G.. Infancy. Basil Blackwel. 1988.

川上清文・内藤俊史・藤谷智子『図説 乳幼児発達心理学』同文書院，pp.4-5，1990 年

Restak, R. M.. The infant mind. Doubleday. 1986.（レスタック，R. M., 河内十郎・高城薫 訳『乳児の脳とこころ』新曜社，1989 年）

Smolak, L.. Infancy. Prentice-Hall. 1986.

梅宮れいか「性自認とその障害」菊池武剋 監，沼山博 編著『トピックス 思春期・青年期とかかわる人のための心理学』中央法規出版，2004 年

渡部雅之「出生前心理学」子安増生 編『キーワードコレクション発達心理学』新曜社，1992 年

1-1
コラム

大山正博 編『改訂版 人間への心理学的アプローチ』学術図書出版社，p.8，1992 年

Portmann, A.. Biologische fragmente zu einer lehre vom menschen. Benno Schwabe. 1951.（高木正孝 訳『人間はどこまで動物か』岩波書店，1961 年）

瀬田浩子・山添正「子どもと家族」山添正 編著『心理学から見た現代日本人のライフ・サイクル』ブレーン出版，1991 年

武井祐子・寺崎正治「乳児期における「気質」研究の動向」『川崎医療福祉学会誌』13(2)，pp.209-216，2003 年

Thomas, A., Chess, S., & Birch, H. G.. The origin of personality. Scientific American, 223(2), pp.102-109. 1970.

1-2

川上清文・内藤俊史・藤谷智子『図説 乳幼児発達心理学』同文書院，1990 年

Kessen, W., Haith, M. M., & Salapatek, P. H.. Human Infancy: A bibliography and guide. In Mussen, P. H. (Ed.). Carmichael's manual of child psychology, 1. John Wiley. 1970.

村田孝次『児童心理学入門』培風館，p.19，1986 年

1-3

Clarkson, M. G., Clifton, R. K., & Morrongiello, B. A.. The effects of sound duration on newborns' head orientation. Journal of Experimental Child Psychology, 39(1), pp.20-36. 1985.

DeCasper, A. J., & Fifer, W. P.. Of human bonding: Newborns prefer their mothers' voices. Science, 208(4448), pp.1174-1176. 1980.

Fantz, R. L.. Pattern vision in newborn infants. Science, 140, pp.296-297，1963.

Gibson, E. J., & Walk, R. D.. The visual cliff. Scientific American, 202, 1960.

片岡なつ恵・二瓶健次「味覚」『周産期医学 20 臨時増刊号：周産期医学からみた出産・育児の原点』東京医学社，pp.376-379，1990 年

Marlier, L., Schaal, B., & Soussignan, R.. Neonatal responsiveness to the odor of amniotic and lacteal fluids: A test of perinatal chemosensory continuity. Child Development, 69(3), pp.611-623. 1998.

Maurer, D., & Maurer, C.. The world of the newborn. Basic Books. 1988.

大山正博 編『改訂版 人間への心理学的アプローチ』学術図書出版社，p.22，1992 年

Schneider, B., Trehub, S. E., & Bull, D.. High-frequency sensitivity in infants. Science, 207(4434), pp.1003-1004. 1980.

下條信輔「乳児の視力発達」『基礎心理学研究』2(2)，pp.55-67，1983 年

Walk, R. D., & Gibson, E. J.. A comparative and analytical studies of visual depth perception. Psychological Monographs, 75(15), pp.1-44. 1961.

Werker, J. F., & Tees, R. C.. Cross-language speech perception: Evidence for perceptual reorganization during the first year of life. Infant Behavior and Development, 7(1), pp.49-63. 1984.

山口真美『赤ちゃんは世界をどう見ているのか』平凡社，2006 年

Yonas, A., Arterberry, M. E., & Granrud, C. E.. Four-month-old infants' sensitivity to binocular and kinetic information for three-dimensional-object shape. Child Development, 58(4), pp.910-917, 1987.

山口真美・金沢創 編著『改訂版 乳幼児心理学』放送大学教育振興会，2016 年

1-3 コラム Fantz, R. L.. The origin of form perception. Scientific American, 204(5), pp.66-72. 1961.

1-4 Spitz, R. A., & Wolf, K. M.. The smiling response: A contribution to the ontogenesis of social relations. Genetic Psychology Monographs, 34, pp.57-125. 1946.

1-4 コラム Portmann, A.. Biologische fragmente zu einer lehre vom menschen. Benno Schwabe. 1951. （高木正孝 訳『人間はどこまで動物か』岩波書店，1961 年）

1-5 岩井邦夫・高橋道子・高橋義信・城谷ゆかり『乳幼児心理学：人生最初期の発達を考える』サイエンス社，1994 年

厚生労働省『平成 22 年乳幼児身体発育調査報告』2011 年

Scammon, R. E.. The measurement of the body in childhood. In Harris, J. A., Jackson, C. M., Paterson, D. G., & Scammon, R. E.(Eds.). The measurement of man. Univ. Minesota Press. 1930.

スュトラッツ，C. H., 森徳治 訳『子供のからだ』創元社，p.60，1952 年

高石昌弘 ほか『からだの発達 改訂版：身体発達学へのアプローチ』大修館書店，1993 年

1-5 コラム 厚生労働省『平成 30 年我が国の人口動態：平成 28 年までの動向』p.13，2018 年 https://www.mhlw.go.jp/toukei/list/dl/81-1a2.pdf（2019.2.21）

楠田聡「最新の NICU 治療成績：世代最高水準の NICU 治療」『医学のあゆみ』260，pp.195-200，2017 年

1-6 藤永保・斎賀久敬・春日喬・内田伸子『人間発達と初期環境 改訂版』有斐閣，1997 年

林万リ 監『やさしく学ぶからだの発達』全国障害者問題研究会出版部，2011 年

イタール，J. M. G., 中野善達・松田清 訳『新訳アヴェロンの野生児：ヴィクトールの発達と教育』福村出版，1978 年

岩井邦夫・高橋道子・高橋義信・城谷ゆかり『乳幼児心理学：人生最初期の発達を考える』サイエンス社，1994 年

厚生労働省『平成 22 年乳幼児身体発育調査報告書』2011 年

岡本夏木・古沢頼雄・高野清純・波多野誼余夫・藤永保『児童心理学講座 1 成長と発達』金子書房，1970 年

高橋道子 編『新・児童心理学講座 第 2 巻 胎児・乳児期の発達』金子書房，1992 年

高石昌弘 ほか『からだの発達 改訂版：身体発達学へのアプローチ』大修館書店，1993 年

多賀厳太郎「乳児の運動発達における非線形力学と座標系」『Equilibrium Research』67(1)，pp.45-50，2008 年

高橋道子・藤崎眞知代 ほか『子どもの発達心理学』新曜社，1993 年

西野泰広「身体・運動」東洋・繁多進・田島信元 編集企画『発達心理学ハンドブック』福村出版，pp.641-659，1992 年

1-7 ピアジェ，J., 谷村覚・浜田寿美男 訳『知能の誕生』ミネルヴァ書房，1978 年

ピアジェ，J., 滝沢武久 訳『思考の誕生：論理操作の発達』朝日出版社，1980 年

1-7 コラム 山本多喜司 監，山内光哉ほか 編『発達心理学用語辞典』北大路書房，1991 年

1-8 Baillargeon, R., Spelke, E. S., & Wasserman, S.. Object permanence in five-month-old infants. Cognition, 20, pp.191-208. 1985.

無藤隆『赤ん坊から見た世界：言語以前の光景』講談社，1994 年

Spelke, E. S., Breinlinger, K., Macomber, J., & Jacobson, K.. Origins of Knowledge. Psychological Review, 99, pp.605-632. 1992.

1-8 コラム

Goswami, U.. Cognition in Children. Psychology Press. 1998.（ゴスワミ，U.，岩男卓実・上淵寿ほか 訳『子どもの認知発達』新曜社，p.60，2003 年）

Simon, T. J., Hespos, S. J., & Rochat, P.. Do infants understand simple arithmetic? A replication of Wynn(1992). Cognitive Development, 10, pp.253-269. 1995.

Wynn, K.. Addition and subtraction by human infants. Nature, 358, pp.749-750. 1992.

1-9

Elston, G. N., Oga, T., & Fujita, I.. Spinogenesis and pruning scales across functional hierarchies. The Journal of Neuroscience, 29(10), pp.3271-3275. 2009.

Huttenlocher, P. R.「脳機能の発達：神経科学からの提言 基調講演 3」『第 2 回 新・赤ちゃん学国際シンポジウム：赤ちゃんの可能性を探る』2003 年

Huttenlocher, P. R., de Courtenl, C., Garey, L. J., & van der Loos, H.. Synaptogenesis in human visual cortex-evidence for synapse elimination during normal development. Neuroscience Letter, 33, pp.247-252. 1982.

Nakano, T., Watanabe, H., Homae, F., & Taga, G.. Prefrontal cortical involvement in young infants' analysis of novelty. Cerebral Cortex, 19, pp.455-463. 2009.

多賀厳太郎「赤ちゃんの脳はどのように発達するか」『科学』77(3), pp.292-298. 2007 年

多賀厳太郎「研究課題：乳児における発達脳科学研究」独立行政法人科学技術振興機構『戦略的創造研究推進事業 CREST 研究領域：脳の機能発達と学習メカニズムの解明 研究終了報告書』pp.1-85，2009 年

1-9 コラム

Kagan, J., & Fox, N. A.. Biology, culture, and temperamental biases. In Damon,W., Lerner, R. M., & Eisenberg, N. (Eds.), Handbook of child psychology, 3. Social, emotional, and personality development (6), pp.167-225. Wiley. 2006.

Kawakami, K., Takai-Kawakami, K., Tomonaga, M., Suzuki, J., Kusaka, F., & Okai, T.. Spontaneous smile and spontaneous laugh: An intensive longitudinal case study. Infant Behavior and Development, 30, pp.146-152, 2007.

多賀厳太郎「ヒトの脳とこころの発達」『最新医学』62(11), pp.2538-2544，2007 年

Wolff, P. H.. The development of behavioral states and the expression of emotions in early infancy. The University of Chicago Press. 1987.

1-10

Bowlby, J.. Attachment and loss vol.1. Attachment. The Hogarth Press. 1969.（黒田実郎ほか訳『母子関係の理論 I：愛着行動』岩崎学術出版社，1976 年）

Bowlby, J.. Attachment and loss vol.2. Separation. The Hogarth Press. 1973.（黒田実郎 ほか訳『母子関係の理論 II：分離不安』岩崎学術出版社，1977 年）

Bowlby, J.. Attachment and loss vol.3. Loss. The Hogarth Press. 1980.（黒田実郎 ほか訳『母子関係の理論 III：愛情喪失』岩崎学術出版社，1981 年）

数井みゆき「「母子関係」を越えた親子・家族関係研究」遠藤利彦 編『発達心理学の新しいかたち』誠信書房，pp.189-214, 2005 年

池上貴美子「乳児期の口の開閉と舌出し模倣に関する対人的条件の検討：母親のひざに抱かれる意味」『教育心理学研究』36(3), pp.192-200, 1988 年

藤永保・斎賀久敬・春日喬・内田伸子『人間発達と初期環境 改訂版』有斐閣，1997 年

1-10 コラム

香山リカ「ニッポン 母の肖像」日本放送協会・日本放送出版協会編『NHK 知る楽：歴史は眠らない 2009 年 12・1 月』NHK 出版，pp.103-104，2009 年

1-11

Ainsworth, M. D. S.. Attachment and dependency: A comparison. In Gewirtz, J. L. (Ed.). Attachment and dependency. V. H. Winston & Sons. 1972.

Ainsworth, M. D. S., Blehar, M. C., Waters, E., & Wall, S.. Patterns of attachment: A psychological study of the strange situation. Lawrence Erlbaum Associates. 1978.

繁多進『愛着の発達：母と子の心の結びつき』大日本図書，p.79, 1987 年

Main, M., & Solomon, J.. Procedures for identifying infants as disorganized/disoriented during the Ainsworth Strange Situation. In M. T. Greenberg, D. Cicchetti, & E. M. Cummings (Eds.), The John D. and Catherine T. MacArthur Foundation series on mental health and development. Attachment in the preschool years: Theory, research, and intervention. Chicago, IL, US: University of Chicago Press. pp.121-160. 1990.

近藤清美「愛着理論の臨床適用について」（財）小平記念日立教育振興財団第 18 回駒井メモリアル家庭教育シンポジウム『「親子の絆はどこに行く：現代家族の多様化と愛着理論」実施報告』2006 年

数井みゆき「「母子関係」を越えた親子・家族関係研究」遠藤利彦 編『発達心理学の新しいかたち』誠信書房，pp.189-214, 2005 年

数井みゆき 編著『アタッチメントの実践と応用』誠信書房，p.8, 2012 年

1-11
コラム

日本子ども学会 編，菅原ますみ・松本聡子 訳『保育の質と子どもの発達：アメリカ国立小児保健・人間発達研究所の長期追跡研究から』赤ちゃんとママ社，2009 年

1-12

ブルーナー，J. S.，寺田晃・本郷一夫 訳『乳幼児の話しことば』新曜社，1988 年

無藤隆・田島信元・高橋惠子 編『発達心理学入門 Ⅰ 乳児・幼児・児童』東京大学出版会，1990 年

岡本夏木『子どもとことば』岩波書店，1982 年

田島信元 編『心理学キーワード』有斐閣，p.109, 1989 年

高橋道子・藤崎眞知代・仲真紀子・野田幸江『子どもの発達心理学』新曜社，1993 年

Trevarthen, C.. Descriptive analysis of infants communicative behavior. In Schaffer, H. R. (Ed.). Studies in mother-infant interaction. Academic Press. pp.227-270. 1977.

1-13

正高信男『0 歳児がことばを獲得するとき：行動学からのアプローチ』中央公論社，1993 年

斉藤こずゑ・武井澄江・荻野美佐子・大浜幾久子・辰野俊子「生後 2 年間の伝達行動の発達：母子相互作用における発声行動の分析」『教育心理学研究』29(1)，pp.20-29, 1981 年

寺田晃・佐々木保行・菊池武剋『テキスト発達心理学概説』八千代出版，p.97, 1988 年

2-1

Gallup, G. G., Jr.. Chimpamzees: Self-recognition. Science, 167, 86-87, 1970.

Zazzo, R.. Reflets de miroir et autres doubles. Paris: Presses Universitaires de France. 1993.（加藤信義 訳『鏡の心理学』ミネルヴァ書房，1999 年）

柏木惠子『幼児期における「自己」の発達：行動の自己制御機能を中心に』東京大学出版会，p.23, 1988 年

Neff, K. D. Self-compassion. In M. R. Leary & R. H. Hoyle(Eds.) Handbook of individual differences in social behavior. New York: Guilford Press. pp.561-573. 2009.

Fasig, L. G.. Toddlers'understanding of ownership: Implications for self-concept development. Social Development, 9, pp.370-382. 2000.

森口佑介・板倉昭二「鏡像認知」『脳科学辞典』2013 年
https://bsd.neuroinf.jp/wiki/%E9%8F%A1%E5%83%8F%E8%AA%8D%E7%9F%A5 （2019/2/12）

Lewis, M.. Self-Conscious Emotions. American Scientist, 83(1), pp.68-78, 1995.

庄司留美子「自己認識の始まり：乳幼児期における鏡像への反応」梶田叡一 編著『自己意識の発達心理学』金子書房，pp.230-265, 1989 年

Kopp, C. B.. Antecedents of self-regulation: A developmental perspective. Developmental Psychology, 18, pp.199-214. 1982.

2-2

Kuczynski, L., Kochanska, G., Radke-Yarrow, M., & Girnius-Brown, O.. A developmental interpretation of young children's noncompliance. Developmental Psychology, 23, pp.799-806. 1987.

Kuczynski, L., Kochanska, G., & Maguire, M.. Development of children's noncompliance strategies from toddlerhood to age 5. Paper presented at the National Biennial Meeting of the Society for Research in Child Development, Kansas City, Missouri. April, pp.27-30, 1989.

https://files.eric.ed.gov/fulltext/ED306012.pdf（2019.2.12）

Kuczynski, L., & Kochanska, G.. Development of children's noncompliance strategies from toddlerhood to age 5. Developmental Psychology, 26(3), pp.398-408. 1990.

2-3 Bridges, K. M. B.. Emotional development in early infancy. Child Dvelopment, 3, pp.324-341. 1932.

Lewis, M., & Brooks-Gunn, J.. Social cognition and the acquisition of self. Plenum Press. 1979.

Lewis, M.. The emergence of human emotions. In Lewis, M., & Haviland, J. M. (Eds.). Handbook of emotions. Guilford Press. pp.223-235. 1993.

遠藤利彦「乳幼児期における情動の発達とはたらき」麻生武・内田伸子 編『講座 生涯発達心理学2：人生への旅立ち：胎児・乳児・幼児前期』金子書房，pp.139-143，1995年

佐久間路子「わたしはわたし：自己と感情」遠藤利彦・佐久間路子・徳田治子・野田淳子『乳幼児のこころ：子育ち・子育ての発達心理学』有斐閣，pp.159-177，2011年

2-4 Ellis, S., Rogoff, B., & Cromer, C. C.. Age segregation in children's social interactions. Developmental Psychology, 17, pp.399-407. 1981.

遠藤利彦「人との関係の中で育つ子ども」遠藤利彦・佐久間路子・徳田治子・野田淳子『乳幼児のこころ：子育ち・子育ての発達心理学』有斐閣，pp.85-119，2011年

本郷一夫・杉山弘子・玉井真理子「子ども間のトラブルに対する保母の働きかけの効果：所育所における1〜2歳児の物をめぐるトラブルについて」『発達心理学研究』1(2)，pp.107-115，1991年

木下芳子・斉藤こずゑ・朝生あけみ「幼児期の仲間同士の相互交渉と社会的能力の発達：3歳児におけるいざこざの発生と解決」『埼玉大学紀要教育科学』35（1），pp.1-15，1986年

高橋千枝「仲間関係・きょうだい関係」本郷一夫 編『発達心理学：保育・教育に活かす子どもの理解』建帛社，p.116，2007年

2-4
コラム
青木豊・南山今日子・芝太郎・阿部伸吾・鈴木浩之・福間徹・佐々木智子・寺岡菜穂子・猪股誠司・早川典義・松本英夫「愛着に方向付けられた治療の研究」『平成18年度厚生労働省科学研究報告書』2008年

遠藤利彦「アタッチメント理論の現在：生涯発達と臨床実践の視座からその行方を占う（Ⅲ展望）」『教育心理学年報』49，pp.150-161，2010年

Grossmann, K., Grossmann, K. E., Kindler, H., & Zimmermann, P.. A wider view of attachment and exploration: The influences of mothers and fathers on the development of psychological security from infancy to young adulthood. In Cassidy, J., & Shaver, P. R. (Eds.). Handbook of attachment: Theory, research, and clinical applications (2nd Ed.). Guilford Press. pp.857-879. 2008.

Howes, C., & Spieker, S.. Attachment relationships in the context of multiple caregivers. In Cassidy, J., & Shaver, P. R. (Eds.). Handbook of attachment: Theory, research, and clinical applications (2nd Ed.). Guilford Press. pp.317-332. 2008.

2-5 Eisenberg, N.. The caring child. Harvard University Press. 1992.（二宮克美・首藤敏元・宗方比佐子 訳『思いやりのある子どもたち：向社会的行動の発達心理』北大路書房，p.4，1995年）

Kagan, J.. The second year: The emergence of self-awareness. Harvard University Press. 1981.

Kohlberg, L.. The psychology of moral development. Essays on Moral development, 2. Harper and Row. 1984.

日本道徳性心理学研究会 編『道徳性心理学』北大路書房，1992 年

ピアジェ，J.，大伴茂 訳『臨床児童心理学 3：児童道徳判断の発達』同文書院，1954 年

山岸明子「道徳判断の発達」『教育心理学研究』24(2), pp.97-106，1976 年

横山文樹・作美代子・木村勝彦・西田幸子・今泉利「道徳性を育てる実践」小田豊・押谷由夫 編著『保育と道徳：道徳性の芽生えをいかにはぐくむか』保育出版社，pp.103-130，2006 年

2-5 コラム

湯淺阿貴子「幼児の規範意識の形成に関する研究の動向」『昭和女子大学大学院生活機構研究科紀要』25，pp.65-83，2016 年

青井倫子「仲間入り場面における幼児の集団調節—「みんないっしょに仲よく遊ぶ」という規範のもとで—」『子ども社会研究』創刊号，pp.14-26，1995 年

青井倫子「遊び場面における幼児仲間入りのストラテジー」『広島大学教育学部紀要 第 1 部』40，pp.187-192，1991 年

青井倫子「遊び集団への仲間入り児の統合過程」『広島大学教育学部紀要 第 1 部』41，pp.191-199，1992 年

2-6

Parten, M. B.. Social participation among preschool children. Journal of Abnormal and Social Psychology, 27(3). pp.243-269. 1932.

高橋たまき・中沢和子・森上史朗 共編『遊びの発達学：展開編』培風館，1996 年

勅使千鶴『子どもの発達とあそびの指導』ひとなる書房，1999 年

2-7

ミシェル，W. 著 柴田裕之訳『マシュマロ・テスト：成功する子・しない子』早川書房，2017 年

Mischel, W., Ebbesen, E. B., & Zeiss, A. R.. Cognitive and attentional mechanisms in delay of gratification. Journal of Personality and Social Psychology, 21. pp.204-218, 1972.

Mischel, H. N. & Mischel, W.. The development of children's knowledge of self-control strategies. Research in Child Development, 54. pp.603-619, 1983.

森口佑介『自分をコントロールする力：非認知スキルの心理学』講談社，2019 年

森口佑介「実行機能の初期発達，脳内機構およびその支援」『心理学評論』58(1), pp.77-88，2015 年

Yates, G, C. R., Lippett, R. M. K., & Yates, S. M.. The effects of age, positive affect induction, and instructions on children's delay of gratification. Journal of Experimental Child Psychology, 32. pp.169-180, 1981.

2-7 コラム

Heckman, J. J.. Giving kids a fair chance. Cambridge, MA: MIT Press. 2013.（古草秀子 訳『幼児教育の経済学』東洋経済新報社，2015 年）

遠藤利彦「「非認知」なるものの発達と教育：その可能性と陥穽を探る」研究代表者・遠藤利彦『国立教育政策研究所・平成 27 年度プロジェクト研究報告書「非認知的（社会情緒的）能力の発達と科学的検討手法についての研究に関する報告書」』pp.15-27，2017 年

佐々木宏子「子どもの貧困と学術研究の隠れた枠組み」『学術の動向』編集委員会編『学術の動向』2017 年 10 月号，公益財団法人日本学術協力財団，pp.29-33，2017 年

2-8

Avis, J., & Harris, P. L.. Belief-desire reasoning among baka children: Evidence for a universal conception of mind. Child Development, 62(3), pp.460-467. 1991.

Baron-Cohen, S., Leslie, A. M., & Frith, U.. Does the autistic child have a "theory of mind"? Cognition, 21, pp.37-46. 1985.

Frith, U.. Autism: Explaining the enigma. Blackwell. 1989.（冨田真紀・清水康夫・鈴木玲子 訳『新訂 自閉症の謎を解き明かす』東京書籍，p.162，2009 年）

加藤義信 編『資料でわかる認知発達心理学入門』ひとなる書房，2008 年

Meltzoff, A. N.. Understanding the intentions of others: Re-enactment of intended acts by 18-month-old children. Developmental Psychology, 31(5). pp.838-850. 1995.

Premack, D., & Woodruff, G.. Does the chimpanzee have a theory of mind? Behavioral and brain sciences 1. pp.515-526. 1978.

実藤和佳子・谷池雅子「他者のこころを知る：赤ちゃんがみせる他者理解のきざし」『脳 21』13(2)，pp.15-20，2010 年

Wimmer, H., & Perner, J.. Beliefs about beliefs: Representation and constraining function of wrong beliefs in young children's understanding of deception. Cognition, 13. pp.103-128. 1983.

Woodward, A. L.. Infants selectively encode the goal object of an actor's reach. Cognition, 69. pp.1-34. 1998.

2-8
コラム
Premack, D., & Woodruff, G.. Does the chimpanzee have a theory of mind? The Behavioral and brain sciences 1(4). pp.515-526. 1978.

2-9
蘭千壽・外山みどり 編『帰属過程の心理学』ナカニシヤ出版，1991 年

レスタック，R., 高橋則明 訳『はだかの脳』アスペクト，2007 年

時実利彦『脳の話』岩波書店，1962 年

時実利彦『脳と保育』雷鳥社，1974 年

Skinner, B. F.. The technology of teaching. Meredith Corporation. 1968.（村井実・沼野一男 監訳『教授工学』東洋館出版社，1969 年）

Weiner, B.. A theory of motivation for some classroom experiences. Journal of Educational Psychology, 71, pp.3-23. 1979.

2-9
コラム
木村聡　自己効力感が高い小・中学生はどのような子どもか─子どもの特徴と保護者との関係に着目して─　ベネッセ教育総合研究所「小中学生の学びに関する実態調査　報告書 [2014]」研究レポート 5，pp.1-11，2015 年

https://berd.benesse.jp/shotouchutou/research/detail1.php?id=4574 （2019.2.13）

文部科学省「我が国の子供の意識に関するタスクフォース」における分析結果　教育再生会議第十次提言参考資料　2017 年

https://www.kantei.go.jp/jp/singi/kyouikusaisei/pdf/dai10_sankou.pdf （2019.2.13）

2-10
Goleman, D.. Emotional Intelligence: Why it can matter more than IQ. New York: Buntam Books. 1995.（土屋京子 訳『EQ ～こころの知能指数』講談社 1996 年）

OECD (Organisation for Economic Co-Operation and Development), Skills for Social Progress: The Power of Social and Emotional Skills, OECD Skills Studies. 2015 年

篠原郁子　非認知的能力をめぐって：本プロジェクト研究の目的と視点，国立教育政策研究所・平成 27 年度プロジェクト研究報告書「非認知的（社会情緒的）能力の発達と科学的検討手法についての研究に関する報告書」（研究代表者・遠藤利彦），pp.7-14, 2017 年

遠藤利彦「非認知」なるものの発達と教育：その可能性と陥穽を探る，国立教育政策研究所・平成 27 年度プロジェクト研究報告書「非認知的（社会情緒的）能力の発達と科学的検討手法についての研究に関する報告書」（研究代表者・遠藤利彦），pp.15-27, 2017 年

2-10
コラム
内田伸子『子育てに「もう遅い」はありません』冨山房インターナショナル，2014 年

内田伸子「どの子も伸びる共有型しつけのススメ ～子育てに「もう遅い」はありません～」福岡女学院大学大学院人文科学研究科『発達教育学』2，pp.59-68，2016 年

佐々木宏子「子どもの貧困と学術研究の隠れた枠組み」『学術の動向』編集委員会 編『学術の動向』2017 年 10 月号，公益財団法人日本学術協力財団，pp.29-33, 2017 年

2-11
東洋（代表）「幼児期における文字の獲得過程とその環境的要因の影響に関する研究」『1992 ～1994 年度科学研究費補助金（総合研究 A）研究成果報告書』1995 年

唐澤真弓「『教える』ことの意味：幼児期における文字の読み書き能力とその環境的要因の調査からの検討」『季刊子ども学 KODOMO Science』11，ベネッセコーポレーション，1996年

国立国語研究所 編『幼児の読み書き能力』東京書籍，1972年

内田伸子「物語ることから文字作文へ：読み書き能力の発達と文字作文の成立過程」『読書科学』33(1), pp.10-24，1989年

2-11 コラム

川上清文・内藤俊史・藤谷智子『図説乳幼児発達心理学』同文書院，1990年

村山貞雄 編『日本の幼児の成長・発達に関する総合調査』サンマーク出版，1987年

佐久間路子「はじめのことばはママかマンマ!?」遠藤利彦・佐久間路子・徳田治子・野田淳子『乳幼児のこころ：子育ち・子育ての発達心理学』有斐閣，2011年

内田伸子「物語ることから文字作文へ：読み書き能力の発達と文字作文の成立過程」『読書科学』33(1), pp.10-24, 1989年

2-12

有路憲一「早期教育の落とし穴：認知神経科学的見地より」『信州大学人文社会科学研究』2, pp.2-17, 2008年

Benesse 教育研究開発センター「第3回子育て生活基本調査（幼児版）報告書」2008年

Benesse 教育研究開発センター「学校外教育活動に関する調査報告書」2009年

ヘンシュ貴雄「早期教育の光と影 基調講演　日本赤ちゃん学会 第2回公開シンポジウム」2003年

Hubel, D. H., & Wiesel, T. N.. Receptive fields of single neurones in the cat's striate cortex. The Journal of Physiology, 148, pp.574-591. 1959.

小西行郎『赤ちゃんと脳科学』集英社，2003年

小西行郎『早期教育と脳』光文社，2004年

栗屋忍「形態覚遮断弱視」『日本眼科学会雑誌』91, pp.519-544，1987年

Lorenz, K.. Der kumpan in der umwelt des vogels. Der artgenosse als auslösendes momentsozialer verhaltensweisen. Journal für Ornithologie, 83, pp.137-215, pp.289-413. 1935.

榊原洋一『子どもの脳の発達臨界期・敏感期：早期教育で知能は大きく伸びるのか？』講談社，2004年

汐見稔幸『このままでいいのか、超早期教育』大月書店，1993年

津本忠治「"臨界期"概念の成立，展開と誤解」『科学』77(3), pp.274-280，岩波書店，2007年

2-13

堂野恵子・加知ひろ子・中川伸子『保育のための個性化と社会化の発達心理学』北大路書房，1989年

後藤宗理 編『子どもに学ぶ発達心理学』樹村房，1998年

宮川知彰 編著『発達心理学1』放送大学教育振興会，pp.94-107，1985年

土井隆義『友だち地獄』筑摩書房，2008年

2-13 コラム

加藤義信 編『資料でわかる認知発達心理学入門』ひとなる書房，p.240，2008年

進藤聡彦「学校と教育」山添正 編著『心理学から見た現代日本人のライフ・サイクル：生涯発達・教育・国際化』ブレーン出版，pp.55-89，1991年

3-1

エリクソン，E. H. ＆エリクソン，J. M.，村瀬孝雄・近藤邦夫 訳『ライフサイクル、その完結』みすず書房，pp.151-165，2001年

Havighurst, R. J.. Human development and education. Longmans, Green. 1953.（荘司雅子 監訳『人間の発達課題と教育』玉川大学出版部，pp.30-120，1995年）

厚生労働省 編『保育所保育指針解説』フレーベル館，2018年

文部科学省『幼稚園教育要領解説』フレーベル館，2018年

民秋言『幼稚園教育要領・保育所保育指針・幼保連携型認定こども園教育・保育要領の成立と

	変遷』萌文書林，2017 年
3-1 コラム	ヴィゴツキー, L. S., 柴田義松 訳『思考と言語』明治図書出版，1962 年
3-2	厚生労働省 編『保育所保育指針解説』フレーベル館，p.14，2018 年
	鯨岡峻『「育てられる者」から「育てる者」へ』日本放送出版協会，2002 年
	文部科学省『幼稚園教育要領解説』フレーベル館，p.13，p.37，2018 年
	佐伯胖『幼児教育へのいざない』東京大学出版会，2001 年
3-3	厚生労働省 編『保育所保育指針解説』フレーベル館，p.8，p.60，pp.62-83，p.89，p.121， p.182，2018 年
	厚生省『保育所保育指針＜平成 11 年改訂＞』フレーベル館，1999 年
	厚生労働省 編『保育所保育指針解説書』フレーベル館，pp.39-44，pp.46-53，2008 年
	文部科学省「幼児教育部会における審議の取りまとめについて」2016 年
	http://www.mext.go.jp/b_menu/shingi/chukyo/chukyo3/057/sonota/__icsFiles/afieldfile/2 016/09/12/1377007_01_4.pdf （2019.2.14）
	文部科学省『幼稚園教育要領解説』フレーベル館，2018 年
	内閣府・文部科学省・厚生労働省『幼保連携型認定こども園教育・保育要領解説』フレーベル 館，2018 年
	汐見稔幸 監『保育所保育指針ハンドブック 2017 年告示板』学研プラス，2017 年
	井上孝之・小原敏郎・三浦主博 編『つながる保育原理』みらい，2018 年
	民秋言『幼稚園教育要領・保育所保育指針・幼保連携型認定こども園教育・保育要領の成立と 変遷』萌文書林，2017 年
3-4	汐見稔幸 監『保育所保育指針ハンドブック 2017 年告示板』学研プラス，2017 年
	厚生労働省 編『保育所保育指針解説』フレーベル館，2018 年
3-5	汐見稔幸 監『保育所保育指針ハンドブック 2017 年告示板』学研プラス，2017 年
	厚生労働省 編『保育所保育指針解説』フレーベル館，2018 年
3-6	ギブソン, J. J., 古崎敬・古崎愛子・辻敬一郎・村瀬旻 訳『生態学的視覚論：ヒトの知覚世界 を探る』サイエンス社，1985 年
	厚生労働省 編『保育所保育指針解説』フレーベル館，2018 年
	無藤隆 監 福元真由美・井口眞美・田代幸代 編『新訂 事例で学ぶ保育内容＜領域＞環境』萌 文書林，2018 年
	佐々木正人『アフォーダンス：新しい認知の理論』岩波書店，1994 年
3-7	Bower, T. G. R.. Human development. Freeman. W. H. 1979. （鯨岡峻 訳『ヒューマン・ディ ベロプメント：人間であること人間になること』ミネルヴァ書房，1982 年）
	Rovee-Collier, C.. The development of infant memory. Current Directions in Psychological Science, 8(3), pp.80-85. 1999.
	Rovee-Collier, C., Patterson, J., & Hayne, H.. Specificity in the reactivation of infant memory. Developmental Psychobiology, 18, pp.559-574. 1985.
	厚生労働省 編『保育所保育指針解説』フレーベル館，p.86，p.89，p.121，p.182，2018 年
	文部科学省『新しい学習指導要領 保護者用パンフレット』2008 年
	http://www.mext.go.jp/a_menu/shotou/new-cs/pamphlet/20080328/01-16.pdf （2013.03.05）
	文部科学省『幼稚園教育要領解説』フレーベル館，2018 年
	内閣府・文部科学省・厚生労働省『幼保連携型認定こども園教育・保育要領解説』フレーベル 館，2018 年
3-8	蘇珍伊・香曽我部琢・三浦正子・秋田房子「保育・幼児教育現場における保育者の子ども理解 の視点と研修ニーズ：園長・主任と一般保育士・教諭の比較を中心に」『現代教育学研究紀 要』2, pp.105-111，2009 年

文部科学省「幼児理解と評価」『幼稚園教育指導資料 第3集』2010年

佐藤有香・相良順子「保育者における幼児理解の視点」『こども教育宝仙大学紀要』5, pp.29-36, 2014年

佐藤有香・相良順子「保育者の経験年数による『幼児理解』の視点の違い」一般社団法人日本家政学会『日本家政学会誌』68（3）, pp.103-112, 2017年

河邉貴子「幼児理解と保育記録のあり方：子どもの遊び課題をどう読み取るか」『日本保育学会大会研究論文集』43, pp.520-521, 1990年

森上史朗「幼児理解の基盤となるもの」森上史朗・浜口順子 編『幼児理解と保育援助』, pp.19-42, ミネルヴァ書房, 2003年

横山文樹「幼児理解のための保育記録の検討：第三者の視点としての観察記録からの分析」『学苑』703, pp.110-120, 昭和女子大学, 1998年

渡辺桜「保育者に求められる子ども理解：子ども理解のさまざまな視点と基本的特性」『愛知教育大学幼児教育研究』9, pp.27-32, 2000年

柴山真琴『子どもエスノグラフィー入門』新曜社, 2006年

中澤潤・大野木裕明・南博文 編『心理学マニュアル 観察法』北大路書房, 1997年

遠城寺宗徳・合屋長英『遠城寺式乳幼児分析的発達検査法』慶應通信, 1977年

Frankenburg, W. K. M. D., 日本小児保健協会 編『DENVER Ⅱ デンバー発達判定法』日本小児医事出版社, 2003年

松原達哉 編著『最新心理テスト法入門：基礎知識と技法習得のために』日本文化科学社, 1995年

新版K式発達検査研究会 編『新版K式発達検査法2001年版：標準化資料と実施法』ナカニシヤ出版, 2008年

津守真・稲毛教子『乳幼児精神発達診断法：0才〜3才まで』大日本図書, 1961年

津守真・磯部景子『乳幼児精神発達診断法：3才〜7才まで』大日本図書, 1965年

津守真・稲毛教子『乳幼児精神発達診断法 増補版』大日本図書, 1995年

渡辺桜「保育者に求められる子ども理解：子ども理解の様々な視点と基本的特性」『愛知教育大学幼児教育研究』9, pp.27-32, 2000年

Cattell, R. B.. Theory of fluid and crystallized intelligence: A critical experiment. Journal of Educational Psychology, 54, pp.1-22. 1963.

上里一郎 監『心理アセスメントハンドブック』西村書店, 1993年

本郷一夫 編『子どもの理解と支援のための発達アセスメント』有斐閣, 2008年

松原達哉『心理テスト法入門：基礎知識と技法習得のために』日本文化科学社, 1995年

上野一彦 編『日本版WISC-Ⅳテクニカルレポート＃1』日本文化科学社, 2011年
http://www.nichibun.co.jp/kobetsu/technicalreport/wisc4_tech_vol1.pdf （2013年3月7日閲覧）

渡部洋 編著『心理検査法入門』福村出版, 1993年

日本K-ABCアセスメント学会ホームページ http://www.k-abc.jp/about （2019年9月4日閲覧）

河村茂雄『教師特有のビリーフが児童に与える影響』風間書房, 2000年

ショーン, D., 佐藤学・秋田喜代美 訳『専門家の知恵：反省的実践家は行為しながら考える』ゆみる出版, 2001年

カー, M., 大宮勇雄・鈴木佐喜子 訳「保育の場で子どもの学びをアセスメントする」『「学びの物語」アプローチの理論と実践』ひとなる書房, 2013年 （Carr, M. Assessment in early childhood settings: Learning stories. SAGE Publications.2001.）

梶田叡一『形成的な評価のために』明治図書出版, 2016年

3-9

3-9
コラム

3-10

4-1	竹内義博・大矢紀昭 編著『よくわかる子どもの保健（第3版）』ミネルヴァ書房，p.77，2015年
	鈴木美枝子 編著『保育者のための子どもの保健I（第4版）』創成社，2018年
	菅原ますみ『個性はどう育つか』大修館書店，p.189，2003年
	菅原ますみ「母親の就労と子どもの問題行動との関連」『じっきょう家庭科資料』28 実教出版，pp.13-17，2002年
	前川浩子「子どもの問題行動の発達は母親の育て方に原因があるのか？」2008年
	http://kg.kanazawa-gu.ac.jp/kokusaibunka/?p=2256（2019.2.15）
	発達過程研究会編「文部科学省委嘱研究　平成12〜13年度「突発性攻撃的行動および衝動」を示す子どもの発達過程に関する研究：「キレる」子どもの成育歴に関する研究」国立教育政策研究所，2002年
4-1 コラム	下司昌一「問題行動の理解と援助」仙﨑武・渡辺三枝子・野々村新 編著『生徒指導論』福村出版，p.149，1991年
	伊藤隆二「問題行動をどう理解するか」『教育心理』35(11)，pp.8-11，1987年
	野島一彦 編『臨床心理学への招待』ミネルヴァ書房，1995年
4-2	文部科学省HP『特別支援教育：学習障害児に対する指導について（報告）』1999年
	http://www.mext.go.jp/a_menu/shotou/tokubetu/material/002.htm（2018.02.15）
	政府広報オンライン「理解する 〜発達障害って、なんだろう？〜」
	https://www.gov-online.go.jp/featured/201104/contents/rikai.html（2019.2.15）
	日本精神神経学会 精神科病名検討連絡会「DSM-5病名・用語翻訳ガイドライン（初版）」『精神神経学雑誌』116(6)，pp.429-457，2014年
	日本精神神経学会「ICD-11新病名案」2018年
	https://www.jspn.or.jp/uploads/uploads/files/activity/ICD-11Beta_Name_of_Mental_Disorders%20List(tentative)20180601.pdf （2019.2.15）
	米国知的・発達障害協会（AAIDD）用語・分類特別委員会 編，太田俊己・金子健・原仁・湯汲英史・沼田千妤子 共訳『知的障害 定義、分類および支援体系 第11版』日本発達障害福祉連盟，2012年
	American Psychiatric Association, 髙橋三郎・大野裕・染矢俊幸 訳『DSM-IV-TR 精神疾患の分類と診断の手引 新訂版』医学書院，2003年
	American Psychiatric Association, 髙橋三郎・大野裕 監訳『DSM-5 精神疾患の分類と診断の手引』医学書院，2014年
	融道男・中根允文・小見山実・岡崎祐士・大久保善朗 監訳『ICD-10 精神および行動の障害―臨床記述と診断ガイドライン― 新訂版』医学書院，2005年
4-2 コラム	文部科学省HP「通常の学級に在籍する特別な教育的支援を必要とする児童生徒に関する全国実態調査 調査結果」2003年
	http://www.mext.go.jp/b_menu/shingi/chousa/shotou/018/toushin/030301i.htm（2013.03.09）
	文部科学省初等中等教育局特別支援教育課「通常の学級に在籍する発達障害の可能性のある特別な教育的支援を必要とする児童生徒に関する調査結果について」2012年
	http://www.mext.go.jp/a_menu/shotou/tokubetu/material/__icsFiles/afieldfile/2012/12/10/1328729_01.pdf（2019.02.15）
4-3	久保山茂樹・齊藤由美子・西牧謙吾・當島茂登・藤井茂樹・滝川国芳「「気になる子ども」「気になる保護者」についての保育者の意識と対応に関する調査：幼稚園・保育所への機関支援で踏まえるべき視点の提言」『国立特別支援教育総合研究所研究紀要』36，pp.55-75，2009年
	村井憲男・村上由則・足立智昭 編著『気になる子どもの保育と育児』福村出版，2001年

264

埼玉県『保育士・幼稚園教諭向け 実践に活かす 気になる子への支援ガイドブック』埼玉県，2011 年

田中康雄 監『わかってほしい！気になる子：自閉症・ADHD などと向き合う保育』学習研究社，2004 年

田中康雄『気になる子の保育 Q&A：発達障がいの理解とサポート』学習研究社，2008 年

4-4

内閣府『令和元年版 障害者白書』p.50, 2019 年

Nirje, B.. The normalization principle and its human management implications. In Kugel, R., & Wolfensberger, W. (Eds.). Changing patterns in residential services for the mentally retarded. US Government Printing Office. 1969.

4-5

厚生労働省「子ども虐待対応の手引き（平成 25 年 8 月 改正版）」，2013 年
https://www.mhlw.go.jp/seisakunitsuite/bunya/kodomo/kodomo_kosodate/dv/dl/130823-01c.pdf（2019.2.18）

藤永保・斎賀久敬・春日喬・内田伸子『人間発達と初期環境 改訂版』有斐閣，1997 年

内田伸子「子どもは変わる，大人も変わる～児童虐待からの再生～ お茶ノ水女子大学最終講義資料・発達心理学―人間発達の可塑性をめぐって」，2011 年
http://www.hss.ocha.ac.jp/psych/devpsy/final_lecture.pdf（2019.2.18）

4-6

加藤道代「被災地の母子に何が起こったのか：乳幼児健診の心理相談から」『日本周産期・新生児医学会雑誌』47(4), pp.865-867, 2011 年

4-7

本郷一夫「家族援助のための枠組み」松村和子・澤江幸則・神谷哲司 編著『保育の場で出会う家族援助論：家族の発達に目を向けて』pp.93-108, 建帛社，2005 年

加藤道代・津田千鶴「宮城県大和町における 0 歳児を持つ母親の育児ストレスに関わる要因の検討」『小児保健研究』57(3), pp.433-440, 1998 年

厚生労働省『保育所保育指針』pp.55-58, 2017 年

O'Hara, M. W., & Swain, A. M.. Rates and risk of postpartum depression: A meta-analysis. International Review of Psychiatry, 8(1), pp.37-54, 1996.

大豆生田啓友「幼稚園・保育所における親とのかかわりに関する調査：種別の違いに着目して」『関東学院大学人間環境学会紀要』9, pp.51-66, 2008 年

重田博正『保育士のメンタルヘルス』かもがわ出版，2007 年

藤後悦子・坪井寿子・竹内貞一・府川昭世・田中マユミ・佐々木圭子「保育園における「気になる保護者」の現状と支援の課題：足立区内の保育園を対象として（地域に根ざした保育支援：個と集団の発達を踏まえて）」『東京未来大学研究紀要』3, pp.85-95, 2010 年

4-8

亀口憲治『家族臨床心理学：子どもの問題を家族で解決する』東京大学出版会，p.53, 2000 年

飯島婦左子「発達段階」齋藤耕二・本多時雄 編『ライフコースの心理学』金子書房，p.157, 2001 年

釜野さおり「既婚女性の定義する「家族」―何があり，何がなされ，誰が含まれるのか―」『人口問題研究』67(1), pp.59-87, 2011 年

中釜洋子「システムとしての家族」平木典子・中釜洋子 共著『家族の心理：家族への理解を深めるために』サイエンス社，pp.94-100, 2006 年

平木典子「家族心理の理解に役立つ家族療法の鍵概念」平木典子・中釜洋子共著『家族の心理：家族への理解を深めるために』サイエンス社，pp.114-128, 2006 年

柏木惠子『家族心理学』東京大学出版会，p.167, 2003 年

**4-8
コラム**

長谷川啓三『家族内パラドックス』彩古書房，1987 年

下村 陽一「家族システムの変容に果たすコミュニケーションの役割―「セカンド・サイバネティクス」に基づく一考察―」日本家族心理学会 編『家族とコミュニケーション：家族心理学年報』11, pp.150-166, 金子書房，1993 年

Wiener, N. Cybernetics (2nd ed.). MIT Press. 1948 年（池原止戈夫ほか 訳『サイバネティックス：動物と機械における制御と通信 第 2 版』岩波書店，1962 年）

遊佐安一郎『家族療法入門』星和書店，p.27，1984 年

4-9 岡堂哲雄「家族のライフ・コースと発達段階」岡堂哲雄 編『家族心理学入門』培風館，pp.87-97，1999 年

平木典子「家族の健康とは」平木典子・中釜洋子 共著『家族の心理：家族への理解を深めるために』サイエンス社，pp.17-34，2006 年

McGoldrick, M & Carter, B.. "The remarriage cycle: divorced, multi-nuclear and recoupled families" in McGoldrick, M., Carter, B., & Preto, N. G. (Ed.) The expanding family life cycle: individual, family, and social perspectives. pp.413-414, 2015.

NTT データ経営研究所『「平成 27 年度育児と介護のダブルケアの実態に関する調査」報告書（内閣府委託調査）』，2016 年

厚生労働省「平成 30 年我が国の人口動態」p.10，2018 年
https://www.mhlw.go.jp/english/database/db-hw/dl/81-1a2en.pdf（2019.3.1）

4-9
コラム 長谷川啓三『家族内パラドックス』彩古書房，1987 年

4-10 厚生労働省「平成 28 年度 全国ひとり親世帯等調査結果報告」2017 年
https://www.mhlw.go.jp/file/04-Houdouhappyou-11923000-Kodomokateikyoku-Kateifushika/0000188136.pdf（2019.2.14）

小田切紀子「離婚に対する否定的意識の形成過程：大学生を対象として」『発達心理学研究』14(3)，pp.245-256，2003 年

竹田美和・李璟媛・上野顕子「大学生のひとり親家族のイメージ」『日本家政学会誌』62(5)，pp.317-328，2011 年

中道圭人「保育者・小学校教員・大学生が持つ「ひとり親家庭の子ども」に対する認識」『静岡大学教育学部研究報告（人文・社会・自然科学編）』68，pp.63-70，2018 年

加藤悠・中島美那子「母親の自尊感情と養育態度：子どもの自尊感情を育むために」『茨城キリスト教大学紀要 I（人文科学）』45，pp.119-129，2011 年

清水冬樹「母子世帯の生活支援に関する研究：母親の自己肯定感を手掛かりに」東洋大学『福祉社会開発研究』7，pp.89-97，2015 年

岡崎陽一『シリーズ人間の発達 3　家族のゆくえ』東京大学出版会，1990 年

釜野さおり「既婚女性の定義する家族：何があり、何がなされ、誰が含まれるのか」『人口問題研究』67，pp.59-87，2011 年

4-11 橋本秀実・伊藤薫・山路由美子・佐々木由香・村嶋正幸・柳澤理子「在日外国人女性の日本での妊娠・出産・育児の困難とそれを乗り越える方略」『国際保健医療』26(4)，pp.281-293，2011 年

法務省「在留外国人統計」http://www.moj.go.jp/housei/toukei/toukei_ichiran_touroku.html（2019.2.18）

今村祐子・髙橋道子「外国人母親の精神的健康に育児ストレスとソーシャルサポートが与える影響―日本人母親との比較―」『東京学芸大学紀要第 I 部門 教育科学』55，pp.53-64，2004 年

伊藤孝惠「国際結婚夫婦のコミュニケーションに関する問題背景―外国人妻を中心に―」『言語文化と日本語教育』33，pp.65-72，2007 年

大野拓司・寺田勇文 編著『現代フィリピンを知るための 61 章（第 2 版）』明石書店，2009 年

鈴木一代『海外フィールドワークによる日系国際児の文化的アイデンティティ形成』ブレーン出版，2008 年

竹下修子「国際結婚カップルの異文化適応に関する研究」『現代の社会病理』12, pp.91-102.

1997 年

田中宝紀「赤ちゃんの 30 人に 1 人，外国人の親を持つ日本社会―進む多様化と今なお続く，いじめと差別」『YAHOO! JAPAN ニュース』2016 年

https://news.yahoo.co.jp/byline/tanakaiki/20160923-00062389/（2019.2.18）

歌川孝子「在日フィリピン人母の異文化における子育て支援に関する探索的研究」『平成 26 年度新潟大学大学院保健学研究科博士学位論文』，2014 年

法務省入国管理局「報道発表資料『平成 29 年末現在における在留外国人数について（確定値）【平成 29 年末】確定値公表資料』平成 30 年 3 月 27 日」2018 年

http://www.moj.go.jp/nyuukokukanri/kouhou/nyuukokukanri04_00073.html（2019.2.19）

4-12

厚生労働省「児童相談所運営指針の改正について」，2018 年

目黒区「めぐろ児童虐待防止マニュアル」，2009 年

4-12
コラム

Engel GL：The clinical application of the biopsychosocial model. American Journal of Psychiatry, 137, pp.535-544, 1980.

和田嵩平・松下明「生物心理社会モデルと家族や地域の階層に注目したアプローチ」鋪野紀好 監「みんなでシェア総合診療 Tips 第 6 回」羊土社，2018 年

https://www.yodosha.co.jp/gnote/gtips/vol6.html（2019.2.18）

5-1

柏木惠子『子どもという価値』中央公論新社，2001 年

厚生労働省「平成 28 年人口動態統計月報年計（概数）の概況」，p.4，2017 年

https://www.mhlw.go.jp/toukei/saikin/hw/jinkou/geppo/nengai16/dl/kekka.pdf（2019.2.11）

内閣府『平成 17 年版 国民生活白書：子育て世代の意識と生活』，2005 年

中山まき子「妊娠体験者の子どもを持つことにおける意識：子どもを＜授かる＞・＜つくる＞意識を中心に」『発達心理学研究』3(2)，pp.51-64，1992 年

5-1
コラム

福島朋子・沼山博「子どもの有無と主観的幸福感：中年期における規定因を中心として」『心理学研究』86(5)，pp.474-480，2015 年

Hansen, T. Parenthood and Happiness: A review of folk theories versus empirical evidence. Social Indicators research, 108, pp.29-64, 2012.

Stanca, L. Suffer the little children: Measuring the effects of parenthood on well-being worldwide. Journal of Economic Behavior & Organization, 81, pp.742-750, 2012.

5-2

井上輝子・江原由美子 編，浅野千恵 ほか『女性のデータブック第 4 版』有斐閣，p.3，2005 年

国立社会保障・人口問題研究所『人口統計資料集 2018 年版』，2018 年

http://www.ipss.go.jp/syoushika/tohkei/Popular/Popular2018.asp?chap=0（2019.2.11）

厚生労働省「平成 28 年簡易生命表の概況」，2017 年

https://www.mhlw.go.jp/toukei/saikin/hw/life/life16/index.html（2019.2.11）

内閣府「平成 29 年版男女共同参画白書 I. 平成 28 年度 男女共同参画社会の形成の状況」，2017 年

5-2
コラム

国立社会保障・人口問題研究所『第 15 回出生動向基本調査（結婚と出産に関する全国調査）現代日本の結婚と出産 第 II 部 夫婦の結果概要』，p.40，2017 年

http://www.ipss.go.jp/ps-doukou/j/doukou15/NFS15_report4.pdf（2019.2.11）

5-3

柏木惠子・若松素子「「親となる」ことによる人格発達：生涯発達的視点から親を研究する試み」『発達心理学研究』5(1)，pp.72-83，1994 年

森下葉子「父親になることによる発達とそれに関わる要因」『発達心理学研究』17(2)，pp.182-192，2006 年

5-3
コラム

加藤道代「子育て経験をもつ成人女性による一時預かり活動：支援することによる発達」『東北大学大学院教育学研究科研究年報』58(2)，pp.153-168，2010 年

5-4 事例	加藤道代「子育て期の母親における「被援助性」とサポートシステムの変化（2）」『東北大学 大学院教育学研究科研究年報』55(2), pp.243-270. 2007 年
5-5	Gottfried, A. E., & Gottfried, A. W.. Maternal employment and children's development. Plenum. 1988.（佐々木保行 監訳『母親の就労と子どもの発達：縦断的研究』ブレーン出版, 1996 年）
	原田正文『子育ての変貌と次世代育成支援：兵庫レポートにみる子育て現場と子ども虐待予防』名古屋大学出版会, 2006 年
	服部祥子・原田正文『乳幼児の心身発達と環境：大阪レポートと精神医学的視点』名古屋大学出版会, 1991 年
	加藤道代「子どもを預けることへの躊躇と一時預かり利用に関する調査」『東北大学大学院教育学研究科臨床心理相談室紀要』9, pp.4-16, 2011 年
	国立社会保障・人口問題研究所「第 6 回全国家庭動向調査 結果の概要」, p.54, 2019 年 http://www.ipss.go.jp/ps-katei/j/NSFJ5/NSFJ5_top.asp（2019.2.17）
	小坂千秋「幼児を持つ母親の親役割満足感を規定する要因：就労形態からの検討」『発達研究』18, pp.73-87, 2004 年
	厚生労働省「平成 30 年版 働く女性の実情」, 2019 年
	内閣府男女共同参画局『男女共同参画白書 令和元年版』, p.106, 2019 年
5-6	ベネッセ「第 3 回乳幼児の父親についての調査 速報版」ベネッセ教育総合研究所, 2015 年 https://berd.benesse.jp/up_images/research/Father_03-ALL2.pdf（2019.2.17）
	池本美香『失われる子育ての時間』勁草書房, 2003 年
	神谷哲司「父親の子育て」松村和子・澤江幸則・神谷哲司 編著『保育の場で出会う家庭支援論：家族の発達に目を向けて』建帛社, p.198, 2010 年
	神谷哲司「親としての発達」柏木惠子・平木典子 編『日本の親子：不安・怒りからあらたな関係の創造へ』金子書房, pp.107-126, 2015 年
	厚生労働省「平成 29 年度雇用均等基本調査（速報）」, 2018 年 http://www.mhlw.go.jp/toukei/list/71-29.html（2019.2.17）
	黒田祥子「日本人の働き方とライフスタイル〜『社会生活基本調査』から見えてくるもの〜」『統計』62(7), pp.2-8, 2011 年
	松田茂樹「NFRJ からみた父親の育児参加の変容」福田亘孝・西野理子 編「第 3 回家族についての全国調査 (NFRJ08) 第 2 次報告書 3」『家族形成と育児』, pp.95-104, 2011 年 http://nfrj.org/pdf/nfrj08_201103_7.pdf（2019.2.17）
	内閣府「男女共同参画社会に関する世論調査」, 1992 年（2019.2.17） https://survey.gov-online.go.jp/h04/H04-11-04-11.html
	内閣府「男女共同参画社会に関する世論調査」, 2009 年 https://survey.gov-online.go.jp/h21/h21-danjo/index.html（2019.2.17）
	内閣府「平成 24 年度版子ども・子育て白書」, 2012 年 https://www8.cao.go.jp/shoushi/shoushika/whitepaper/measures/w-2012/24webhonpen/index.html（2019.2.17）
	内閣府「男女共同参画社会に関する世論調査」, 2016 年 https://survey.gov-online.go.jp/h28/h28-danjo/index.html（2019.2.17）
	白河桃子『専業主婦になりたい女たち』ポプラ社, 2014 年
	田村徳子「父親のかかわりと子育て支援」ベネッセ教育総合研究所『第 5 回 幼児の生活アンケート レポート [2016 年]』pp.59-65, 2016 年 https://berd.benesse.jp/up_images/textarea/jisedai/reseach/yoji-anq_5/YOJI_chp3_P59_65.pdf（2019.2.17）
5-6 事例	神谷哲司「父親の子育て」松村和子・澤江幸則・神谷哲司 編著『保育の場で出会う家庭支援論：家族の発達に目を向けて』建帛社, p.198, 2010 年

5-7

足立智昭・村井憲男・岡田斉・仁平義明「母親の乳児の泣き声の知覚に関する研究」『教育心理学研究』33(2), pp.146-151, 1985 年

Field, T.. Interaction behaviors of primary versus secondary care-taker fathers. Developmental Psychology, 14(2). pp.183-184. 1978.

古川綾子「両親のリーダーシップ行動認知に関する発達心理学的研究：子どもからみた理想像と現実像の変化について」『教育心理学研究』22(2), pp.69-79, 1974 年

Gordon, I., Zagoory-Sharon, O., Leckman, J. F., & Feldman, R.. Oxytocin and the development of parenting in humans. Biological Psychiatry, 68(4). pp.377-382. 2010.

神谷哲司「乳児の泣き声に対する父親の認知」『発達心理学研究』13(3), pp.284-294, 2002 年

神田直子・戸田有一・神谷哲司・諏訪きぬ「保育園ではぐくまれる共同的育児観：同じ園の保育者と父母の育児観の相関から」『保育学研究』45(2), pp.146-156, 2007 年

厚生省『厚生白書（平成 10 年版）』
http://wwwhakusyo.mhlw.go.jp/wpdocs/hpaz199801/（2013.03.07）

大日向雅美「親子関係」伊藤裕子 編著『ジェンダーの発達心理学』ミネルヴァ書房, pp.120-139, 2000 年

小沢牧子「乳幼児政策と母子関係心理学：つくられる母性意識の点検を軸に」『臨床心理学研究』26(3), pp.22-36, 1989 年

5-7 コラム

長谷川寿一・長谷川眞理子『進化と人間行動』東京大学出版会, pp.16-17, 2000 年

5-8

Baltes, P. B.. Theoretical propositions of life-span developmental psychology：On the dynamics between growth and decline. Developmental Psychology, 23, pp.611-626. 1987.（「生涯発達心理学を構成する理論的諸観点：成長と衰退のダイナミックスについて」東洋・柏木惠子・高橋惠子 監訳『生涯発達の心理学 第 1 巻』新曜社, 1993 年

細江達郎・菊池武剋『新訂 社会心理学特論』放送大学教育振興会, 2009 年

春日喬「青年と社会集団」井上健治・柏木惠子・古沢頼男 編『青年心理学』有斐閣, pp.250-267, 1975 年

菊池武剋「キャリア教育とは何か」日本キャリア教育学会 編『キャリア教育概説』東洋館出版社, p.15, 2008 年

鯨岡峻『「育てられる者」から「育てる者」へ』日本放送出版協会, p.99, 2002 年

Schutz, W. C.. FIRO: A three-dimensional theory of interpersonal behavior. Holt & Rhinehart. 1960.

Super, D. E., Savickas, M. L., & Super, C. M.. The life-span, life-space approach to careers. In Brown, D., Brooks, L., & Associates (Eds.). Career choice and development (3rd Ed.), Jossey-Bass Publishers. pp.121-178. 1996.

矢野喜夫「12. 生涯発達の過程」矢野喜夫・落合正行『発達心理学への招待：人間発達の全体像をさぐる』サイエンス社, p.226, 1991 年

側注

中島義明・子安増生・繁桝算男ほか 編『心理学辞典』有斐閣, 1999 年

山本多喜司 監, 山内光哉ほか 編『発達心理学用語辞典』北大路書房, 1991 年

＊側注作成にあたっては，特に上記のものを参照しました。

索　引

編著者●

沼山　博	宮城大学 看護学群 教授
三浦主博	仙台白百合女子大学 人間学部 教授

執筆者●一覧（50音順）

大向幸男	岩手県宮古児童相談所 所長
加藤道代	東北大学 名誉教授
神谷哲司	東北大学 大学院教育学研究科 教授
菊池武剋	東北大学 名誉教授
鈴木智子	仁愛大学 人間生活学部 准教授
高橋　賢	宮城県スクールカウンセラー
田上恭子	久留米大学 文学部 教授
津田千鶴	元 修紅短期大学 講師
中村　修	東北福祉大学 総合福祉学部 准教授
中谷敬明	岩手県立大学 社会福祉学部 教授
福島朋子	岩手県立大学 高等教育推進センター 教授
細越久美子	岩手県立大学 社会福祉学部 准教授

子どもとかかわる人のための心理学

保育の心理学，子ども家庭支援の心理学，子どもの理解と援助への扉

2020 年 10 月 2 日	初版第 1 刷発行
2024 年 4 月 1 日	初版第 4 刷発行

編著者©	沼山　博
	三浦主博
発行者	服部直人
発行所	（株）萌文書林

〒 113-0021　東京都文京区本駒込 6-15-11
TEL. 03-3943-0576　FAX. 03-3943-0567
https://www.houbun.com/
info@houbun.com

イラスト	西田ヒロコ
印刷・製本	モリモト印刷株式会社

＜検印省略＞

ISBN978-4-89347-369-1　　　　　　　　　　Printed in Japan